Frank Lloyd Wright
&
Lewis Mumford

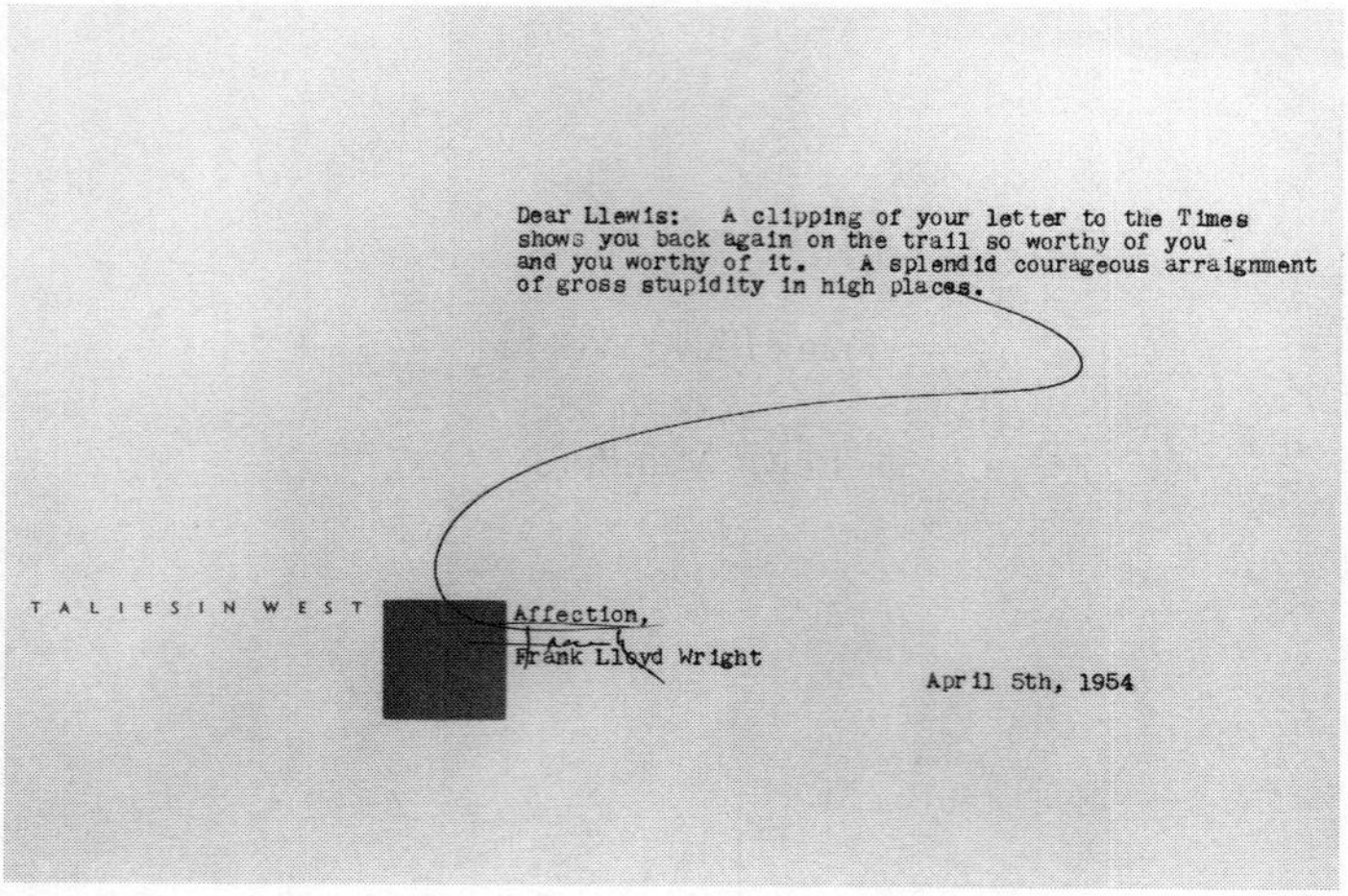
Dear Llewis: A clipping of your letter to the Times shows you back again on the trail so worthy of you - and you worthy of it. A splendid courageous arraignment of gross stupidity in high places.

TALIESIN WEST

Affection,
Frank Lloyd Wright

April 5th, 1954

courtesy Frank Lloyd Wright Foundation

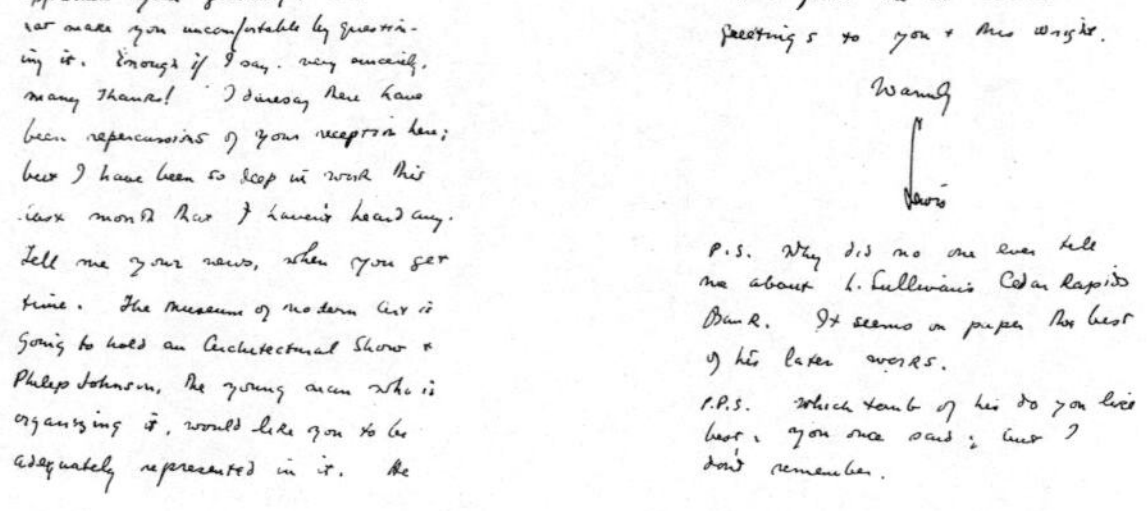
4002 Locust St
Long Island City
29 March 1951

Dear FLW:

Your telegram was totally unexpected: for if ever there was a labor of love my talk that night was such. But I appreciate your generosity & will not make you uncomfortable by questioning it. Enough if I say, very sincerely, many thanks! I daresay there have been repercussions of your reception here; but I have been so deep in work this last month that I haven't heard any. Tell me your news, when you get time. The Museum of Modern Art is going to hold an Architectural Show & Philip Johnson, the young man who is organizing it, would like you to be adequately represented in it. He is a side-kick of H.R. Hitchcock's, and, among other things, still very young: but I think it would be worth while to give him your attention. He will come West to talk things over with you, I think, if you feel this is necessary. Please consider this an introduction!

Sophie joins me in warm greetings to you & Mrs Wright.

Warmly
Lewis

P.S. Why did no one ever tell me about L. Sullivan's Cedar Rapids Bank. It seems on paper the best of his later works.

P.P.S. Which tomb of his do you like best? You once said; but I don't remember.

courtesy Estate of Lewis Mumford

ライト＝マンフォード
往復書簡集
1926-1959

ブルース・ブルックス・ファイファー，ロバート・ヴォトヴィッツ 編
富岡義人 訳

鹿島出版会

Frank Lloyd Wright & Lewis Mumford
Thirty Years of Correspondence

Bruce Brooks Pfeiffer
and Robert Wojtowicz, Editors

First published in the United States by Princeton Archtiectural Press, 2001.
Published in Japan by Kajima Institute Publishing Co., Ltd., 2005.

Japanese translation rights arranged through
The Sakai Agency, Tokyo.

目次

装丁・本文フォーマット　桂川　潤

日本語版への序文

建築と都市という、私たちの生きる具体的な世界のあり方をめぐって、これ程に真摯で、生彩に富んだ言葉のやり取りが、これまでに果して存在したであろうか。私は、知らない。しかもこれは、仮想の小説のなかの出来事ではない。事実なのだ。二十世紀を生きたふたつの偉大な個性が、全力で交した言葉の火花の、三十年に及ぶ記録なのである。

それが始まった時、建築家ライトは五十九歳、歴史家マンフォードは三十歳であった。ふたりは、たがいの中に深く一致するものを認め、強い共感に結ばれつつも、決して妥協せず、率直で正確な言葉で考えを交し合い、賛同しまた対立し、喜び怒り、はては激高し、拒絶し、そしてまた許し認めあう。それをふたつの思想の交流と呼ぶことは、安易すぎるかもしれない。それはむしろ、ふたつの思想の奔流の激突と呼ぶべきかもしれない。そのように、ふたりの交す言葉は、躍り、逆巻き、奔りつつ、二十世紀の前半を駆け抜けていく。

ライトにとって、建築をつくるという仕事は、そしてマンフォードにとって歴史を書き批評を論ずるという仕事は、このように全人格をかけた、必死の行為であったのだ。深く、互いに尊敬しあい、影響しあい、与えあったふたりであるが、度重なるライトのタリアセンへの招待を、マンフォードはことわりつづけた。マンフォードは、過度な個人的関係は評論家、学者としての自立を危うくし、自尊心を傷つけると確信していたのである。その姿勢の何と鮮やかで、美しいことであろうか。個性とは、かくも鋭く、妥協を排するものなのか。思想とは、かくも強く、貫徹をめざすものなのか。私は驚嘆し、ただ息をのむしかない。

フランク・ロイド・ライトとルイス・マンフォードの生涯と、成し遂げた業績については、編者たちの付した「解題」において、簡潔かつ明瞭にまとめられている。ふたりは、それぞれ早くから広く注目されつつも、決して高い評価を与えられ権威の中心とされることはなく、周縁に位置するものとして扱われてきた。誰も決して無視することは出来ないものの、時代の流行からみれば異端であり、社会の価値観としてはあまりにも正統で扱いにくく、やっかいなものだったからだ、と言っていいだろう。

ふたりに対するこのような扱い方は、アメリカにおいてよりも、ヨーロッパにおいてよりも、日本において、そうだったと言える。日本においては、ライトの建築に対しても、マンフォードの著作についても、早くから一定の注目は払われつつも、決してそれらの思想や理念が、建築と都市に関する議論や批評、あるいは教育や研究の中心に置かれたことはなかった。フランク・ロイド・ライトの名は、戦前より日本で最も広く知られた建築家の名前であったが、建築家の関心は常にヨーロッパの最新流行、たとえばバウハウス、あるいはル・コルビュジエ、といった動きの上にあったし、マンフォードの著作は広い文明論的関心の上で扱われたとしても、建築史家、建築批評家の直接の対象とされることはなかったのである。

といって、ふたりは現代に背をむけ、自然と過去の中に逃避しようとしていたわけではない。決してそうではなくて、現代の特性を真に生かすためには、伝統を正しく継承し、自然と共に強く生きることが、基本的態度として求められている、と考えたのである。その信念は、ふたりに共通であり、どのような時においても、どのような問題に直面した時においても変わることはなかった。そのような信念にもとづいてふたりは、高層建築の林立する都市を攻撃し、高密度に住居の集中する大都市を否定した。そして、グロピウスやル・コルビュジエ等に率いられるヨーロッパの前衛的な革新運動を、地に足のついていない軽薄なものとして嘲笑し、国際様式（インターナショナル・スタイル）の宣伝に走り回る、ヒッチコックやジョンソンといった評論家達を軽蔑するのである。

この書簡集に、私が強くゆさぶられる理由は、そこに二十世紀の建築の問題が浮き彫りにされているからだけではない。このふたりが、全力で論じている問題は、まさに二十一世紀の全世界が直面していくものであるからだ。日本において、日本語によってこそ、読まれるべき本だと私は思う。

建築家であり、すぐれた建築史、建築意匠の研究者である訳者によって、正確で読み易い、美しい日本語となったことを心からうれしく思う。

二〇〇五年三月

香山壽夫

これらの書簡の往来を見守り続けたオルギヴァンナ・ロイド・ライトと
ソフィア・ウィッテンバーグ・マンフォードの想い出に

謝辞

書簡集を編むことは忍耐を要する仕事ではあるが、その最高の報酬は、長い間忘れ去られてきた対話をページに印刷し再現して、再び生命を吹き込むことにある。この研究の主たる登場人物、フランク・ロイド・ライトとルイス・マンフォードは、ともに多くの手紙を書き、また互いの言葉の価値を知っていた。私たちの心を惹きつけて止まないこの友情の記録を保存しておこうとした、彼ら自身の洞察に感謝する。

フランク・ロイド・ライト財団およびルイス、ソフィア・マンフォードの遺産管理人の寛大さと協力、そして許可がなかったならば、この研究が実現することはなかったであろう。私たちは、とりわけライト財団のインディラ・バーントソン、ペニー・ファウラー、ジェロニモとオスカー・ムニョス、そしてマンフォード家の遺産管理人エリザベス・モースに感謝したい。私たちのよき友人ロバート・シェパードは、著作権関係の代理人として、ライト財団とマンフォード遺産の複雑な要求を、すばやく処理してくれた。プリンストン建築出版社のクレア・ジェイコブソンは、持ち前の判断力と慎重さをもって、このプロジェクトを完結へと導いてくれた。ニューヨークのメトロポリタン歴史館のクリストファー・グレイ、ニューヨーク近代美術館のテレンス・ライリー、カリフォルニア大学サンタバーバラ校のクルト・G・F・ヘルフリッチ、ペンシルベニア大学のジェニファー・ボルドウィン、ジュリア・ムーア・コンバース、マーク・ロイド、ナンシー・ショークロス、ローラ・ストロッフォリーノは、貴重な情報を迅速に提供してくれた。フランク・ロイド・ライト資料館のマーゴ・スティープは、手紙およびイントロダクションの編集に丁寧な専門的手腕を発揮してくれた。マデリン・A・ハンロンは、文章を校閲してくれた。手紙の注釈の正確さは、その多くをオールド・ドミニオン大学のホーフハイマー美術図書館のクレイ・ヴォーガンの精励に負っている。

ブルース・ブルックス・ファイファー
タリアセン・ウエスト
アリゾナ州スコッツデール

ロバート・ヴォトヴィッツ
オールド・ドミニオン大学
ヴァージニア州ノーフォーク

解題

ブルース・ブルックス・ファイファー
ロバート・ヴォトヴィッツ

フランク・ロイド・ライトが、ルイス・マンフォードに最初の手紙を送ったのは、一九二六年八月のことであった。当時ライトは、世界的建築家としての経歴の半ばにさしかかっており、たて続けに起こった個人的、経済的な困難に直面していた。片やマンフォードは、文化批評家としての実績を重ねつつあるころで、幅広い知的領域に踏み出そうとしていた。ふたりの年齢は大きく離れていた——ライトは五十九歳、マンフォードは三十歳であった。しかしふたりは、比較的短い間に、親密で創造的な確固とした関係を築きあげた。この書に集められているのは、以後三十二年あまりにわたって彼らが交わした往復書簡である。この書簡集は、ふたりの人物それぞれの人生や仕事、また、アメリカの近代建築を決定付けた人々の個性や政治的状況を理解する上で、素晴らしい視野を与えてくれる。ライト（一八六七年—一九五九年）が、二十世紀における最も偉大なアメリカ人建築家と広く認められた人物とするならば、他方、マンフォード（一八九五年—一九九〇年）は、ライトにとって最も有能で明敏な批評家であったのである。

マンフォードにとって、ライトの作品は、近代建築の中心に位置するものであった。全体的に見て、有機的デザインの模範であり、近代の人間生活の種々の律動に共振するものであった。ライトにとって、マンフォードの批評は両刃の剣であった。それは、国際様式の単調さが建築界を席巻していた当時にあって、ライトが歩んでいた孤独に満ちた創造の道筋を、改めて確信させる後ろ楯となったが、反面、ライトの最も根深い創造的不安を呼び起こし、結果として繰り返し激しい反発を引き起こすという負の面を併せ持っていた。このような場合、マンフォードの絶妙な機知だけが、ライトの気持ちを平静に復させることができた。彼らが友人同士であることは間違いないが、親友同士とは言えない。ライトは友情の深まりを切望したが、マンフォードは一貫して拒否し続けた。批評家は評価の公正さを保つために、対象から距離をおかなければならないとわきまえていたのである。

ライトとマンフォードの往復書簡はほぼ完全に残っており、彼らの移りゆく関係を知る上で、素晴らしく澄んだ窓となっている。ふたりは遠く離れて暮らしていたので、実際に会う機会はそれほど頻繁ではなかった。ライトはウィスコンシン州スプリンググリーンに建設していった住居群、タリアセンに住み、その後に建設したアリゾナ州スコッツデールのタリアセン・ウエストとの間を往き来した。一方、マンフォードはニューヨーク市に住み、後に州北部のアメニアに移った。時折彼らが会う際には、東海岸でのライトお気に入りの常宿、ニューヨークのプラザホテルで、昼食か晩餐をともにするのであった。このように、ふたりの接触のほとんどはペンと紙、あるいは電報を通じて行われた。長距離電話がまだ珍しかったころである。手紙の文体は大いに異なるものの、ともに熟達した書き手であった。この技倆が読む者を楽しませ、その視野を拡げてくれるのである。

フランク・ロイド・ライトは、一八六七年六月八日、ウィリアム・ケリー・ライトとアナ・ロイド・ライトの子として、ウィスコンシン州リッチランドセンターに生まれた。[*1] 父は音楽家であり、伝道者でもあった。ウェールズの血をひく母は、教育活動、ユニタリアンの教え、そして、ラルフ・ウォルドー・エマソンやヘンリー・デイビッド・ソローの超越主義思想に熱心であった。アナ・ロイド・ライトは、息子にきわめて重大な影響を与えた。美しい建物を創る者として成長することを確信していたのである。この強い家族的背景が、ウィスコンシン南部の起伏豊かな農地の風景と組み合わされ、彼の長い人生において連綿と続く精神的支柱となったのである。フランク・ロイド・ライトは、一八八六年、マジソンにあるウィスコンシン大学で二学期間工学を学んだが、翌年大学を退いてシカゴに出、建築家ジョセフ・ライマン・シルスビーの事務所に入所した。一八八八年、彼はアドラー・アンド・サリヴァン事務所に移った。シカゴで最も名声の高かった建築事務所である。彼は傑出したドラフトマンとして頭角をあらわした。一八八九年、彼はキャサリン・リー・トービンと結婚して、シカゴの郊外オークパークに自ら設計した家で暮らし、六人の子をもうけた。一八九三年、サリヴァンとの摩擦のために、ライトは独立して設計の仕事を始めることになった。

ライトの設計へのアプローチは革新的であった。彼は近代的な生活を反映する建築という考えに惹かれ、十九世紀末から二十世紀初頭にかけて流行していたロマン主義的な因習を捨てた。ライトは自分の設計のアプローチを「有機的」と名付けた。[*2] 設計とはあらかじめ定まった形態を単に適用するものなのではなく、機能的必要性から自然に生成してくるべきものだと考えたからであった。自然材料の活用と、形式ばらない生活空間を重んじたアーツ・アンド・クラフツの理念に基づいて、ライトは一八九三年から一九一〇年まで、一連の郊外住宅を手掛けた。これらは、全体として「プレーリー・スタイル」と呼ばれている。シカゴにある代表作、フレデリック・C・ロビー邸（一九〇八年）によく示されているように、低く水平に連続する輪郭、自由に流動する内部空間、住宅と周辺の風景との統合の企てが、その特色である。彼の住宅以外の仕事、ニューヨーク州バッファローのラーキン・ビル（一九〇二―一九〇六年）などでは、当時急激に変貌しつつあったアメリカの執務空間に画期的表現を与えている。オークパークのユニティ・テンプル（一九〇五―一九〇八年）では、鉄筋コンクリートを用いた大胆な実験を試み、その構造的・装飾的可能性を開拓した。ほとんどの建築家が鉄筋コンクリートを石やレンガで覆っていた時代のことである。

ライトは実務的には成功したが、一九〇九年には感情的にも創作的にも消耗していた。仕事にも家庭にも幸福を感じられなくなった彼は、事実上事務所を閉じ、妻子を捨てて、ヨーロッパへと旅立った。この間、彼はドイツ語版の個人作品集「フランク・ロイド・ライトの建築作品と設計案」（*Ausgeführte Bauten und Entwürfe von Frank Lloyd Wright*, 一九一〇年）、いわゆるヴァスムート版作品集を制作した。[*3] 二巻組みの立派な作品集で、歯切れの良い図面や透視図が溢れていた。この作品集は、特にオランダとドイツで広く読まれ、研究されて、近代建築の発展に深い影響を与えたのである。ヨーロッパへの出奔に同伴したのはママー・ボースウィック・チェニー、かつての依頼主の妻であった。一九一一年、彼らは合衆国に戻り、ウィスコンシン州スプリンググリーンに移り住んだ。離婚の成立を待つ間、かつての友人や知人から受ける非難から身をかわすためであった。ライトは、先祖から受け継いだ谷にシンボリックにたたずむ——新しい家であり、仕事場である複合施設——タリアセン（ウェールズ語で「輝ける額」の意）の建設を開始した。ふたつの大きな仕事、東京の帝国ホテル（一九一三—一九二二年）と、シカゴのミッドウェイ・ガーデン（一九一三—一九一四年）が、ライトの再出発を助けた。

ライトは、タリアセンで束の間の経済的安定と私生活の安寧を見い出したかも知れないが、それも一九一四年八月、不意に粉砕されてしまう。不満を抱いた使用人が、チェニーと彼女のふたりの子を含む七名を惨殺し、タリアセンに火を放ったのである。ライトは、タリアセンの再建に心の平安を見い出そうとした。まもなく彼はミリアム・ノエルとともに暮らし始める。彼女は局外者ではあったが、ライトに同情を寄せ、チェニーの死後すぐに手紙を送ったのである。彼らは結婚したが、結局別れることになった。ミリアム・ライトの精神的不安定と薬物依存のためであった。

一九一六年から一九二二年までの間、ライトの意識のほとんどは帝国ホテルの建設によって占められ、加えて数回の海外渡航が必要となった。ライトは、日本への最後の旅から戻ると、しばらくロサンゼルスに落ち着いた。彼はここで、洗練されたコンクリート・ブロックのシステムを用いていくつかの住宅を設計した。その後の十年間は、経済的に不遇ではあったものの、建築的創造力の発露の時期となった。ライトは実験を続け、実現されずに終わる先進的設計案を数多くつくり出した。彼はいくつもの雑誌にエッセイを発表するようになった。なかでも特筆すべきは「建築のために」（In the Cause of Architecture）と題された論争的なエッセイで、一九二七年から一九二八年にかけてアーキテクチュラル・レコード誌（*Architectural Record*）に連載された。

ヴァスムート版作品集が出版され、帝国ホテルが竣工すると、その後数年間ライトの名声は国際的に高まっていった。エーリッヒ・メンデルゾーンがドイツから、ヴェルナー・モーザーがスイスから、リチャード・ノイトラとルドルフ・シンドラーがオーストリアから、そして土浦亀城と信子が日本からといった具合に、世界中から卓越した建築家たちがタリアセンへと集うようになった。にもかかわらず、仕事に事欠く状況に加え第二の結婚生活が破綻したため、経済的な心配が募ってきた。一九二四年末、新たな運命的出会いがシカゴの劇場で訪れた。相手はオルギヴァンナ・ラゾヴィッチ・ヒンゼンベルグ、東ヨーロッパの貴族階級の亡命者で、ライトよりも三十歳年下であった。ふたりは恋に落ちた。お互い既婚者であったにもかかわらず、オルギヴァンナと娘のスヴェトラーナは、一九二五年の初めにタリアセンで同居を始めた。この年の終わり、ふたりは娘イオヴァンナをもうけた。この一連の出来事は、衆情受けするスキャンダルとなって、その後数年間ひき続いていくことになる。こうした困難に加え、タリアセンの住宅部分が再び火災に見舞われた。さらに再建半ばにして銀行が法的手続きを開始した。ライトは独特の創意を働かせ、自分の財産を法人化し、その株を友人や施主たちに売り渡した。しかし、このようにしてひねりだした金額も、タリアセンに設定された抵当権をまかなうには十分ではなかった。一九二八年一月、ついに銀行はタリアセンを差し押さえ、ライトと新しい家族を立ち退かせた。ライトがマンフォードに初めて手紙を送ったのは、これら無数の苦難の最中であった。ライトにとってマンフォードは、彼の仕事に共感を寄せる、アメリカで唯一の批評家であるように思われたのであった。

マンフォードにとってライトは、彼の形成期と初期の経歴に影響を与えた年上の人々のひとりであった。一八九五年、私生児として生まれたマンフォードは、マンハッタンのアッパー・ウエスト・サイドで母の手によって育てられた。*4 父親の欠落に伴う影響は、家族の一員であった義理の祖父チャールズ・グレッセルによっていくぶん緩和された。ボーイ長を引退していたグレッセルは、マンフォード少年の手を引いて、当時急速に発展しつつあった街を連れ歩き、建築と都市に対する興味を目覚めさせたのである。一九一二年、スチューイベサント高校を卒業すると、彼は数年間をニューヨーク市立大学で、最初は夜間部、後に昼間部の学生として過ごした。一九一四年、彼は初期の結核と診断され、退学を余儀なくされた。しかしこれに先駆けて、彼の独学の精神は、硬直した大学教育に対し叛旗を翻しつつあったのである。ライトと同様、マンフォードも学士号を得ることはなく、また、生涯を通じてアカデミズムに批判的であり続けた。

まだ学生であったころ、マンフォードは偶然パトリック・ゲデスの著作に出会った。ゲデスはスコットランドの博学者で、近代社会の研究を進化論的・地域論的アプローチで進めることを唱えていた。マンフォードはゲデスをまねて、ニューヨーク都市圏を鉄道、フェリー、徒歩で調査し始め、地質学的な表出から急ごしらえの分譲住宅地に至るすべてのことに注意を払うようになった。このようにして、都市――人々、アイデア、建物、そして文化活動が集う場所――が、彼の関心の焦点として立ちあらわれ始めた。マンフォードとゲデスは一九一七年に手紙のやり取りを始めるが、一九二三年にふたりが初めて会見した時、実はゲデスがライフワークを続ける上での協力者を求めているのだと知ると、マンフォードはゲデスに背を向けた。自分自身の経歴を優先させようと決心したのである。[*5]

エベネザー・ハワードの思想も、このころのマンフォードに深い影響を及ぼした。ゲデスの思想との出会いからさほど時をおかずして、マンフォードはハワードの「明日の庭園都市」(*Garden Cities of To-morrow*, 一九〇二年)を読んだ。[*6][*訳注1] この本は、イギリスの大都市の周縁部に、中規模の自己完結的なコミュニティを、農業地帯を挟み物理的に独立させながら配することを主張した、ユートピア主義者の急進的綱領と呼ぶべきものであった。ハワードの庭園都市は、都市生活と農村生活それぞれの利点を理想的に組み合わせ、都市の周縁が混沌とした郊外へと堕落するのを防ごうとするものであった。そうした堕落がロンドンや他の大都市を呑み込みつつあったのである。続く数十年間にわたり、マンフォードはアメリカにおける庭園都市の主導的人物となった。

市立大学を退学したマンフォードは、多様な知的関心を思いのままに追求できるようになると同時に、ジャーナリストの道を模索し始めた。第一次世界大戦末期に合衆国海軍に入隊したが、戦場に送られることはなく、任務の合間に書きものをすることを止めようとはしなかった。一九一九年の初めに除隊となるとまもなく、彼の著述は数々の雑誌に掲載され始めた。ダイアル誌（*Dial*）、社会学レビュー誌（*Sociological Review*）、フリーマン誌（*Freeman*）、アメリカ建築家協会誌（*Journal of American Institute of Architects*）、ニュー・リパブリック誌（*New Republic*）などである。一九三一年にはこれにニューヨーカー誌（*New Yorker*）が加わった。彼の多才さは驚くべきものであった。美術、建築、文学、演劇、社会学から政治に至る実に幅広い話題を、縦横に論じて見せたのである。

そうした中でも、マンフォードの最も得意とする分野として建築が際立ってきた。彼は、当時主流であったロマン主義的復興主義が、迫り来る近代的生活に果たして適合できるか、疑問に思い始めた。彼はかねてより、近代デザインに対する有機的アプローチを主張したクロード・ブラッドンの「建築と民主主義」（*Architecture and Democracy*, 一九一八年）を味読しており、この点で特に注意すべき書物である。[*7] 私生活でも仕事でも成功は早々に訪れた。一九二一年、マンフォードはソフィア・ウィッテンバーグと結婚した。彼女はダイアル誌の元同僚で、最も身近な知的伴侶、生涯にわたる書記となった。続いて翌年、マンフォードは初の著書「ユートピアの系譜」（*The Story of Utopias*, 一九二二年）を出版した。[*8] これはユートピア主義者たちの文献の調査研究で、地域調査と庭園都市の理念の活用を通じてアメリカの景観を再計画すべきだとする主張で締めくくられている。

一九二三年、マンフォードはアメリカ地域計画協会に加わった。[*9] ゆるやかに組織された、建築家、計画家、経済学者、作家の団体である。彼らは、ゲデスの主張した地域主義とハワードの庭園都市のモデルを緊密に結び付け、合衆国東海岸に蔓延していた大都市のスプロール現象を、両面から解決することを考えていた。続く十年あまり、同協会はゲデスとハワードのアイデアを効果的に組み合わせ、中庸な密度を保ちつつ周囲の田園環境とも釣り合いのとれた、自己完結的なコミュニティ「リージョナル・シティ」をつくり出した。幹事であったマンフォードは協会の主たる広報担当者として活動し、彼らの理念や計画案を様々な雑誌で発表していった。

アメリカ地域計画協会は、アパラチア自然歩道の構想によって広く知られているが、後に大きな影響を及ぼした二つの住宅地をニューヨーク都市圏に開発したことも忘れてはならない。そのうちのひとつが、クイーンズ区ロングアイランド・シティのサニーサイド・ガーデンズ（一九二四―一九二八年）、共有される緑の中庭の周囲を小規模のタウンハウスとアパートメントが取り巻く構成を持った近隣地区の計画であった。一九二五年、マンフォード夫妻は、生まれたばかりの息子ゲデスを連れて、サニーサイド・ガーデンズに移り住んだ。息子の名は、彼が師を慕って付けたものである。彼らは一九三六年に娘アリソンが生まれる直後までここで暮らし、その後ニューヨーク州北部ダッチェス郡の農家に引っ越し、終生そこに留まることとなった。もうひとつの計画、ニュージャージー州バーゲン郡のラドバーン住宅地（一九二八―一九三二年）は、さらに野心的な計画であった。リージョナル・シティとして構想されたが、最終的にはガーデン・サバーブの規模にまで縮小された。運悪く大恐慌によって計画は破産に追い込まれ、一九三〇年代の初めまでに協会員たちは連帯的つながりを失っていった。

こうした多彩な活動にもかかわらず、一九二〇年代のマンフォードの第一の関心は依然として著述にあった。年上の文芸批評家であり親しい友でもあったヴァン・ウィック・ブルックスの助言に基づき、マンフォードは数年間をかけて、アメリカの「利用できる過去」[*10]、すなわち豊かで創造的であったものの忘れ去られていた十九世紀の産物を渉猟した。続く四冊の著書でマンフォードは、同時代人がよりよい達成をあげるよう導く上で、歴史家がこれら再発見された過去を「利用」できると説いたのである。この研究成果から生まれた最初の著書「スティックス・アンド・ストーンズ」（*Sticks and Stones*, 一九二四年）は、アメリカ建築の総説であるが、様式の月並みな体系化をわずらうのではなく、建物の形態および機能の社会的分析を主題とした点で特色があった。[*11] この本は敵対する人々をつくり出した。特に、フランスのエコール・デ・ボザールの伝統に忠実な保守的人物たちは、マンフォードに偶像破壊の批評家という称号を奉った。翌年、この本のドイツ語訳が出版され、マンフォードの視野をヴァルター・グロピウスやエルンスト・メイ、エーリッヒ・メンデルゾーンといったヨーロッパの近代主義者たちへと拡げることにつながった。[*12]

マンフォードの次の著書「黄金の日」(*The Golden Day*, 一九二六年) は、アメリカ文学の総説であった。[*13] 彼は特に、ラルフ・ウォルドー・エマソン、ヘンリー・デイビッド・ソロー、ナサニエル・ホーソーン、ハーマン・メルヴィル、そしてウォルト・ホイットマンといった、アメリカの風景から自由な着想を得ながら作品をものした大家たちの功績を強調した。「ハーマン・メルヴィル」(*Herman Melville*, 一九二九年) は、この謎に包まれた作家に心理学的洞察を貫き通した長篇の伝記である。[*14] これら初期の著作の掉尾を飾る「褐色の三十年」(*The Brown Decades*, 一九三一年) で、マンフォードは、十九世紀末、芸術分野全般にわたって起こった創造的な開花に注目し、集中して論じたのである。[*15]

ライトがマンフォードの人生に登場するのは、この「利用できる過去」の仕事の最中であった。過去についてのマンフォードの抽象的分析の相手が、突如、生き生きとした人間関係となってあらわれたのである。実に幸運かつ絶妙の時期であった。一九二〇年代中ほどまで、マンフォードは合衆国の北東部を大きく越えて旅行することはなかった。彼はもちろんライトの建築について知ってはいたが、それは写真や出版物あるいはメンデルゾーンのような同僚たちからの伝聞に基づいていた。「スティックス・アンド・ストーンズ」で、マンフォードはライトにほんのわずか触れるに過ぎないが、背景にはこうした事情があったのである。[*16] しかしどんな言及でさえ、苦難に満ちた時期を送っていたライトにとっては重要であった。

一九二五年、オランダの雑誌ヴェンディンゲンの編集者、ヘンドリカス・ヴァイデフェルトは、特別号でライトを取り上げ、マンフォードにエッセイの寄稿を依頼した。[*17] マンフォードは、後にこのエッセイを「気の抜けた、曖昧な」ものと振り返ることになるのだが、[*18] その後繰り返し論ずることになる三つの主題を、この時に確立したのである。第一に、ライトを、十九世紀末H・H・リチャードソンとルイス・サリヴァンに端を発する創造的な刷新の流れの中に位置付けた。この流れは、二十世紀初頭のロマン主義的復興主義の再興によってかき消されようとしていたものである。第二に、マンフォードは、ライトを、当時勢力を増しつつあったル・コルビュジエらヨーロッパ近代主義者たちの機械的機能主義の対極に置いた。第三に、マンフォードはライトの作品に機能と表現の理想的で近代的な総合を見い出し、同時にアメリカの風景との調和を感じた。マンフォードはライトの建築をカール・サンドバーグの詩やシャーウッド・アンダーソンの小説と対照させて、通底するアメリカ中西部の特質を導き出そうとまでしたのである。[*19]

マンフォードは、これらのアイデアのうちの多くを、アメリカン・マーキュリー誌に掲載された記事「良き趣味の毒」の中で繰り返している。[*20] この記事がきっかけとなって、一九二六年八月、ライトはマンフォードにあてて最初の手紙を送った。その中でライトは、ヴェンディンゲン誌の「死亡記事」を嘆いて見せ、自らの建築についてマンフォードがどれほど深く理解しているのか、疑問を呈したのである。[*21] その月の末、マンフォードの弁解の返信で、このやり取りはいったん終わる。[*22] ふたりが友情を育み始めたのは、初めて直接会った一九二六年から一九二七年にかけての冬以降のことであった。マンフォードは自伝の中で、プラザホテルでの最初の昼食の様子を、感慨を込めて振り返っている。

ライトと私の初めての昼食会は、この上なく友好的で、くつろいだものであった。彼は人なつこく、率直さに溢れていた。ほとんど痛ましいほどに。旧い友人や将来の協力者よりも、赤の他人の方が本当に率直に話し合えることがあるが、この時もそうだったのだろう。彼はまず、経済的に破綻したことを告白した。実際彼は、ニューヨークに、所有する浮世絵のコレクションを買い取ってくれる人物を探しに来ていたのだ。絶えず脅しをかけてくる債権者たちから身を護るために…。

彼の人生に起こった悲劇も、打ち続くスキャンダルの痛手も、彼の精神を蝕んだり、活力を削いだりするようなことはなかった。彼の顔に影が差すことはなく、物腰は泰然とし、むしろ陽気でさえあった。その時、彼は感覚や感情を失っていたのだろうか？

そうであり、そうではない！ 度重なる災厄の炸裂が、彼の自我がまとう重装甲を少々傷つけたにせよ、内部の生きた身体まで貫くようなことはなかったのだと、今では私はそう信ずるようになっている。彼は徹頭徹尾、神のように生きた。神は自ら振る舞う。しかし神が振る舞われることはないのだ。[*23]

ライトとマンフォードの友情は、アメリカの風景に対する愛着の共有と、エマソンやソローの超越主義的著作に対する特別の尊敬に、しっかりと根をおろしていた。クロード・ブラッドンの著作を読み、近代にふさわしい有機的建築の構築をすでに心に描いていたマンフォードにとって、ライトはその最も主導的な理論家であり実践家であった。それ以上に、ライトとマンフォードはともに摩天楼と都市の過密を嫌っていた。しかし、ライトが伝統的な都市環境の除去を望むのに対し、マンフォードの方は、リージョナル・シティのモデルを適用して、その再建を主張したのであった。最初の会合においてさえ、ライトの截然とした力強い個性は、マンフォードに若干の懸念を引き起こしたに違いない。マンフォードは、パトリック・ゲデスから受けた助手にならないかとの真剣な申し出をすでに断っており、自己の批評家としての独立性を他人に譲り渡すつもりはなかった。

この会合のほとんど直後、マンフォードは中西部へ講演の旅に出た。その時初めて、シカゴおよびその周辺のライトの作品を直接眼にしたのである。この旅でライトとマンフォードが直に会うことはなかったが、マンフォードを案内した者のひとりに、かつてライトのオークパーク事務所で働いたことのある建築家、バリー・バーンがいた。マンフォードは、この旅での発見を一九二七年十一月の記事で要約し、十九世紀末のシカゴにおいて、建築家たちの「優れた流派」が活動していたことを示した。[*24] マンフォードの見解では、ライトはこの流派の中で特別な地位を占めていた。なぜなら彼の作品が、一八八〇年代に端を発するリチャードソン、サリヴァン、そしてジョン・ウェルボーン・ルートを貫く進歩的な流れの頂点をなすものであるからであり、しかもヨーロッパの近代主義との同時代的な連関も存在したからである。「フランク・ロイド・ライト氏ほど、ヨーロッパからの視線を集めた東部の建築家はいない」とマンフォードは書く。「我々の歴史上のいかなるアメリカ人建築家も、彼ほど国外に深い影響を与えたことはなかった」。*25

ライトとマンフォードの間の手紙の往来は、一九二八年の初春以降、頻繁になり始めた。年長のライトが主導権を取ることが多かった。話題は幅広く、他の歴史家や批評家――中でもフィスク・キンボール、ヘンリー=ラッセル・ヒッチコック・ジュニア、ダグラス・ハスケルといった人々――がライトをどう扱っているか、さらにライトの建築、教育、著作の各種活動にまで及んだ。マンフォードは自らの著作活動、特に執筆中のハーマン・メルヴィルの伝記について、自信を持って書き送り始めた。

徐々に親交が深まるにつれ、彼らは私生活の話題を語り始める。ミリアム・ライトとの離婚成立を待って遅れていたライトとオルギヴァンナ・ラゾヴィッチの結婚がついに一九二八年八月に実現したこと、さらに翌春には、四歳になったゲデス・マンフォードの重篤な乳様突起感染症が話題になっている。ライトは、アメリカ地域計画協会の新人会員キャサリン・バウアーについて何度か批判的に言及しているが、彼女はマンフォードと数年にわたって愛人関係にあった人物である。ふたりは写真や印刷物も交換した。ライトは、マンフォードと家族をタリアセンへと度々招待したが、マンフォードは、フリーランスの著作活動の重圧を理由にして、この誘いを退けた。「著作家としての使命を捨て、彼の天才に仕える名誉をとることを躊躇する私の気持ちを、ライトは理解できなかった」と、マンフォードは自伝に記している。「申しつけの通り、私が自分の仕事を中断して、彼の家を訪問しようと承諾しないのを、彼は当惑をもって受け止め、苛立ちさえ見せた」。*26マンフォードの拒絶は、彼らの友情が続いていく間繰り返されることになる典型的パターン、機会を逸し続けるパターンとなったのである。

マンフォードあての初期の手紙では、ライトは経済的苦境について遠回しに触れるだけであった。一九二七年になると、彼の運は、実際に上昇を始めたようであった。フェニックスのアリゾナ・ビルトモア・ホテルの仕事に、建築家アルバート・チェイス・マッカーサーの顧問として加わらないかという誘いを受けたのである。フェニックスに着くとまもなく、彼はアレクサンダー・チャンドラー博士から、新しいリゾートホテルを市郊外の砂漠に建設したいとの依頼を受けた。彼は事務所の部屋を借りる代わりに、家族と新しく集められた所員のために、仕事場となるキャンプを建設することにした。彼はそれを、地元のサボテンの名をとって「オコティィリャ」と名付けた。ライトは、あえて原始的なものとした砂漠での生活に、自らの意欲が燃え立つのを感じていた。ちょうどこのころ、ニューヨーク市の高層アパート、セント・マークス・イン・ザ・バワリーの設計依頼も受けている。しかし、一九二九年十月の株式市場の大暴落によって、これらのプロジェクトはすべて突然の中止に逢着するのである。

設計の仕事のほとんどを失ったライトは、講演と自伝の執筆へと向かった。一九三〇年五月、彼はプリンストン大学のカーン記念連続講演会で熱狂的な聴衆に向かって語りかけ、続いて講演録が「近代建築」という題名で公刊された。[27]同時に彼は、自らの作品を集めた大規模な展覧会を準備した。この展覧会は、アメリカのいくつかの都市と、オランダ、ベルギー、ドイツを巡回した。「自伝」は一九三二年三月に出版され、多くの批評家の喝采をもって迎えられた。[28]この中にはマンフォードの好意的な紹介も含まれている。「ライトの著書は、明敏さと独創性において、彼の建築作品に匹敵するほどの価値を持った文学的業績である」と、マンフォードは記している。[29]「この本のほとんどすべてのページに、作家としての技倆、詩人としての技倆が刻印されている」。同じ年、ライトは「消えゆく都市」(*The Disappearing City*)を出版した。この書物はアメリカの都市の根本的解体分散を主張したもので、マンフォードとの間に深い見解の相違をもたらす論点となった。[30]

そのころマンフォードは「利用できる過去」の仕事の最終局面に入っていた。一九二七年にシカゴを訪れて以来、マンフォードは「スティックス・アンド・ストーンズ」ではおおざっぱに論ずるに留まっていた十九世紀後半のアメリカ建築の扱いを見直すことを決意していた。実際ライトは、新しい建築の研究に着手するようマンフォードを後押しした仲間たちのひとりであった。一九二九年、メルヴィルの伝記を完成させるまで、マンフォードがこの研究に本格的に取り組むことはなかったが、[*31] 一九三〇年の夏までには「褐色の三十年」の執筆に没頭するようになっていた。マンフォードは友情関係の発展に乗じて、ライトに、彼自身の作品について、またルイス・サリヴァンからの影響について、二度にわたって質問を浴びせた。[*32] これに対するライトの長文の返信では、サリヴァンとの関係、自らの装飾に対する考え方、代表作品に対する個人的評価について、多くのことが語られた。[*33] ライトは、背景を説明する資料として、前の春に行ったプリンストン講演録のカーボン複写をマンフォードに送った。

この時マンフォードは、批評家の立場を超えて、新たな領域へと踏み出そうとしていた。ライトは歴史的人物であり、また生き証人でもあった。彼から得られるどんな情報も、マンフォードにとっては主体的興味をそそるものであった。さらに偶然にも、ライトのオークパーク事務所の所員であり、サリヴァンのもとで働いたこともあるジョージ・エルムスリーが、一九三一年春に先行出版された同書の建築関係の部分の草稿を読んで、マンフォードに連絡してきた。[*34] 彼との手紙のやり取りを通じて、マンフォードは自らの主張の多く、特にいわゆる「シカゴ派」におけるサリヴァンの役割の重要性を、はっきりさせていった。

一九三一年に出版された「褐色の三十年」は、十九世紀後半のアメリカ芸術全般の再評価を行った、マンフォードの「利用できる過去」研究の総仕上げとも言うべきものである。「黄金の日」が、作家の殿堂をつくり上げるものだったのに対し、「褐色の三十年」は、他の創造的分野において傑出した業績を残した人物たちを付け加えるものであった。建築におけるリチャードソン、ルート、そしてサリヴァン、工学におけるジョンおよびワシントン・ローブリング、造園におけるフレデリック・ロウ・オルムステッド、絵画におけるトーマス・イーキンスと、アルフレッド・ピンカム・ライダーなどである。マンフォードは、さらに、写真家のアルフレッド・スティーグリッツとライトのふたりを、この時代を創造の足場として、同時代の状況の中で最も活発な力を発揮している芸術家として掲げた。特筆すべきは、機械的特質——マンフォードがますます好むようになってきた彼特有の用語で言えば「技術（technic）」——を、ライトが近代人の必要性に従属するものとして取り扱っていることを、高く評価した点である。マンフォードは次のように記している。

確かに彼は、近代的な建設手法をさきがけて用い、機械的な技法をおもしろがったが、彼の建築は機械時代への単なる受け身の適応ではなかった。机上の価値や、単なる機械的効率性を優先させるのではなく、むしろ生技術的な洗練に近づこうとするものであり、誕生、成長、生殖そして自然環境といった永遠の現実に、しっかりと根をおろしたものであった。*35

マンフォードのライトの扱いは、おおむね好意的であり、お世辞のように響く部分さえある。しかし、マンフォードは、ライトの個人主義的で包括的なデザインのあり方が「ひとつの重大な弱点」を持っていることも指摘した。

そのような重荷の中で、天才はよろこびを感ずる。しかし、社会的芸術である建築は、天才の存在に依拠することはできない。健康な状態にある時の建築は、その基盤を、大工、建設業者、技術者や製作者にわたる共同の相互関係に置くのであって、建築家の役割は、それらの諸部門にとって替わろうとするものなのではなく、むしろそれらを知的に組織化し、そこから秩序ある形態構成を創出することにあるのである。*36

この点だけに関しても、「褐色の三十年」に対するライトの反応は、いささか気のないものであった。*37 それ以上に、現役の建築家としての彼は、歴史上の人物のように扱われることを好まなかった。彼は、マンフォードの言うアメリカ建築史との「つながり」の議論に、うんざりしてみせた。なぜならそれは間違った継承の道筋を示唆していたからである。彼は敬愛する師《lieber Meister》ルイス・サリヴァンへの献身の気持ちを失ったわけではなかったものの、自分がサリヴァンの「生徒」であって「弟子」ではないとの主張を断固として崩さなかった。*38 しかし、この時、ライトにとってマンフォードはすでにあまりにも貴重な同盟者となっていた。そのため、対立が公然と表面化することはなかったのである。

「褐色の三十年」の出版に続いて、建築に関するふたつの大きな論争がライトとマンフォードを巻き込んだ。第一の論争は、一九三三年のシカゴ万国博覧会、別名「進歩の世紀博覧会」からのライトの締め出しに端を発するものであった。博覧会建築委員会で設計者の指名を任された建築家のひとりレイモンド・フッドが、この仕事からライトをはずすことを独断で決めてしまったのである。ライトに他の建築家と協調する能力がないと感じたためであった。マンフォードはすぐさまライトの防衛に立ちあがった。一九三一年一月号のニュー・リパブリック誌の記事には、次のように記されている。

> フランク・ロイド・ライトの締め出しは、深刻な問題である。まったく滑稽でもある。この冗談は、これから年月を重ねるにつれ、ますます滑稽に見えてくるだろう。デンマーク王子の登場しない「ハムレット」のようなものだ。おそらく、現在博覧会に従事している名だたる建築家たちが、後世の人々から受けるであろう最大の難詰は、この一見些細な無視から生じて来るに違いない。*39

翌月、ライトとフッドは熱のこもった手紙を交わした。ライトはこの手紙の複写をマンフォードに送った。この問題を議論するため、その年の三月にニューヨーク市公会堂で開催されることになっていた、アメリカ装飾芸術家工芸家連盟主催の公開討論会に参加するマンフォードに、援護射撃の弾丸を与えておきたいと考えたからであった。ライトは自伝で、この「満員の」集会について、次のように述懐している。

> 集会はたちまち陽気さと快活さに包まれたが、ルイス・マンフォードが立ち上がって話しを始めると、雰囲気は一変した。彼は、著作からも人格からも窺

われる通りの、根っからの男らしさと高潔さをたたえ、弁解的あるいは懐柔的な態度を一切見せようともしなかった。彼は真剣であり、博覧会にまつわる事柄について真面目に書き記し、その晩以前に私自身がしてきたよりも、さらに鮮明かつ効果的に、近代建築に対する懸念を示したのである。[*40]

この集会で、マンフォードなどの人々がライト支持を表明したにもかかわらず、ライトの博覧会からの締め出しに変化は起こらなかった。

第二の論争は、一九三二年、ヘンリー・ラッセル・ヒッチコック・ジュニアとフィリップ・ジョンソンの共同企画により、ニューヨーク近代美術館で開催された「近代建築―国際展」の周辺でまき起こった。[*41] 様式の重要性を認めず、近代の建築表現に地域的な基盤を求めるべきだと唱える批評家マンフォードは、姿をあらわしつつあった国際様式を明確化しようと没頭する美術館側の動きを、疑いのまなざしで見つめていた。何よりも、展覧会の企画に示されたヨーロッパ建築と機械の美学の強調は、彼を悩ませた。マンフォードは、数年にわたってヒッチコックと手紙を交わしてきた仲であったが、彼が選び出し「新たなパイオニア」と名付けたヨーロッパの前衛的グループに対する規定と援護に、ついに同意することはできなかった。展覧会の核心として浮かび上がることになったのはこのグループ、グロピウス、ルートヴィヒ・ミース・ファン・デル・ローエ、J・J・P・アウト、ル・コルビュジエなどの人物たちだったのである。しかしながら一方で、マンフォードはヨーロッパ人たちの余分なものを剥ぎとった形態には魅力を感じた――それは同時代のアメリカ人たちがつくっていたアール・デコやロマン主義的復興主義の装飾をまとった建物とはまったく異なっていた。同時にマンフォードは、第一次世界大戦後の危機的住宅不足に対する、政府主導のよく組織された政策的対応にも大きな有利さを感じた。ヒッチコックとジョンソンにとって、この展覧会にライトを含めるということは特別な難題であった。そしてまたマンフォードにも間接的にその影響が及んだのである。ライトを無視すれば、ただでさえ弱い「アメリカ人部門」に大きな空白をもたらすことは明らかであった。しかし、ふたりの企画担当者はどちらも、ライトを「新たなパイオニア」の一員に加えることに、前向きではなかったのである。

一九三一年一月、ジョンソンは、マンフォードを展覧会の住宅計画《ハウジング》部門の担当者として招いた。マンフォードはこの任務に応ずるだけの十分な資質を持っていた。アメリカ地域計画協会での経験に加え、キャサリン・バウアーを通じて得たヨーロッパの住宅計画の最新の試みについての知識もあった（バウアーは、ヨーロッパの住宅開発、いわゆるジートルンクを数多く訪れており、それらの成功や欠陥をマンフォードに直接伝えていた）。展覧会でのマンフォードの役割は、当初住宅計画の範囲に限られるはずであったが、予期に反し、展覧会の企画者たちとライトの間の仲介役を果たしている自分に気付くことになる。この時、ライトはジョンソンとは面識がなかったが、ヒッチコックとはしばらくの間、緊張関係にあった。ヒッチコックが発表したライトの作品についての様々な批評が原因であった。

一九三一年三月、マンフォードはライトに展覧会開催の知らせを伝え、同時にジョンソンを紹介した。[*42]続いてジョンソンがライトに手紙を送り、展覧会への参加を招請した。[*43]ライトは、あたかも先を読んだかのように、ヨーロッパ人たちとの共演に気乗りしない様子だったが、近代美術館の招待をどことなく不承不承受け入れたのであった。そして、その年、メサの上の家のプロジェクトに取りかかったのである。それから数ヶ月間、ライトは、展覧会の企画の進展、特にル・コルビュジエに卓越した地位が与えられる成行きを慎重に見つめていた。ライトは、ヨーロッパ人たちが画家のように建築を設計し、三次元でなく二次元で仕事をしているのだと信じた。

一九三二年一月、ついに事態は危機的状況を迎える。レイモンド・フッドとリチャード・ノイトラが参加すると聞いて、ライトは展覧会から身を引くと脅したのである。[*44]ライトはフッドの様式的折衷主義を、一般論として嫌っていたが、ノイトラを嫌う理由はもっと個人的なものであった。一九二〇年代半ば、ノイトラは合衆国に移るとまもなく、ライトのもとで働いた。ライトによれば、ノイトラはかつての雇い主の名前を出しにして自己の経歴を優れたものと見せかけたというのである。ライトは自らの個展を開くとまで言い出したが、マンフォードはすぐに電報で再考をうながした。[45] ライトは気持ちを静め、その日のうちに返電を送った。[46] ライトはメサの上の家を展覧会に出品した。その大胆な幾何学は、ライトが十九世紀の建築家なのではないかという企画担当者たちの疑念を消し去るに十分なものであった。

二月初旬に展覧会が開催されると、マンフォードはライトに手紙を送り、国際様式に対する自分の立場を説明した。中でも、近代の住宅計画の共同体主義的《コミュニタリアン》——共産主義的《コミュニスティック》と境を接する概念——側面を強調した。この点は、展覧会のカタログに掲載された小論の内容と同じである。[47] 同じ月の後半、マンフォードは、彼の得た新しい仕事、ニューヨーカー誌の建築批評家として、展覧会の批評を書いた。[48] 彼は展覧会を「フランク・ロイド・ライトの偉大な勝利」と呼び、ライトの作品をヨーロッパの対抗者たちの作品と比べ、極めて好意的に評価した。

> ライト氏の建築は、彼自身が考えるほど、またヨーロッパ人たちがおそらく考えるであろうほど、ヨーロッパ最良の建築作品から大きく隔たっている訳ではない。彼の新作には、ミッドウェイ・ガーデンズや帝国ホテルに見られたような装飾の横溢は、もはや失われている。彼は初期の住宅作品の軌道に復しつつあるのだ。その一方で、ヨーロッパ人たちはライトへと接近してきた。建築に関する教条を通り過ぎ、鉄筋コンクリートを絶対のものと崇めることを止め、ライトの自然材料に対する愛着、敷地と風景への興味、地域性の感覚のいくばくかを取り入れてきたのである。[49]

その年の夏、ついにマンフォードは、キャサリン・バウアーと一緒に、数多くのヨーロッパのジートルンクを訪れた。マンフォードは、これらの住宅計画は全体的には優れているが、国際展で紹介された建築作品は「実際のところ、文章から受ける感じほど勇ましくはありませんでした」と、ライトに書き送っている。[50]

一九三二年十月、ライトとオルギヴァンナ

は、二十三人の若い男女をタリアセンに迎えた。タリアセン・フェローシップと名付けられた新しい学校への入学生たちである。このフェローシップは、若い建築家のための実験的な徒弟制課程として構想されたもので、ライトのスタジオで実施作を含む作品の設計に参加するとともに、敷地内の農園で働くというものであった。フェローシップから得られた授業料によってライトの経済的状況は安定し、彼の設計活動の再生へとつながった。ライトは学校を司る人物としてヘンドリカス・ヴァイデフェルトを招いた。しかし、ともに仕事を始めてしばらく経った一九三一年、ライトは、「ダッチー」はあまりにも情緒的なエゴイスト」であり、事業に参加する一教員以上の存在にはできないと結論した。*51 一九三二年二月、国際様式の論争が最高潮を迎えた時、ライトはマンフォードに同じ誘いを申し出た。*52 マンフォードは、すでにダートマス・カレッジ(一九二九―一九三五年)をはじめとして、いくつかの非常勤講師の仕事を引き受けていたが、執筆中の著書の仕事を引き合いに出して、ライトの招請を断った。*53 フェローシップはマンフォードが乗り組むことなく船出した。

一九三四年の末、ライトと弟子たちは、ブロードエーカー・シティの大きな木製模型を制作し始めた。彼が「消えゆく都市」の中で初めてはっきりさせたアイデア、アメリカの都心部を分散化させようというプロジェクトである。ライトのもくろみによれば、ひとつながりの低密度ブロードエーカー共同体は、住居、商業、工業、農業といった用途ごとに慎重に区分され、自動車や、ヘリコプターの実験的原型であるオートジャイロで結ばれることとなっていた。一戸建て住戸には、人々の収入レベルに対応するよう様々なサイズが用意され、これが、最低一エーカーの敷地に配されることになっていた。模型はアリゾナで完成した。ライトは弟子たちとともに、ウィスコンシンの厳しい冬から逃れ、一九三五年一月、一時的にそこに移ってきていたのである。

その年の春、この模型はいくつかの大都市を巡回し展示された。ニューヨークでは、ロックフェラー・センターで開催された産業芸術展で展示された。「ブロードエーカー・シティは、ライトが思い描いた通り、豊かな夢であると同時に合理的な計画である」と、マンフォードはニューヨーカー誌の評論に記している。

「これら両方の点で、この設計案は、我々の都市や田園の再計画を企てた最近の数々のプロジェクトにおいて無視され続けてきた、新たな価値を加えることに成功している」。[*54] しかし、アメリカ地域計画協会での経験を持つマンフォードは、テラスハウスを共同体共有の空間を囲むように配するという手法が、さほど大きくない近隣居住地域において、最も適切な解答だと考えていた。この考えに基づき、マンフォードはライトのデザインに対して、次のような疑問を投げかけた。

ブロードエーカー・シティの最も重大な弱点は、最小タイプの住戸のデザインである。ライトはそもそも「住宅計画《ハウジング》」という言葉を嫌っているのであるが、彼が低所得者層のためにつくった一戸建て住宅は、彼が忌み嫌うヨーロッパやアメリカの「住宅計画」と比べても、非常に見劣りするものと断ぜざるを得ない。彼はもっと夢を持っても良かった。「車二台」の住戸タイプでは、彼が我々の時代の最も独創的な建築家であることを、あますところなく示している。大地からわき上がって来たかのような素材から、美をつくり出す彼一流の能力に匹敵するほどの手腕を、標準化されたユニットの扱いにおいても達成しているのである。[*55]

このマンフォードの記事に続く、いくぶん熱気を帯びた手紙のやり取りは、彼らの都市に対する態度がどれほど異なっていたかを浮き彫りにするものである。ライトは頑固に、彼言うところの「ドイツの長家とスラム解決策」に、いかなる価値をも見い出そうとはしなかった。一方のマンフォードは、庭園都市に傾きながらも、新しい中密度のコミュニティに対して適用されうる様々な潜在的形態、すなわちサニーサイド・ガーデンズやヨーロッパのジートルンクからブロードエーカー・シティに至る幅広い可能性を思い抱いていた。[*56] ブロードエーカー・シティよりはるかに大きな影響力を持ったのは、このプロジェクトに関連してライトが発想したユーソニアン・ハウス、低価格の平屋住宅のデザインであった。このデザインは、アメリカの風景の中に生活の場を求めようとする新しい世代の中流階層の目を引いた。

一九三〇年代半ば、ライトはいくつかの大きな仕事を依頼された。これらはいずれも鉄筋コンクリート技術の限界を試みる機会となり、国内外からの喝采を彼にもたらすこととなった。ペンシルベニア州南西部のエドガー・J・カウフマン邸、通称「落水荘」(一九三五年)、そしてウィスコンシン州ラシーンのS・C・ジョンソン・アンド・サン本社ビル（一九三六年）である。この二つの作品だけでも、永遠の、とは言わないまでも、二十世紀アメリカの最も偉大な建築家としてのライトの位置を不動とするに十分な業績であった。マンフォードはどちらも実際に訪れることはなかったが、ニューヨーク近代美術館で一九三八年に開かれたカウフマン邸の写真展を観覧している。マンフォードはニューヨーカー誌上で、この展覧会を熱烈に紹介した。

> 滝の上に家を建てるということを、ライトが考えたのか、依頼主が考え出したのか、私は知らない。しかしライトがこの機会をいかに思いのまま演じきったか、それは、システィーナ礼拝堂でミケランジェロが見せた装飾の戯れに匹敵するほどのものである。彼の感性の若々しさ、新鮮さが、この並外れた課題に対する解答ほど、よくあらわされたことはない。この敷地は、彼のような機知を持たない保守的な建築家たちを、一切寄せつけるものではないだろう。ライトはこの機会を活かし、必要に応じて、空中に片持ち翼《キャンティレバー》を振り向けて見せたのである。この建設手法は、近代主義的手法の月並みな応用ではない。現実の問題に対する理にかなった工学的解決策なのである。[*57]

悪い評判が再び立ち、また医者のすすめもあって、ライトはアリゾナを恒久的な冬の住処とすることを決意した。一九三七年十二月、彼とオルギヴァンナはフェニックス周辺の土地を探し回り、市の北西、マクダウェル山麓の土地を選んだ。フェローシップは建設地に隣接して仮設のキャンプを張り、ライト一家はそのそばのテントに入った。八年前のオコティリャ・キャンプの生活が原始的だったとするならば、今度の砂漠での生活はさらに原始的であった。こうして「タリアセン・ウエスト」がかたちを取っていったのである。この複合施設は、最終的に六百エーカーの敷地に広がる半ダースを超える建築群へと成長していった。
ライトとフェローシップに対する世間の興味は着実に上昇していった。アーキテクチュラル・フォーラム誌の一九三八年一月号は一冊まるごとライトの特集となった。同じ月、タイム誌の表紙にもライトが登場した。[*58] 一九三九年の春にライトがロンドンで行った連続講演は「有機的建築」(*An Organic Architecture*) という題名で出版された。[*59] ライトは一九三九年だけでも四十件もの新しい仕事を依頼され、喜びに溢れた復活を遂げたのである。彼の作品、ドローイング、資産を護るために、一九四〇年、ライトは非営利団体フランク・ロイド・ライト財団を設立した。ニューヨーク近代美術館は、一九四〇年から一九四一年にかけての冬に、彼の大規模な回顧展を開催した。この展覧会の内容は、ある程度までヘンリー=ラッセル・ヒッチコック・ジュニアの「素材の本性のままに」(*In the Nature of Materials*, 一九四二年) にまとめられた。[*60] 同じころ、フレデリック・グートハイムが「建築について」(*Frank Lloyd Wright on Architecture: Selected Writings, 1894-1940*) を編纂した。[*61] 一九四一年、ライトは英国王立建築家協会の金牌を受賞した。

一九三〇年代半ばから終わりにかけて、ライトの仕事と名声が高まっていく間、彼とマンフォードが手紙をやり取りしたり、直接会うような機会は減っていった。同じころマンフォードの経歴も、ライトと同様、大きく変動しつつあったのである。「利用できる過去」の仕事を完了させる以前から、彼はアメリカ文化の研究というそれまでの狭い殻を脱ぎ捨てて、西洋文明という広い地平へと関心を拡げ始めていた。このような広範囲の研究が自分の知的資質にふさわしいと考えたのである。一九三二年の手紙で触れられた進行中の著作は、最終的に、西洋文明を中世から二十世紀まで総覧する記念碑的な四部作、生の復興シリーズとして結実した。このシリーズにはパトリック・ゲデスの観念が色濃く残っている。十九世紀の工業的な「旧技術」期の文明の堕落と、汚染なき動力を有し地域性に基づいた二十世紀「新技術」期における文明刷新の可能性という主張に、その影響がよくあらわれている。マンフォードのシリーズ第一巻「技術と文明」(*Technics and Civilization,*

一九三四年）は、技術の歴史を編年したもの、第二巻「都市の文化」（*The Culture of Cities*, 一九三八年）は、都市の歴史をまとめたものであった。[*62] 二つの書に通底する主題は、「技術」を「有機性」の統御のもとにつなぎ止めておくことであった。このことをマンフォードは、人間の潜在能力の完全なる実現と定義した。「技術と文明」の中でマンフォードは、ライトについて簡単に触れるだけであるが、「有機的」なるものの模範として重要な意義を認めている。

思想における有機的なアプローチは、今日非常に重要なものとなっている。と言うのも、その概念的意味をはっきりと理解していない場合でさえ、私たちはあちこちでこのような言葉のもとで行動し始めているからである。こうした展開は、建築の分野においては、サリヴァンやフランク・ロイド・ライトから、ヨーロッパの新しい建築家たちへと続き、また、都市設計の分野では、ロバート・オーウェンやエベネザー・ハワードやパトリック・ゲデスから、「新技術」的環境全体を新鮮なパターンに結晶させつつあるオランダ、ドイツ、スイスのコミュニティ計画家へと連なるのである。[*63]

マンフォードは、出版の後、献辞を記した一冊をライトに贈った。ライトもその本を「素晴らしい作品」と呼んだ。[*64]

「都市の文化」の中で、ライトは以前にも増して卓越した扱いを受けたが、一方でマンフォードはブロードエーカー・シティに対する批判を続け、それを「大都市の向こうみずで滅茶苦茶な密集に対する行きすぎた抗議」と呼んだ。[*65] ライトのこの本に対する反応は知られていないが、マンフォードの評価に対し戸惑いをおぼえたことは確かであろう。「都市の文化」は、これまで、マンフォードの作品のうちで最も多くの人々に読まれたものである。大方の書評家に熱狂を持って迎えられ、マンフォード自身も、ライトに遅れること三ヶ月にして、タイム誌の表紙に登場する名誉を担った。[*66] この時以降、彼は都市史と都市計画の分野における権威者として、世界的に認識されるに至ったのである。

ブロードエーカー・シティをめぐる不一致の後、ふたりは事実上手紙のやり取りを中断していた。

一九四一年四月、マンフォードはアラバマ大学に赴いてダンシー記念講演を行い、続いて「建築における南部」(*The South in Architecture*)として出版した。[*67] この本で彼はトーマス・ジェファソンと、H・H・リチャードソンの作品に焦点をあてただけでなく、ライトの住宅作品についても高い評価を与えたのである。同じ月、マンフォードはライトに手紙を出した。まず、シカゴのロビー邸が取り壊しの危機にあることに対する憤りを記し、次に文通の再開を求め、そして政治の話題を切り出した。[*68]

リベラルな民主党員であったマンフォードは、一九三二年のヨーロッパ旅行でナチズムの実情を目にして以来、かの地の政治的動向を懸念を持って見つめてきた。一九三〇年代末、マンフォードは、ナチズムとファシズムに反対して立ちあがるべきだとする介入主義者の立場を公然化させ、数多くの記事や、「人は行動すべし」(*Men Must Act*, 一九三九年)、「生きる信念」(*Faith for Living*, 一九四〇年)の二冊の著書を通じて彼の考えを示した。[*69] ライトの感覚は異なっていた。彼の風変わりな政治的見解は、他人から見ればいわゆる孤立主義者のそれであったが、彼はこの言葉を拒否した。「今日、誰が最も卓越した孤立主義者だというのだ? チャーチルとスターリン、その通り。孤立主義者というものは、彼自身の意に沿うように世界が動く限りにおいては世界と協調するが、いったんそうでなくなれば協調しようとしない、そういう連中のことを言うのだ」と、後に別の友人にあてて書き送っている。[*70] 一九四一年初頭、ライトは、合衆国の第二次世界大戦への参戦に反対を表明した。彼は書いている。

ヒトラーは海軍なしでこの戦争に勝利し続けている。我々は新しいかたちの戦争に直面しているのだ。大英帝国は、偉大な海軍という伝統の重荷を負い続け、我々がいくら武器を供給してもなお、現下の事態に学ぶこと能わない…。我々の最前線はもはや英国ではなく、また、いかなる意味においてもヨーロッパではない。我々にとっての最前線は、我が国の海岸線なのだ。[*71]

マンフォードはこのような側面攻撃を受けて怒り心頭に発した。「あなたは一度は称揚したこの世すべての寛大な魂を誇ったのです」。マンフォードはライトへの手紙で書いている。「沈黙せよ！　あなた自身にさらなる恥を塗り重ねないように」。[*72]　ライトの返事も同様に辛辣であった。彼は書く「望ましい帝国などというものはないし、無垢の戦争というものもないのだ」。[*73]　このようにして、愉快で生産的な友情は突如破局を迎えたのである。ライトは終生、断固として、第二次世界大戦に——そしてすべての戦争に——反対し続けた。

マンフォードにとってライトは、その政治的信条ゆえに失った唯一の友人ではなかった。しかしこの決別は彼を深く傷つけた。マンフォードは後に自伝の中で次のように回想している。

この危機のさなか、私たちの友情は終わりを告げた。彼がその後も送り続けてきた新年の挨拶状を、私は何年も後になるまで、開けようとさえしなかったほどである。しかしたまたま彼から挨拶状を受け取った時、私は思わず苦笑いをこぼした。紙不足が深刻な折も折、送られてきた挨拶状——幅十八インチの封筒の中に入れられた、封筒の長さの二倍もある折り畳まれた厚手の挨拶状だ！　四〇年代初頭、そのような贅沢はもう終わったはずのものであった。[*74]

さらに追い討ちをかけるかのように、マンフォードはライトあての私信を、介入主義者の雑誌ニューリーダーの誌上で公開した。[*75]　続いてその秋、ライトはマンフォードの「建築における南部」の書評を書いた。全体的に否定的な論調ではあるが、行間にはマンフォードへの未練の気持ちを垣間見ることができる。ライトとシカゴ派の建築家たちとのつながりの再論に対し、今一度反駁しながら、ライトは次のように記している。

ルイス、違う！　目を離している隙に、この男リチャードソンを、背後から私の上に吊り下げてきて、こっそりと連結器でつなぎ止め、この私に、彼を一緒に連れてってやってくれと頼むことなどできはしないぞ！　その上、ルイス、君にはわからないのか？

君の私に対する見方からすれば、結果的に君はあの男を日本人たちに引き渡してしまうことになるのだ！[*76]

ふたりが再び手紙のやり取りを始めるまで、十年の歳月が流れた。この中断のうちにも、マンフォードが、ライトの作品に対する称賛の念と、その人物に対する親愛の情を失うことはなかった。一九四六年、マンフォードが詩人ジョン・グールド・フレッチャーあてに出した手紙には、このことがよく表現されている。

言っておかねばならないのは、彼が私たちの時代の偉大な建築の天才のひとりであるということです。私たちの時代のみならず、すべての時代を通じて、と言うべきでしょう…彼の小さな指先には、同時代の建築家たちの全身全霊の努力を上回るほどの想像力が宿っているのです。彼の内なる詩人と技術者の融合はきわめて稀なことです。たとえ、彼の中の詩人が時折気まぐれを起こし、彼の中の技術者が偉大な才能を離れ業の中で示そうとするにせよ。*77

戦争中は、タリアセン・フェローシップにとって非常に収穫の少ない時となった。ライトの弟子のほとんどは軍に志願したか徴兵された。残った者たちは農場仕事に精を出した。建築設計の依頼も急激に減少した。一九四三年には、ソロモン・R・グッゲンハイム財団から、非具象絵画のコレクションを展示する美術館の設計依頼を受けた。この依頼は彼の経歴において最も重要かつ論議を呼んだ出来事のひとつであり、建築家、依頼主、評議員、ニューヨーク市を巻き込んだ十六年にわたる闘いの始まりでもあった。一九四六年、ライトはまたも悲劇に見舞われる。自動車事故で娘のスヴェトラーナをはじめ、彼女の息子ダニエルと妊娠中の子供が亡くなったのである。オルギヴァンナ・ライトは、この喪失感から終生真に立ち直ることはなかった。

戦争が終わると、フェローシップの仕事は活況を取り戻した。世界中から集まった弟子は六十名にのぼり、ライトの経歴は再び飛躍し始めた。アーキテクチュラル・フォーラム誌は、一九四八年一月号と一九五一年一月号をライトの特集にあてた。一九四九年三月には、アメリカ建築家協会――ライトが所属したこともなく、むしろ大きな不満を示していた組織――が、ライトに金牌を授与した。

一九五一年初頭「生きる建築の六十年」と題された、彼としてはこれまで最大の展覧会が、フィラデルフィアで開幕し、その後ヨーロッパ、アメリカへと巡回した。フィレンツェ展の開幕にあたってデ・メディチ牌が、また、ヴェネチアではイタリア最高の栄誉である「団結の星」が授与された。互いに友情を絶ってからほぼ正確に十年が経過した六月、ライトはマンフォードにフィレンツェ展の序文を送った。[*78]

一九五一年の春、ライトがマンフォードとの連絡を再び取ろうとした時、ふたりは大いに異なる立場にあった。ライトは八十四歳にして創造力の絶頂にあった。マンフォードは五十五歳で、建築と都市に関する主導的権威となっていただけではなく、同時代の様々な政治・社会問題に取り組む、倫理的権威を備えた公的知識人としても認められていた。以降、彼らの世代的隔たりは狭まったように見えた。しかし皮肉なことに、マンフォードがあれほど嫌っていたライトの性格的エゴイズムは、今や自分自身の性格の一部となっていたのである。

マンフォードは、数多くの専門的・人格的変容を経ていた。彼は一九四二年、スタンフォード大学に創設されて間もない人文学部の教授に就任したが、自分が常勤の学問職に従事するには向いていないことに気がついた。彼は一九四四年に職を去り、家族とともにニューヨーク州北部の農家へと舞い戻った。この間マンフォードは、主として生の復興シリーズの最後の二巻を完成させようとしていた。大戦中から戦争直後にかけて書かれた「人間の条件」(*The Condition of Man*, 一九四四年)と「生活の智慧」(*The Conduct of Life*, 一九五一年)の二冊である。[*79] これらは、人間の信条と価値観の歴史について検討したものであるが、マンフォードは危機と再建の時代にあって、これらがさらに大きな社会的関連性を持つと信じたのであった。この時期はマンフォードとその家族にとっても、私的危機と再建の時代であった。一九四四年、十九歳になるゲデスが、連合軍のイタリア戦線で作戦中に戦死した。悲しみに沈んだマンフォードは、憑かれたように「グリーン・メモリーズ」(*Green Memories*, 一九四七年)の執筆に没頭した。[*80] これは戦死した息子に対する心情を吐露した伝記であるが、自らの父親としての資格や結婚生活に対する疑念や不安についても告白されている。

平和が冷戦の不安へと変貌していくにつれ、マンフォードは自らの政治的エネルギーを、姿をあらわしつつあった核兵器開発競争を停止させることに向け直した。彼の恐れた全体主義の脅威は去ったが、そのあとを埋めたのは技術決定論であり、それはさらに大きな災厄を引き起こす可能性を秘めていた。マンフォードにとって一九五〇年代は、仕事上とりわけ生産的な時期となった。「スティックス・アンド・ストーンズ」(一九五五年)と「褐色の三十年」(一九五五年)の改訂、「現代アメリカ建築の源流」(*Roots of Contemporary American Architecture*, 一九五二年)の編纂、「変貌する人間」(*The Transformations of Man*, 一九五六年)の執筆、そして「歴史の都市・明日の都市」(*The City in History*, 一九六一年)の研究である。[*81] ニューヨーカー誌のコラムは続けていたものの、建築評論は彼にとって二次的な活動になっていった。

マンフォードは長年にわたり、ライトからの新年の挨拶状への返信を拒んできた。しかし、一九五一年の春、ライトから送られてきた彼の展覧会「生きる建築の六十年」のカタログに、「すべてを乗り越えて——君の年老いたF・Ll・W」と書き込まれているのを目にした時、マンフォードの心は深く揺り動かされた。マンフォードは自伝で次のように回想している。

これを目にした時、私はソフィアに向かって言った。「僕はちょうど本を書き上げたところだが、そこには、偉大な愛の高まりがなければ、さらなる皆殺しと破壊の嵐から世界を救うことはできないと記した。もしもライトのこの挨拶に同じように応じられないほど、僕に十分な愛が欠けているのなら、いっそこの本を窓から投げ捨ててしまう方がいいだろう」。そうして私は返事を書いた。ソフィアに言った言葉を繰り返しながら。彼も独特の鷹揚な態度で私に応えた。献辞のしたためられた「広重」の冬の風景画を私に送って寄こしたのだ。[*82]

和解の機は熟していた。マンフォードは偶然にも、コロンビア大学で行った連続講演で、ライトの作品に好意的に触れていたのである。[*83] 堰を切ったように、あらためて言葉とアイデアが溢れ出した。言葉使いは初期の往復書簡と比較すると、どことなくためらいがちで、水面下にくすぶり続ける緊張が認められる。にもかかわらず、ふたりは一九五二年二月のプラザホテルでの再会の昼食を、熱意を持って計画したのである。「しかし、あなたと出会い、いろいろなことがあってから一ダースもの年月になります」と、マンフォードはライトに警告した。「ですから、あまりショックを受けないようにしてください」。[*84]両者にとって、この再会は目覚ましい成功であった。ライトがその場で描いた、セントルイスにあるサリヴァンのウェンライトの墓（一八九〇年）とシカゴのウォーカー・ウェアハウス（一八八八―一八八九年）の粗いスケッチを、マンフォードは記念に持ち帰った。

五〇年代初期の数年間の手紙には、家族の近況、進行中の仕事の報告、国際様式についての議論、そしてマンフォードの名前の綴りをめぐるじゃれあいがつめ込まれている。ライトはウエールズ語風に「Llewis」と綴るのを好んだ。ふたりは著書も交換した。マンフォードの息子の伝記もその中に含まれている。ライトはこの機会を捉えて、自らの平和主義者としての立場を再表明さえした。[*85]マンフォードは編纂中の「現代アメリカ建築の源流」に、ライトの初期の著述「機械の美術と工芸」（The Art and Craft of the Machine, 一九〇一年、一九三〇年改訂）を収録することを考えた。[*86]オルギヴァンナ・ライトとソフィア・マンフォードも、まもなく対話に加わった。ともに、文通の話題として登場するだけでなく、夫たちが仕事に忙殺されている際には、自ら通信役としても振る舞った。彼女らの手紙には、著名な夫と寄りそう緊張と喜びが垣間見られる。ライトは数度にわたってタリアセンへの招待を申し出るが、マンフォードはまたも辞退した。理由として挙げられたのは、様々な病気や執筆活動、ノースカロライナ州立大学（一九四八―一九五二年）、ペンシルベニア大学（一九五一―一九五六年および一九五九―一九六一年）、マサチューセッツ工科大学（一九五七―一九六一年）の客員教授の仕事であった。驚くにはあたらないが、マンフォードの拒絶にライトはかなり当惑した。

ライトの晩年の十年間は、あらゆる意味で意気揚々とした時期となった。彼は定期的に講演旅行に出向き、新しく登場したメディア、テレビにも登場した。一九五三年、彼は新しい出版社、ホライズン・プレス社と協力関係を組み、続く七年間毎年著書を出版した。[*87] これらの中には、新作をふんだんに盛り込んだ「ライトの遺言」(*A Testament*, 一九五七年)が含まれている。一九五六年には遅れに遅れていたニューヨークのグッゲンハイム美術館がついに着工された。翌年には新たな依頼が殺到した。実際、ライトの活力はまるで限界を知らないかのようであった。彼は齢九十にして、人生のうちでも最も多産な時期を送ったのである。

マンフォードは、ライトの人生と作品についての全体的批評を書こうと、長い間考えてきた。一九五三年にその機会が到来した。グッゲンハイムの建設予定地の仮設展示館で「生きる建築の六十年」展が開催されたのである。ライトが自らマンフォードを案内したのだったが、マンフォードにとってそれは、ライトの圧倒的なエゴイズムに辟易させられる体験に他ならなかった。マンフォードは自伝に書いている。「頑固さを含んだ小声とともに眼前に繰り広げられる彼の人生を見渡しながら、彼の天才の傲慢さが、いかにして私を時折遠ざけることになったのか、それまで以上に理解させられたのである」。[*88] にもかかわらずマンフォードは、ニューヨーカーに二回にわたり連載されたこの展覧会についての長文の批評において、依然として公平な態度を保った。ライトの独創性に対する称賛を惜しみなく表明する一方、建築主の必要を取り入れようとせず、他の建築家からの影響を認めようとしない彼の拒絶的姿勢を批判したのである。連載の前編はライトの住宅作品について検討したものであった。マンフォードはまず初めにライトの勝利を歌い上げる。

フランク・ロイド・ライトが合衆国の生んだ最も独創的な建築家であることは、ほとんど全世界からの喝采が示す通りである。そして——もっと重要なことは——彼が歴史上最も創造的な建築の天才のひとりであるということである。今日、八十四歳を迎えた彼は、アメリカ建築の富士山《フジヤマ》なのであり、輝きそびえたつ峰であり、国全体を照らす光、ありふれた建築種を題材にして、新たな計画あるいは試みられたことすらないデザインを噴出させる、活火山のような天才なのである。*89

しかしマンフォードは、ついにこの記事の後半で、これまでずっと沈黙してきたこと、すなわちライトとの仕事上の関係について——そして含みを持たせた筆致で個人的関係についても——記した。

ライトの作品に色濃く反映しているこの個人的性格こそが、批評に大きな重荷を負わせるのである。彼の作品を扱うとなれば、いかなる批評家であっても、彼の人格を推し量って、その特異性と天才とを差し引きせずに済ますことはできない。*90

建築主の希望を設計に取り入れようとしないライトの態度に対し、マンフォードは特に批判的であった。パロ・アルトにあるハンナ邸（一九三五年）で自ら体験した、容赦ない六角形秩序のデザインについて、オブラートに包みながらも斬り込んだ。マンフォード自身、スタンフォード大学で教えた短い間、そこで暮らした経験があったのである。

ライトは、当初マンフォードによる批評が出ることを好ましく思ったが、前編の記事に憤り、発行後に届いた「ひとりの熟達者《マスター》から、もうひとりの熟達者へ」という言葉で結ばれた手紙には、まさしく激昂した。*91 フェローシップの朝食の席でライトは、次のように敷衍している。

なるほど彼はペンの世界の熟達者だ。その通り。私は彼を妬んではいないし、彼の熟達を否定しようとも思わない。しかし、私が言いたいのは、かのペンの熟達者が、今世紀ここに至るまで、ほとんど一貫して、絶対確実に、誤り続けてきたということなのだ。だから、ペンの熟達者であることは、その者が正しいことを意味しない…。ペンの熟達者であることは、その者を救いもしない。それは、私が真直ぐな線や平らな面の熟達者として、労働組合やコンクリートブロック業界やなんかのおかげで、正しいと保証されるという戯言以上のものではない。そんなことは私にとって負担に過ぎない。人の熟達とは同時に、彼の手段、彼の機会、そして彼の陥穽なのだ。[*92]

二週間後にニューヨーカー誌に掲載された後編を目にして、ライトはさらに猛り立った。後編はライトの公共建築に焦点をあてたものである。その中でマンフォードは、ライトの公共建築作品が住宅作品の場合と同様に、時として幾何学的凍結に支配されていると断じたのである。マンフォードは「多角形《ポリゴン》を規範《パラゴン》にしてしまった」と冷酷に記している。[*93] マンフォードは続けて、ブロードエーカー・シティによって露呈されたライトの反都市的見解と、地球的・普遍的状況からの政治的・建築的孤立主義をたしなめた。

ライトが正常なのは、アメリカの建築家たちが植民地根性から脱却すべきだと力説する間である。グロピウスのように高潔《インテグリティ》で人間性を備えたヨーロッパ出身の建築家たちを彼が非難するのは、また別のことである。そんな言葉（と思想）は、病的な孤立主義者の雑誌に任せておくべきである。ライトのアメリカ第一主義の刻印は、粗く暗い静脈の筋のように、彼の心の高級な花崗岩の中に浮かび上がる。そしてこのことが、嗜好、気質、そして受けた訓練の上で対極にいる人々から、彼が学び得ることを学び得ない理由になっているのだ。[*94]

このような耳障りな評価を下しながらも、マンフォードはライトを、第二次世界大戦以降の社会の必要に沿って発展させるにあたり、近代建築の潜在的能力を最もよく表現した人物として、存命中のどの建築家よりも高く評価した。

事実、専門能力の細分化と国家主義的画一性の時代にあって、ライトの生涯をかけた仕事は、人間性のすべての音域を表現してきた。それは数学から詩にまで、純粋な形態から純粋な感覚にまで、地域的なものから地球的なものにまで、個人的なものから宇宙的なものにまでわたっている。数々の成功に脅かされ、一連の災厄がもたらす憂鬱に彩られたこの時代にあって、彼は、いまだ確信に満ちた実例をもって、全き人間性の発露の感覚を目覚めさせたのである。ライトが個々の独立した建物で成し遂げたことは、そもそも「素材の本性」から思い抱かれたものである。もしも私たちの共同体全体が彼の創造力によって点火されたなら、最終的には「人間の本性」から十全に発展した、共同のデザインとして結実するかもしれないのだ。[95]

この連載記事はライトを深く傷つけた。おそらくライトはマンフォードを、独自の信念を持った批評家としてではなく、自分に忠実な称賛者であり友人であると考えていたのだろう。ライトは怒りを込め、しかし心も込めた反論をマンフォードにあてて書いた。ライトはその中でかつての「共産主義対民主主義」の議論を蒸し返している。しかし結局彼はその手紙を送らないことにした。出されずに終わった手紙の末尾に彼は記している。「ルイス《Lewis》！　私が傷つく本当のわけは、君が――希望と愛を持って見守ってきた君が――私の作品を正反対に理解すべきだということを知るからだ」。[96]

マンフォードがライトの失意を知ることはなかった。[97] それから五年間、手紙のやり取りは表面上円満に続いたのである。ライトの熱心な誘いにもかかわらず、ルイス、ソフィア・マンフォード夫妻がタリアセンを訪れることはついになかった。ライトの九十歳を祝う祝賀会にさえ。一九五六年十月十七日、シカゴで開催された「フランク・ロイド・ライトの日」宣言式典は、二人が再会するきっかけを与えたが、マンフォードは、ライトからの晩餐会の司会としての招待を断っている。このイベントがライトの「一マイル高の摩天楼」計画の宣伝を狙っただけのものと感じたのであった。「この計画はライトのすべてのエゴイスティックな弱点を、究極の幻想として結晶させたものである」。マンフォードは自伝に記している。「まるでフビライ・ハン直系の子孫の妄想のようだ」。[98] リア王のほうが適切な比喩だったかもしれない。ライトは、長く生産的な生涯の終わりに近づくにつれ、彼が愛した――そして傷つけもした――人々を、もう一度引き寄せることだけを望んでいたのである。意義深いことに、彼らが交わした最後の手紙は、和解の席でライトがスケッチした、セントルイスのウェインライトの墓についてのものであった。この作品は長くルイス・サリヴァンの業績に帰されてきた。ライトがマンフォードに校閲を頼んだ出版されなかった原稿によれば、その全体のデザインはライト自身のものであり、装飾だけが「敬愛する師」の手になるものである。

［ヒュー］モリソンが、ウェインライトの墓をサリヴァンの傑作として取り上げた。これは、L・H・S《サリヴァン》に見てもらうため、私が自分の製図板の上で設計したものである。この作品にサリヴァンの手は最小限しか加えられていない。でも師はこれを気に入った。彼自らほとんどの装飾的細部を描き込んでいくのを、私はぞくぞくしながら見つめたものだ。*99

一九五八年の夏、ライトは軽い発作に見舞われたが、初秋のころにはすっかり回復した。彼は止まることを知らぬかのようであった。この年、三十一の新しい依頼が彼の事務所に舞い込み、百五十を超えるプロジェクトが製図板の上にあり、様々な段階で進行中であった。グッゲンハイム美術館のコンクリート外壁の型枠が取り外され、マンハッタンの五番街に巨大な斜路が立ち昇りゆくさまがあらわになると、人々は仰天した。しかしライトがその竣工を見届けることはできなかった。一九五九年四月九日、彼は亡くなった。九十二歳の誕生日を二ヶ月後に控えていた。

当時ペンシルベニア大学にいたマンフォードは、旧い友人の死に心動かされ、まさにその翌日、ライトの人生と作品についての追悼講義を、即座に実行した。彼は自伝に記している。

私のライトについての講義は…「総決算的な批評」に近づいたものと認めねばなるまい。私が自分に手加減しないのは、ライトに対して手加減しないのと同じであるのだから…。たとえその時の私の言葉がテープに録音されていたとしても、ライトに向けた言葉の底に横たわっていた、その時の感情、溢れ出る思い、真実を探究する苦悩、そして私自身をさらけ出し自己批判する気持ち、こういったことどもは、すべて記録されず失われてしまったことだろう。それは精神分析的診断のようなものではなかった。むしろそれは、ライト自身の天才という壮大な劇場で執り行われた、憑かれたような演技であった。

その講義は私のフランク・ロイド・ライトへの追悼の辞にはならなかったとしても、それに値するものであった。*100

しかし、これは、マンフォードの追悼の辞にはならなかった。一九五九年十二月、マンフォードは、竣工したグッゲンハイム美術館に対する正反相半ばする批評を発表した。空間の動的な輪郭づけを称賛しつつも、展示空間の奇妙さを難じたのである。*101翌年マンフォードは、自身とライトが所属していた高名な団体、アメリカ文芸アカデミーのために書いた追悼文で、最後の、さらに寛大な称賛の言葉を発表した。「私たちの巨木がついに倒れた」。マンフォードは冒頭に記している。「残された空白を若い苗木で即座に埋めるようなことなど、私たちには到底できない」。*102

マンフォードはその後三十年間生きた。ライトの死は、マンフォードの隠喩の森に空白をもたらした。実際、それが埋められることはなかったのである。近代技術への傾斜をますます強めつつあった社会に対して、マンフォードが呼び掛けた有機的・人間的な原則を、同時代の建築家のいかなる作品も十分に体現してはいなかった。加えてマンフォードには、もはや建築界に近しい友人は残されていなかった。かつてアメリカ地域計画協会で仕事をともにした、老境にさしかかった同僚たちを除いて。

マンフォードの批評がライトの作品に、これといって目に見える影響を与えたわけではない。しかしながら、彼らの往復書簡が雄弁に物語るのは、ライトがマンフォードとの友情と称賛を価値あるものとみなし、同様にマンフォードもライトの人生と作品から霊感を得ていたということである。それ以上にふたりは、似かよった偶像破壊の傾向を持ち併せ、建築界を刺激し、また同じくらい挑発した。ふたりがこれ以上の親密な友情を築き得なかったのは、おそらく彼らが根本的に、気質的に似すぎていたためであろう。政治的見解の相違や、都市などについての見解の隔たりにもかかわらず、ライトとマンフォードは、再び友情が確立されて以降、一貫して互いへの尊敬を明言し続けた。何にも増して彼らの手紙が証言するのは、互いへの深く永続的な愛情である。

彼らの互いに対する関心は、家族をも包み込んだ。マンフォードは、オルギヴァンナ・ライトの夫への影響を認め、ライトはソフィア・マンフォードの強さを認めた。ふたりにとっては、——アイデア、言葉、建物、そして何にも増して——人々こそが、主たる関心であったのだ。

ライトは、自分が建築界の仲間たちから見放され、たったひとりであるかのように思えた時、そして複雑な私生活が大衆のきびしい詮索の目に晒された時、マンフォードが彼の真価について好意を込めて記したこと、そのことに対する感謝の念を、決して忘れることはなかった。死の床に横たわるまでに、ライトは世界的な名声を博するに至ったのである。彼は二十世紀において最も大きな生産的影響をもたらした建築家と認められ、同様にマンフォードも、二十世紀において最も大きな生産的影響をもたらした建築批評家と認められることとなるだろう。ライトとマンフォードがともに抱いたのは、ますます断片化の度を深める現代社会を、建築が再び生き生きしたものとしてよみがえらせ得るという理想である。彼らは精力的に闘った。人間の必要に適合し、自然環境と地域環境に適合した有機的建築のために。そしてまた、国際様式の画一的で没個性的な形態に抵抗するために。続くページに集められた言葉とアイデアの往来は、二十世紀のアメリカ建築をめぐる議論を、すぐれて豊かに、そして人間的に彩っているのである。

1 ライト「自伝」*An Autobiography* (London: Longmans, Green and Company, 1932). これはライトが自身の人生の特異な体験を綴った伝記である。増補・改訂版が、Duell, Sloan and Pearce, New Yorkから一九四三年に出版されている。ライトについては学術的な伝記が数多く出版されている。彼の生涯と作品をともに扱った最も包括的な著作として、Neil Levine, *The Architecture of Frank Lloyd Wright* (Princeton, New Jersey: Princeton University Press,1996) を参照。

2 「有機性」に関する初期の議論については、ライト「建築について——第二編」"In the Cause of Architecture: Second Paper," *Architectural Record* 35 (May 1914): 405-413. を参照。

3 ライト「フランク・ロイド・ライトの建築作品と設計案」*Ausgeführte Bauten und Entwürfe von Frank Lloyd Wright* [Berlin: Ernst Wasmuth, 1910].

4 マンフォード「人生からの素描——ルイス・マンフォード自伝——前半生」*Sketches From Life: The Autobiography of Lewis Mumford, The Early Years* (New York: Dial Press, 1982). この書にはマンフォードの第二次世界大戦中の生活についての記述が含まれている。第三〇章には、マンフォードとライトの友情について、長い記述がある。マンフォードの全生涯にわたる伝記については、ドナルド・L・ミラー「ルイス・マンフォード伝」Donald L. Miller, *Lewis Mumford: A Life* (New York: Weidenfeld and Nicolson, 1989). マンフォードの建築と都市に関する批評家としての姿については、ロバート・ヴォトヴィッツ「ルイス・マンフォードとアメリカのモダニズム——建築及び都市計画におけるユートピア理論」Robert Wojtowicz, *Lewis Mumford and American Modernism: Eutopian Theories for Architecture and Urban Planning* (Cambridge: Cambridge University Press, 1996). を参照。

5 「マンフォードとパトリック・ゲデス—往復書簡集」*Lewis Mumford and Patrick Geddes: The Correspondence*, edited and introduced by Frank G. Novak, Jr. (London: Routledge,1995). を参照。

6 エベネザー・ハワード「明日の庭園都市」Ebenezer Howard, *Garden Cities of To-morrow* (London: Swan, Sonnenschein and Company, 1902) .

7 マンフォード「クロード・ブラッドン著＝「建築と民主主義」についての書評」review of *Architecture and Democracy*, by Claude Bragdon, Dial 67 (4 October 1919): 318.

8 マンフォード「ユートピアの系譜」*The Story of Utopias* (New York: Boni and Liveright, 1922).

9 アメリカ地域計画協会 The Regional Planning Association of America に関しては、エドワード・K・スパン「近代アメリカをデザインする——アメリカ地域計画協会とその会員たち」Edward K. Spann, *Designing Modern America: The Regional Planning Association of America and Its Members* (Columbus: Ohio State University Press, 1996). を参照。

10 マンフォードが行ったアメリカの「利用できる過去 (usable past)」の探究については、アラン・トラッヒェンベルク「二〇年代のマンフォード——芸術家としての歴史家」Alan Trachtenberg, "Mumford in the Twenties: The Historian as Artist," *Salmagundi* 49 (Summer 1980): 29-42. を参照。

11 マンフォード「スティックス・アンド・ストーンズ——アメリカの建築と文明に関する研究」*Sticks and Stones: A Study of American Architecture and Civilization* (New York: Boni and

Liveright, 1924).

12 マンフォード「石積みの家から摩天楼まで——アメリカの建築と文明に関する研究」*Vom Blockhaus zum Wolkenkratzer: Eine Studie über Amerikanische Architektur und Zivilisation*, translated by M. Mauthner (Berlin: Bruno Cassirer Verlag, 1925).

13 マンフォード「黄金の日——アメリカの経験と文化に関する研究」*The Golden Day: A Study in American Experience and Culture* (New York: Boni and Liveright, 1926).

14 マンフォード「ハーマン・メルヴィル」*Herman Melville* (New York: Harcourt, Brace and Company, 1929).

15 マンフォード「褐色の三十年——アメリカの芸術に関する研究、一八六五—一八九五年」*The Brown Decades: A Study of the Arts in America, 1865–1895* (New York: Harcourt, Brace and Company, 1931).

16 マンフォード「スティックス・アンド・ストーンズ」181-182.

17 マンフォード「フランク・ロイド・ライトの社会的背景」"The Social Back Ground [*sic*] of Frank Lloyd Wright," *Wendingen* 7 (1925): 65-79.

18 マンフォード「人生からの素描」432.

19 マンフォード「フランク・ロイド・ライトの社会的背景」78.

20 マンフォード「良き趣味の毒」"The Poison of Good Taste," *American Mercury* 6 (September 1925): 92-94.

21 ライトからマンフォードへの手紙のコピー、一九二六年八月七日、Lewis Mumford Papers（以下 lmp と略記）、Annenberg Rare Book and Manuscript Library, University of Pennsylvania, Philadelphia, Pennsylvania.

22 マンフォードからライトへの手紙、一九二六年八月二十三日、The Frank Lloyd Wright Archives（以下 flwa と略記）、The Frank Lloyd Wright Foundation, Taliesin West, Scottsdale, Arizona.

23 マンフォード「人生からの素描」432-433.

24 マンフォード「建築におけるニューヨーク対シカゴ」Lewis Mumford, "New York vs. Chicago in Architecture," *Architecture* 56 (November 1927): 241.

25 同書。

26 マンフォード「人生からの素描」433.

27 ライト「近代建築——一九三〇年カーン記念講演録」*Modern Architecture, Being the Kahn Lectures for 1930* (Princeton, New Jersey: Princeton University Press, 1931).

28 ライト「自伝」。

29 マンフォード「一九三二年は文学に何をなしたか?」"What Has 1932 Done for Literature?" *Atlantic Monthly* 150 (December 1932): 762.

30 ライト「消えゆく都市」*The Disappearing City* (New York: William Farquhar Payson, 1932).

31 ライトからマンフォードへの手紙のコピー、一九二八年四月三十日、lmp.

32 マンフォードからライトへの手紙、一九三〇年七月一日、flwa; マンフォードからライトへの手紙、一九三一年三月二十九日、flwa.

33 ライトからマンフォードへの手紙のコピー、一九三〇年七月七日、lmp; ライトからマンフォードへの手紙のコピー、一九三一年四月七日、lmp.

34 マンフォード「褐色の三十年——建築」"The Brown Decades: Architecture," *Scribner's* 89 (April 1931): 385-395.

35 マンフォード「褐色の三十年」168-169.

36 同書、173.

37 ライトからマンフォードへの手紙のコピー、一九三一年十二月九日、lmp.

38 ライトからマンフォードへの手紙のコピー、一九三〇年七月七日、lmp.

39 マンフォード「二つのシカゴ博覧会」"Two Chicago Fairs," *New Republic* 65 (21 January 1931): 272.

40 ライト「自伝 改訂版」*An Autobiography*, revised edition (New York: Duell, Sloan and Pearce, 1943): 352.

41 近代建築——国際展 *Modern Architecture: International Exhibition* の歴史については、テレンス・ライリー「国際様式——展覧会十五とニューヨーク近代美術館」Terence Riley, *The International Style: Exhibition 15 and the Museum of Modern Art* (New York: Rizzori, 1992). を参照。

42 マンフォードからライトへの手紙、一九三二年三月二十九日、flwa.

43 フィリップ・ジョンソン (Philip Johnson) からライトへの手紙、一九三一年四月一日、flwa.

44 ライトからマンフォードへの手紙のコピー、一九三二年一月十九日、lmp.

45 マンフォードからライトへの電報、一九三二年一月二十一日、flwa.

46 ライトからマンフォードへの電報のコピー、一九三二年一月二十一日、lmp.

47 マンフォードからライトへの手紙、一九三二年二月六日、flwa; マンフォード「住宅計画」"Housing," in *Modern Architecture: International Exhibition* (New York: Museum of Modern Art, 1932): 179-191.

48 マンフォードのニューヨーカー誌との関わりについては、ロバート・ヴォトヴィッツ編「舗道の批評家」所収の「イントロダクション」を参照。Robert Wojtowicz, "Introduction," in *Sidewalk Critic: Lewis Mumford's Writings on New York*, edited by Robert Wojtowicz (New York: Princeton Architectural Press, 1998): 11-29.

49 マンフォード「ザ・スカイライン——有機的建築」"The Sky Line: Organic Architecture," *New Yorker* 8 (27 February 1932): 45.

50 マンフォードからライトへの手紙、一九三二年六月ごろ、flwa.

51 ライトからマンフォードへの手紙のコピー、一九三一年十二月九日、lmp.

52 ライトからマンフォードへの手紙のコピー、一九三二年二月一日、lmp.

53 マンフォードからライトへの手紙、一九三二年二月六日、flwa.

54 マンフォード「ザ・スカイライン——ライト氏の都市——ダウンタウンの威厳」"The Sky Line: "Mr. Wright's City - Downtown Dignity," *New Yorker* 11 (27 April 1935): 64.

55 同書。

56 ライトからマンフォードへの手紙のコピー、一九三五年四月二十七日、lmp; マンフォードからライトへの手紙、一九三五年六月二十五日、flwa.

57 マンフォード「ザ・スカイライン――我が家、内と外」"The Sky Line: At Home, Indoors and Out," *New Yorker* 13 (12 February 1938): 31.

58 「ユーソニアの建築家」"Usonian Architect," *Time* 31 (17 January 1938): 29-32.

59 ライト「有機的建築――民主主義の建築」*An Organic Architecture: The Architecture of Democracy* (London: Lund Humphries, 1939).

60 「ふたりの偉大なアメリカ人展――アメリカの建築家フランク・ロイド・ライトとアメリカの映画監督D・W・グリフィス」*Two Great Americans: Frank Lloyd Wright, American Architect, and D. W. Griffith, American Film Master*, exhibition, Museum of Modern Art, New York, 一九四〇年十一月十三日から一九四一年一月五日。ヘンリー=ラッセル・ヒッチコック・ジュニア「素材の本性のままに――フランク・ロイド・ライトの建築――一八八七―一九四一年」Henry-Russell Hitchcock, Jr., *In the Nature of Materials: 1887-1941, The Buildings of Frank Lloyd Wright* (New York: Duell, Sloan and Pearce, 1942).

61 「建築について」フレデリック・グートハイム編集・序文、*Frank Lloyd Wright on Architecture: Selected Writings, 1894-1940*, edited with an introduction by Frederick Gutheim (New York: Duell, Sloan and Pearce, 1941).

62 マンフォード「技術と文明」*Technics and Civilization* (New York: Harcourt, Brace and Company, 1934); マンフォード「都市の文化」*The Culture of Cities* (New York: Harcourt, Brace and Company, 1938).

63 マンフォード「技術と文明」370.

64 ライトからマンフォードへの手紙のコピー、一九三四年八月六日、lmp.

65 マンフォード「都市の文化」図版三〇のキャプション。

66 「形式群の形式」"Form of Forms," *Time* 31 (18 April 1938): 40-43.

67 マンフォード「建築における南部」*The South in Architecture* (New York: Harcourt, Brace and Company, 1941).

68 マンフォードからライトへの手紙、一九四一年四月二日、flwa.

69 マンフォード「人は行動すべし」*Men Must Act* (New York: Harcourt, Brace and Company, 1939); マンフォード「生きる信念」*Faith for Living* (New York: Harcourt, Brace and Company, 1940).

70 ライトからマット・ウォルトン(Matt Walton)への手紙、一九四五年三月一日、flwa.

71 ライト「隠すところなき大艦隊に何の使い道があろう?」"Of What Use Is a Great Navy with No Place to Hide?" A *Taliesin Square-Paper*, 2 (May 1941), reprinted in *Frank Lloyd Wright: Collected Writings, Volume 4, 1939-1949*, edited by Bruce Pfeiffer with an introduction by Kenneth Frampton (New York: Rizzori in association with the Frank Lloyd Wright Foundation, 1994): 74.

72 マンフォードからライトへの手紙、一九四一年五月三十日、flwa.

73 ライトからマンフォードへの手紙のコピー、一九四一年六月三日、lmp.

74 マンフォード「人生からの素描」436.

75 マンフォード「フランク・ロイド・ライトの敗北主義は奴

隷帝国を利する——マンフォード」“Frank Lloyd Wright's Defeatism Aids Slave Empire - Mumford,” *New Leader* 24 (14 June 1941): 8.

76 ライト「マンフォードの講演」“Mumford Lectures,” review of *The South in Architecture* by Lewis Mumford, *Saturday Review of Architecture* 24 (23 August 1941): 16.

77 マンフォードからジョン・グールド・フレッチャー（John Gould Fletcher）への手紙、一九四六年四月十日、Special Collections Department, University of Arkansas Libraries, Fayetteville, Arkansas.

78 ライト「個人の尊厳——建築について」*The Sovereignty of the Individual: In the Cause of Architecture*, privately printed, 1951; reprint of preface to Frank Lloyd Wright, *Ausgeführte Bauten und Entwürfe von Frank Lloyd Wright*.

79 マンフォード「人間の条件」*The Condition of Man* (New York: Harcourt, Brace and Company, 1944); マンフォード「生活の智慧」*The Conduct of Life* (New York: Harcourt, Brace and Company, 1951).

80 マンフォード「グリーン・メモリーズ——ゲデス・マンフォードの物語」*Green Memories: The Story of Geddes Mumford* (New York: Harcourt, Brace and Company, 1947).

81 マンフォード「スティックス・アンド・ストーンズ——アメリカの建築と文明に関する研究 改訂版」*Sticks and Stones: A Study of American Architecture and Civilization*, revised edition (New York: Dover Publications, 1955); マンフォード「褐色の三十年——アメリカの芸術に関する研究、一八六五—一八九五年 改訂版」*The Brown Decades: A Study of the Arts in America, 1865-1895*, revised edition (New York: Dover Publications, 1955);「現代アメリカ建築の源流——十九世紀中盤から現在までの三十七編の論文集」マンフォード編・序文、*Roots of Contemporary American Architecture: A Series of Thirty-Seven Essays from the Mid-Nineteenth Century to the Present*, edited with an introduction by Lewis Mumford (New York: Reinhold Publishing Co., 1952); マンフォード「変貌する人間」*The Transformation of Man* (New York: Harper & Bros., 1956); マンフォード「歴史の都市・明日の都市」*The City in History: Its Origins, Its Transformations, and Its Prospects* (New York: Harcourt, Brace and Company, 1961).

82 マンフォード「人生からの素描」436. マンフォードがここで言及しているのは、彼の「生活の智慧」である。「人生からの素描」の文中で、彼は、絵の作者を誤って別の有名な日本の芸術家、北斎と記している。

83 マンフォード「芸術と技術」*Art and Technics* (New York: Columbia University Press, 1952) .

84 マンフォードからライトへの手紙、一九五二年二月二日、flwa.

85 ライトからマンフォードへの手紙のコピー、一九五二年一月十日、Imp.

86 ライト「機械の美術と工芸」“The Art and Craft of the Machine,”「現代アメリカ建築の源流」に所収。169-185.

87 「建築の未来」*The Future of Architecture* (New York: Horizon Press, 1953);「ライトの住宅」*The Natural House* (New York: Horizon Press, 1954);「ライトの建築論」エドガー・カウフマン・ジュニア編集、*An American Architecture*, edited by Edgar Kaufmann, Jr. (New York: Horizon Press, 1955);「塔の話——森を抜け出した樹」*The Story of the Tower: The Tree*

that Escaped the Forest (New York: Horizon Press, 1956);「ライトの遺言」*A Testament* (New York: Horizon Press, 1957);「ライトの都市論」*The Living City* (New York: Horizon Press, 1958);「生きる建築への設計図」*Drawings for a Living Architecture* (New York: Horizon Press with the Bear Run Foundation Inc. and the Edgar J. Kaufmann Charitable Foundation, 1959).

88 マンフォード「人生からの素描」437.

89 マンフォード「ザ・スカイライン——稀代の不死鳥」"The Sky Line: A Phoenix Too Infrequent," *New Yorker* 29 (28 November 1953): 133.

90 同書。

91 マンフォードからライトへの手紙、一九五三年十二月三日、flwa.

92 ライト、タリアセン・フェローシップの朝食での講話の録音テープの筆記録、一九五三年十二月六日、transcription of audiotaped breakfast talk to the Taliesin Fellowship, 6 December 1953, flwa, reel 84A.

93 マンフォード「ザ・スカイライン——稀代の不死鳥——II」"The Sky Line: A Phoenix Too Infrequent-II," *New Yorker* 29 (12 December 1953): 119.

94 同書、125.

95 同書、127.

96 ライトによるマンフォードあての送付されなかった手紙、一九五三年十二月十八日、flwa.

97 マンフォードは自伝に次のように記している。「(ライトは)ふたつ目の記事については何のコメントも送ってこなかった。かなり厳しいことを書いたのだが」。マンフォード「人生からの素描」438.

98 マンフォード「人生からの素描」439.

99 ライト、出版されなかった自伝第六書の改訂原稿 unpublished revision to Sixth Book of *An Autobiography*, flwa, AV#2401.384. ヒュー・モリソン (Hugh Morrison) は、サリヴァンの伝記作家。

100 マンフォード「人生からの素描」440.

101 マンフォード「ザ・スカイライン——ライトがなしたこと」"The Sky Line: What Wright Hath Wrought," *New Yorker* 35 (5 December 1959): 105-129.

102 マンフォード「フランク・ロイド・ライト、一八六九—一九五九年 "Frank Lloyd Wright, 1869-1959," in American Academy of Arts and Letters and the National Institute of Arts and Letters, *Proceedings*, 2d series, no.10 (1960), 382.

訳注1 庭園都市 (garden city) ハワードの著書 *Garden Cities of To-morrow* で論じられた都市形態。一般に「田園都市」が定訳となっているが、香山壽夫は著書「都市計画論——私たちの都市をいかにデザインするか」(放送大学教育振興会、二〇〇二年) で「庭園都市」という訳語を推奨している (同書六十九ページの注を参照)。

一九八二年五月二十四日

フランク・ロイド・ライトについて

［文書ディーラーが］… 私たちのヴェンディンゲンのライト特集号と、ライトのフランス展（フランス語）のカタログを持っていってしまう前に、私はルイスのライトに対する評価のコメントをコピーしました。カタログの表紙一面に書き込まれていたのです。ライトは、ヘンリー＝ラッセル・ヒッチコックの書いた展覧会の紹介文に憤っていました。すべてのページに、鉛筆の走り書きで彼のコメントが記してありました。ルイスに共感を求めていたのです。日付けは一九二八年の十一月六日でした。

S・M［ソフィア・マンフォード］

一九二八年十一月六日　L・M によるコメント

「ライトの芸術は予言的である。それは単に規範に従ったり、順応したりするようなものではない。それは反応を起こし、新しい必要性をつくり出す。それは未来に存在する。それは今日の芸術の主流にはなり得ない。なぜなら私たちの時代は、そのような芸術に好意を寄せはしないからだ。私たちが要求しているのは、何事からも独立した価値を持つ技術者の躊躇なき順応なのだ」。

「ヒッチコックが「新たなパイオニア」と呼ぶ人々は、古典的な定式を復興させた——彼らは、かつての五種のオーダーをよみがえらせ、今度はそこに技術のオーダーを据えた。この偏狭な枠組みからはみ出す者は、異端の烙印を押され、悪趣味を犯したと断ぜられるのだ。十八世紀の建築の冷たさと乾きが、再びここにある。私たち自身の機械的方法による硬さのひと筆が、さらに加えられて。形態はしばしば大変素晴らしい。欠けているのは感情という要素だ。適切な人間的反応や、感情や、場所の感覚を創出するために振る舞われる身ぶりだ。環境との調和のとれた相互作用がうまくいくという感覚だ」。

「ライトはこれらの質をありあまるほど持っている。なぜなら彼には機知があるからだ——素材と、土とともにある自然への愛を扱う芸術家の機知が——すべての人が人間的に生活するようにと望む人物の機知だ。それゆえ、ライトのなすことすべては、それを取り囲む庭によって完全なものとなるのだ」。

往復書簡についての注記

この本に収載されているルイス・マンフォードからフランク・ロイド・ライトあての手紙は、アリゾナ州スコッツデールのタリアセン・ウエストのフランク・ロイド・ライト財団資料館のコレクションである。これらのうちいくつかのタイプ打ちの手紙は、ペンシルベニア州フィラデルフィアのペンシルベニア大学アネンバーグ貴重書手稿図書館に寄託されているルイス・マンフォード手稿コレクションにも見い出される。

フランク・ロイド・ライトからルイス・マンフォードにあてた手紙は、わずかなライト関係の資料とともに、一九八三年ごろ、ルイス、ソフィア・マンフォード夫妻によって、ある手稿ディーラーに売却された。幸いにもこれらが散逸する以前に、マンフォード夫妻は手紙とライト関係の資料に付された書き付けのほとんどをコピーしていた。これらのコピーはアネンバーグ貴重書手稿図書館に所蔵されている。理由は明らかではないが、ライトからマンフォードあての手紙の原本一通が売却されなかった。この手紙もアネンバーグ貴重書手稿図書館に所蔵されている。その後、ライトからマンフォードあての手紙二通が、カリフォルニア州ラ・ホヤのジェームズ・S・コプリー図書館で発見されている。さらに、ライトはマンフォードあての手紙の多くについて、カーボン紙による複写（カーボンコピー）を作成していた。これらはライト財団資料館に所蔵されている。特記なき限り、編者は、たとえ手紙がカーボンコピーとしてしか残っていない場合であっても、マンフォードがライトからのすべての手紙を受け取っていたものと推定している。

ルイス・マンフォードからジョン・グールド・フレッチャーあての手紙は、ファイアットヴィルのアーカンソー大学図書館の特別コレクション部門の所蔵となっている。

わずかな訂正を除き、手紙の句読点は原本に書かれた通りとした。

記号の凡例は次の通りである

ms = 手書きの手紙
ts = タイプ打ちの手紙
pc = コピー複写
cc = カーボン紙による複写
flwa = フランク・ロイド・ライト財団資料館
lmp = ルイス・マンフォード手稿コレクション
jscl = ジェームズ・S・コプリー図書館
uarlf = ファイアットヴィル、アーカンソー大学図書館

1926-1929 年

Frank Lloyd Wright & Lewis Mumford

一九二六―一九二九年

フランク・ロイド・ライトとルイス・マンフォードが手紙のやり取りを始めるのは、合衆国始まって以来の建設ブームのただ中である。ライトは、個性的、有機的なアプローチで建築の設計に取り組んでいたが、当時のいかなる陣営にも属していない。それ以上に、先立つ十年間に彼が設計した数少ない建築作品は、いずれも建設業の中心地であるニューヨーク市から遠く、それゆえ建築家の多くから、また批評家たちから無視されるのである。マンフォードは例外である。ニューヨークを地盤としたジャーナリストである若きマンフォードは、一九二四年に発表した著書「スティックス・アンド・ストーンズ」によって、一大センセーションを巻き起こしていた。彼はこの本でアメリカ建築の社会学的分析を企てたが、この研究がまだ十分に成熟しきれていないと悟っていた。彼はライトの作品を直接見たことはなかったが、そこに近代的生活に意義ある貢献をなすだろう独創的な萌芽を認め、また、当時蔓延していた「良き趣味の毒」に侵されていないと認めるのである。

ライトとマンフォードの手紙のやり取りは一九二六年八月に始まり、一九二七年の一月に初めて直接会う。しかし、手紙の往来が本格化するのは一九二八年になってからである。ライトはマンフォードより三十歳近くも年上だが、ふたりは、専門的内容から個人的事情に至る様々な話題について語り合う共通の基盤をすぐにつくり上げる。手紙では、フィスク・キンボール、ヘンリー＝ラッセル・ヒッチコック・ジュニア、ダグラス・ハスケルのようなアメリカ建築界の著名人たち、そして、ル・コルビュジエやヴァルター・グロピウスといった、アメリカで注目を集めつつあったヨーロッパの近代建築家のグループについても触れられる。ライトは、彼の有機的デザインの原則を核にして、建築学校を設立するアイデアを披露する。また、マンフォード一家をウィスコンシン南部の屋敷タリアセンに招待するが、マンフォードは誘いを断る。

親愛なるルイス・マンフォード

君がマーキュリー誌に発表した「良き趣味の毒」を、私がどれほど気に入ったかお伝えしたい。[*1]それは、非常に明快で健全だ。

君のペンは正しい方向を指していると思う。もし私が同じくらいうまく文章を書けたなら、この件について、もっと堂々たる闘士になれることだろうが、私はといえば、モルタルや煉瓦を入れる箱に閉じ込められているようなもので――実際のところ。

私はヴェンディンゲン誌に掲載された私の「死亡記事」に興味を持ってきた。[*2][*訳注1]私の作品の肝心な部分は、思想によってうまく隠されてしまったようだ。――私が自らの思想のまわりに建築的にまとわせた言語《ランゲージ》が、よくできた擬装となってきたようだ――批評家たちは誰ひとりこれを突破できなかった。

君の記事は興味深く、また賢明なものだ。私のことに触れるまでは。その後も、公平なことをなそうと努力しているようには見受けられるが、君はまだその理由がよくわかっておらず、気乗りのしない様子で同意を示しているに過ぎない――「原則においては」と。[*3]

我々が、ほんの少しでも、ともに「歩み、語らって」いたならば、君の判断は同じような方向の、しかしもっと違ったものになったことだろう。君の文章は、私には少々「遠慮がち」なものに見えるのだ。

「建築における詩人」という言葉は、我が同僚たちの――殊に批評家に変貌した時の――気前のいい評価には、含まれていなかった何かを意味しているようだ。私が信頼に足るとするならば。でも、せっかくだが遠慮しておこう。

君は理想に対して素晴らしい貢献をなすことができる。この世の開闢以来存在し続け、最終的に勝利をおさめるはずの理想に対して。自然こそが無限の力を発揮するのだから。この「理想」は、今も昔と変わらず、また今後とも、束の間の権威に脅かされることだろう。理想の面倒は、理想が見る――いつだってそうだったのだ――。ただ誰かが、愚か者どもの面倒を見てやってくれたら良いのだが。やつらは「自由の民」の生得権を浪費して、無分別な抵当権をでっち上げ、子孫が莫大に膨らんだ利子に苛まれるようなことをしている。やつらは収益を「使い込む」。そうして我々にくっついた仮面の上で、たいしたものでもない愚かな自尊心は、それを見せびらかして満足するのだ。

我々は原則的に多くの点で同意している。私は大勢の一員なのではなく、私自身なのだ

君の忠実な、

[署名]

フランク・ロイド・ライト

タリアセン[*4] 二六年八月七日

[pc ms lmp]

1 マンフォード「良き趣味の毒」"The Poison of Good Taste," *American Mercury* 6 (September 1925): 92-94.

2 *Wendingen* 7; H. Th. Wijdeveld 編集の *The Life-Work of the American Architect Frank Lloyd Wright* (Santpoort, Holland: C. A. Mees, 1925) として合本されている。

3　マンフォード「フランク・ロイド・ライトの社会的背景」"The Social Back Ground [*sic*] of Frank Lloyd Wright," *Wendingen* 7 (1925): 65-79.

4　ライト、タリアセン（自邸と仕事場）Taliesin, Spring Green, Wisconsin, 一九一一年着手。「タリアセン」はウェールズ語で「輝ける額」の意。

訳注1　死亡記事（obituary）本来、新聞などに掲載される死亡者の略歴を記した記事のことだが、ライトが建築評論を指して揶揄的に用いる。「すでに建築家の創造力が終わってしまったかのような取り扱い」を難ずる言葉のように訳者には思われる。

メープル荘
ニューヨーク州　アメニア
一九二六年八月二十三日

親愛なるフランク・ロイド・ライト

お手紙、たいへんありがとうございました。一再ならず、あなたにお手紙を差し上げようとしていたところでしたので、ちょうど良い機会をいただいたと思っております。私のヴェンディンゲン誌の小論に対するあなたのご意見は、正鵠を射たものです。この小論にすべて書き記すべきかどうか、私には迷いが残っていたのです。その理由は、あなたに対する評価をためらっていたからではなくて、実は私がまだ西部に赴いたことがなく、あなたの作品をまだ実地に見学したことがなかったからなのです。写真は手ごろな備忘録としては役に立ちますが、実際の建物は写真よりもはるかに良いか、あるいはかなり悪いことが普通です。あなたが私の記事にお感じになったのは、確かに私の臆病さでした。しかしそれは、あなたの作品をつかみ損なったためなのではなく、この眼で眺め、歩き回り、中に入ることをせずに発言することについて、深い疑念を感じたためだったのです。来たる冬、ミシガン大学で講演しないかとのご依頼を、ローチ教授からいただいています。[*1] この仕事をお引き受けした理由のひとつは、あなたの作品を実際に訪れたいという私の望みが叶うことです。この機会に、あなたご自身にもお会いできるものと信じております。あなたの作品について、ヴェンディンゲン誌に記したのは、まったく私の僭越でした。あなたの作品に真に精通した上で「スティックス・アンド・ストーンズ」の改版を出す暁には必ず修正を加え、この埋め合わせをすることをお約束いたします。[*2]

遠く離れた私の管見からいたしますと、海外の批評家たちのほとんどは、あなたを誤解しているようです。彼らは、あなたの作品の中に、厳格な機械的傾向を見ています。実際には、あなたはその段階をとうに通り過ぎているのです。彼らは単に機械に追い付こうとしているに過ぎません。ところがあなたは機械を、いわば新たな次元に移し入れてしまったのです。この考えもあなたを誤解しているでしょうか？　シカゴから戻ってきた時にエルンスト・メイが示したあなたの作品への心酔は、私に自信を取り戻させるに十分なものでした。[*3] なぜなら彼は人間的な人物で、妄想などとは無縁で、男や女や子供たちが幸せになるべきことを、よくわきまえた人物だからです！

私にお手紙をくださったお気持ちを、ありがたく思っております。

あなたの忠実な、

［署名］

ルイス・マンフォード

[ts flwa]

1　エミル・ローチ Emil Lorch（1870-1963），画家、建築家、教育者。ミシガン大学 the University of Michigan の建築学部の創設と形成に力を尽した。

2　マンフォード「スティックス・アンド・ストーンズ――アメリカの建築と文明に関する研究」*Sticks and*

Stones: A Study of American Architecture and Civilization (New York: Boni and Liveright, 1924).

3 エルンスト・メイ Ernst May (1886-1970)，ドイツの建築家、計画家。

［電報］
八番街　二六七局ニテ受信
N一四三五一　BLUE　ウィスコンシン州　スプリンググリーン　二十一日　午前十一時四十九分
一九二七年十月二十一日　午後二時五十九分

二一丁目」
ニュー・リパブリック気付　ロバート・M・ロヴェット様」[*1]
ココノトコロ独リデ　数週間孤独ヲ感ジテイタ」ルイス・マンフォードト　トモニ来タレ　細君ト子供タチモ連レテ来イ　一　二週間滞在シテ　仕事ハココデスレバヨイ」田舎ノ美クシサト　我ガ家ノミワク」旅行ノ代金ナド　ニューヨークノ二　三晩ブンニ過ギヌ」ニューリパブリック　ノコトハ忘レロ」[*2]

[pc lmp]

1　ロバート・モス・ロヴェット Robert Morss Lovett (1870-1956)，アメリカの編集者。
2　この招待をロヴェットは断った。ロバート・モス・ロヴェットからライトへの手紙，26 October 1927, Frank Lloyd Wright Archives（以後 flwa と略記），Taliesin West, Scottsdale, Arizona. を参照。

アルバート・チェイス・マッカーサー[*1]
建築家
アリゾナ州
フェニックス
ジェファソン通り　西三一一番地

一九二八年四月三十日
ルイス・マンフォード様
ニューヨーク州　ロングアイランド・シティ
ゴスマン街　四一一二番地

私の親愛なるルイス・マンフォード——

フィスク・キンボールが、彼の新著を送って寄こした。よく書けた「古典主義」への信仰だ。マッキム・ミード・アンド・ホワイトと、ルイス・サリヴァンの建築思想をひとくくりにしている。[*2] いやはや、何と言えばいいのか！　そう、これが「歴史」というものなのだ。

私に言わせれば、墓泥棒とでも呼ぶべき仕業だが、討ちかかっていくわけにもいくまい。私がこれを書いているのは、センチュリー社が手紙を送って寄こして、「アメリカ建築」についての君の記事の挿絵にするため、「タリアセン」の図版を求めているからだ。[*3] 君は「私について好意的に触れている」そうだ。(同封したフィスク・キンボールあての手紙を参照してもらいたい)。

我が国の建築におけるアイデアの発展の実像を、歴史的に粉飾する行いには、本当に胸が痛む。そうしたことのほとんどは無意識になされるのだ。「近代主義」の真の概念は、その本来の意味にしても実際の効果にしても、これまでのところほとんどまったく抜け落ちてしまっている。なぜ君がこれを記録しないのか? この任務に立ち上がった者はまだ誰もいない。西マンハッタン――商業化された化け物――からさらに視線を伸ばし、ニューヨーク州バッファローより遠くから何かを学ぼうとする者は。

君でなくて誰が書くのだ? 遠く広がりの中に進み出て、自分の眼でよく確かめてみたまえ。擬古典主義の雑草がおい茂る、その鬱蒼さの中から、健全な苗木が立ち上がって来る様子が見えるはずだ。健全な苗木は、三十年前、大平原の土に蒔かれた種から育ってきたものではなかったか? 擬古典主義は、農夫の言う「被覆作物」に過ぎぬ、未来の収穫のための!

君は自分が書きたいと思うことを、思うままに書くだろう。しかし「広がりの中に進み出て」「自分自身に導かれる」ことのないうちは、君は芸術家の本能以上のものを持たずに書くことになる。歴史家にとって危険なことだ。彼が見つめ記録する主題を背後から支えている根本的作用に基づくこと無かりせば。「説教」めいてしまって済まない。このような物言いは、おそらくいわれのない私の独善的な思い込みなのだろう。私はただ、フィスク・キンボールのご親切な「死亡記事」に心を痛めているだけなのだ。なぜ、コルビュジエたちが、我々自身の巣の中で「公然と叛旗を翻す」のを放っておくのだ?[*4]

君の忠実な、

フランク・ロイド・ライト［署名］

［pc ts&ms lmp］

1 アルバート・チェイス・マッカーサー Albert Chase McArthur (1881-1951)，アメリカの建築家［ライトはこの時期、アリゾナ・ビルトモア・リゾート Arizona Biltmore Resort のプロジェクト・コンサルタントとして、マッカーサーと共同していた。この手紙はマッカーサーの用箋に書かれた］。

2 フィスク・キンボール Fiske Kimball (1888-1955)，アメリカの建築家、歴史家、美術館長。マッキム・ミード・アンド・ホワイト、ニューヨークに本拠をおいたアメリカの建築設計事務所。ルイス・H・サリヴァン Louis H. Sullivan (1856-1924)，アメリカの建築家、ライトのかつての雇い主。

3 マンフォード「今日のアメリカ建築—II」"American Architecture To-day: II," *Architecture* 57 (June 1928) 301-308.

4 ル・コルビュジエ、本名シャルル・エドゥアール・ジャンヌレ、Le Corbusier, a.k.a. Charles-Edouard Jeanneret (1887-1965)，スイスの建築家、計画家。

［ルイス・マンフォードに送付］[*1]

一九二八年四月三十日

フィスク・キンボール様
ペンシルベニア州　フィラデルフィア
ペンシルベニア美術館

親愛なるフィスク・キンボール様――

君の新しい魅力的な本をいただいた。昨日、この砂漠に転送されてきたところだ。[*2]私は自分の死亡記事を、この一、二年の間かなりたくさん読んできた。私は、かつてマーク・トウェインが嘆じたのと同様に、私の死が極めて誇張されて伝えられていると思うのだ。君はたいへんご親切にも、君の倫理を正当化し、君の話を飾りたてるために、散々私を利用して、それから私を国外追放にしてしまった。君の行いを「死にかけた獅子」を蹴りつける驢馬と言えば言い過ぎだろう。同じように、私だって獅子ではないし、死にかけてもおらず、また亡命者でもないのだ。

いつの日か、誰かが、マンハッタンを遠く離れ、「中西部の新しい流派」と呼ばれる考え抜かれて建てられた家々が、バッファローからロサンゼルスに至る建物の五分の三に（意識的にせよ無意識的にせよ）何を成し遂げたか、きちんと評価することだろう。それらは、スカイラインを静め、量塊を広げ伸ばし、開口部を秩序付け、「幻想的特徴」を減らし、これらすべてをある程度まで大地と結び合わせ、これらの理念がアメリカにおいて潜在的に有用であることを確信させてきたのだ。これらの理念の有用性は、今日、かつてないほど高まっている。生い茂る擬古典主義の中で、その源泉は見えにくくなってきているものの。この手紙は、その避けがたい虐待を相殺しようとするものなのだ。

見込みのない戦いだって？　古典主義の勝利だって？　いやはや、君ってやつは！　コーニスは過ぎ去ってしまった。君が上手に書き上げたラーキン・ビルが、それを打ち負かしたのだ。[*3]　コーニスは要らない、古典主義は要らない！　人生は続いて行くのだ！　君が腰かけている、保守的な古き良きフィラデルフィアの美術館の名誉に満ちた安楽いすの上にあっては、時代がかった「古典主義」の夢が、まだ君を捕らえ、君に取り憑いているのか？　あるいは、三十二年も前のコロンビア博覧会で破れ去った空論に、慰めを見い出しているだけなのか？——敗北——そう、それは商業化されるためだけによみがえったのだ。[*4]　その唇をこじ開け、ありもしない眼を開かせ、口をきいているかのように見せ掛けようというのか？

君はよく書ける。本当によく書ける。私はこの建設的な動向の中で、我々が君を必要とするものと思う。私はあえて君のペンの協力を得ようと思う。事物の本性のために——建築としての——実践された事物の本性こそ、まさに君が語ってきた主題であるがゆえに——その通りだとも！

今この時、君に心からなる挨拶を送る。君は友好的な敵だ。究極的には親しい友となるだろう。

[pc cc ts lmp]

1 「アメリカの建築──ウォルター・パック、ポール・クレ、ライト、エーリッヒ・メンデルゾーンからフィスク・キンボールへの手紙」"American Architecture: Correspondence of Walter Pach, Paul Cret, Frank Lloyd Wright and Erich Mendelsohn with Fiske Kimball," *Architectural Record* 65 (May 1929): 431-434. として出版。

2 フィスク・キンボール「アメリカの建築」Fiske Kimball, *American Architecture* (Indianapolis and New York: Bobbs-Merill, 1928).

3 ライト、ラーキン・ビル Larkin Company Administration Building, Buffalo, New York, 1903.

4 コロンビア万国博覧会 World's Columbian Exposition (World's Fair), Chicago, 1893.

ニューヨーク州　ロングアイランド・シティ
ロウカスト通り　四〇〇二番地
一九二八年五月十一日

親愛なるフランク・ロイド・ライト

お手紙と写真うれしく頂戴しました。写真の方は、アーキテクチャー誌の私のふたつめの記事にちょうどまにあうように到着しました。この記事では、あなたの作品に対して適切に触れることができませんでした。他のすべての連中の作品に駄目を出すのに、精力を使いきってしまったといったところでしょう。でも、来る秋、クリエイティブ・アート誌に、あなたの作品について本格的な記事を書くことを、リー・シモンソンと約束しています。[*1] それまで、この写真を私の手元に留め置いてよろしければありがたいのですが。一九二七年に初めてあなたの実作品を見学しました。おそらくお聞き及びのことでしょう。あなたの作品について論ずるのに、これまで及び腰だったのは、まず、四面きちんと見たことがなかったということ、そしてまた、私が全般的な傾向以外のことを書く能力に、嘆かわしいほど欠けていたからです。クリエイティブ・アート誌の記事では、いよいよ本題に入らなければと思います。あなたのキンボールに対するお気持ちに共感します。私から見れば、彼は非常に有能な間抜け野郎です。彼は、劣悪なものを擁護するために、ありとあらゆる正当な理由を抜き出し、また、優秀なものを攻撃するために、ありとあらゆる下手な理由をかき集めて来るのに秀でています。残念ながら彼は有能です。だからこそ、多くの損害をもたらす危険があるのです。あなたの近作は、私の心を喜びに飛びたたせました。もしもこれを「死んだ者」の作品だと言うのであれば、私たちのうちでまだ生き永らえている方は、さっさと死んでしまった方がよっぽどましだということです。あなたのカリフォルニアの住宅は、お定まりの形式の包帯であなたをミイラのようにぐるぐる巻きにしたいと念じる連中に対する、とどめの一撃になるはずです。そうなるべきなのです。しかし、生きている身体よりもミイラの方を好む人々を止めるものは、何もありません。あなたのヨーロッパの称賛者たちについて言えば――彼らは非常によい人たちなのですが――よくできた骸骨に夢中になってしまい、肉がいやになってしまったのです。一方、あなたの作品は、彼らのものよりも全体的です。骨格も、肉も、すべての必要な臓器も、すっかり備えているのです。私は、このようなものが、私たちの新しい建築すべての原型となることを望んでいます。けれども、若者たちは立派についてきています。あなたはたくさんの称賛者や追随者、そしてなによりも理解者を、彼らの中に得ています。だから勇気を出してください。私はもう一度西部を旅したいと思っていますが、するべきことが山ほどあって、出られないでいます。理由のうちのいくつかは、旅と同じくらい魅力的です。例えば、今取り組んでいる著書の執筆のように。[*2] もっとつまらない理由もあります。時間がとれない、金がないといういつもの心配事です。今年中かそこらで、この旅を実現したいと思っています。行くならば今なのです。その時まで、幸運を！

常にあなたの、

［署名］

ルイス・マンフォード

[ts flwa]

1 リー・シモンソン Lee Simonson (1888-1967), アメリカの作家、編集者、画家。

2 マンフォード「ハーマン・メルヴィル」*Herman Melville* (New York: Harcourt, Brace and Company, 1929).

［一九二八年六月から七月ごろ］

親愛なるＬ・Ｍ

この「西海岸」の最も有力な新聞からの切り抜きは逸品だ——[*1] 驚きでもある。私はミラーという人物をよく知らない、ただ芸術および芸術家欄を担当しているということ以外は。[*2] 君が見た「破壊」が、すべて文字に書き下されている！

君に！
［署名］
Ｆ・ＬＬＷ

[pc ms lmp]

1 特定できないロサンゼルス・タイムズ紙 *The Los Angeles Times* の記事。
2 アーサー・ミラー Arthur Miller (1893-1975)、作家、編集者、画家。

ニューヨーク州　アメニア
一九二八年七月十日

親愛なるフランク・ロイド・ライト

お手紙、ノート、写真、たいへんありがとうございました。あなたのコメントはヒッチコックの小論を手玉にとって、お蔵入りにしてしまいました。こうした出来事を間近に見ることができて幸せです！[*1]ヒッチコックに会って、彼があなたを心から称賛していることを知りました。[*2]件の陰謀については、これはまったく無意識のものなのです。だからこそ憂鬱なのですが。ヒッチコックは、ヴァッサーで美術を講じている若い男です。私の見るところでは、戦後世代に属していることが彼の困難さのひとつになっています。彼が称賛するフランス人、あるいは同じギルドのドイツ人と同じように、彼の美的理念は不適切な社会学によってねじ曲げられています。彼は芸術の時代は終わったと幻想し、未来の建築は工学以外の何物でもないと（シュペングラーと同じように）考えています。[*3]この見方は不能のあらわれです。一方、グロピウスのように、指の先まで芸術家であるような人々は、自身の内面に「こうあらねばならない」という信念を何ら感じていないのです。[*4]だから彼らは、アカデミックな不能者の場合とは違って、自らの空虚さを正直に認めます。あなたの作品は必然的に、これらの人々に対する挑戦となるでしょう。健康と活力が傷病兵にとっての挑戦であるのと同じことです。彼らは自分自身の無能さを、自分たちの状況に応じて改善もできようと、さしあたり大目に見ているのです。あなたの作品を自分たちのものの先駆けだとみなす素振りをすることによって。私の見るところでは、順序はまさに逆なのです。ルートとサリヴァンの初期の摩天楼は、今日のコルビュジエのデザインと同等のものです。[*5] それらはともに機械の原初的形態を示します。一方、あなたの作品はこの段階から一歩踏み出しているのです。素材を扱う一層完璧な手腕と、さらに自由な表現とともに。時に刻まれた通り、あなたはコルビュジエのまだ三十年先を行っているのです。こうしたことを、秋に発表しようと思っているのですが、どんな形の記事にすべきか、また、どこに発表すべきか、決めかねているところです。あなたに送っていただいた切り抜きは、本当に素晴らしい批評です。西海岸では、このような人々が働いているのだと知って、うれしく思います。今、デンバー美術館と、私が講師を務める六回の連続講演について交渉しています。ですから、もしかしたら、あなたの作品をさらにたくさん見ることができるかもしれません。そして、アメリカ中西部の建築一般をもっとたくさん。

常にあなたの、

[署名]

ルイス・マンフォード

[ms flwa]

1　マンフォードがここで引き合いに出しているのは、ヘンリー=ラッセル・ヒッチコック・ジュニア「建築の衰退」Henry-Russel Hitchcock, Jr., "The Decline of Architecture," *The Hound and the Horn* 1 (September): 28-35. である可能性が高い。

2　ヘンリー=ラッセル・ヒッチコック・ジュニア Henry-Russel Hitchcock, Jr. (1903-1986), アメリカの建築史家、作家、批評家。

3　オズヴァルト・シュペングラー Oswald Spengler (1880-1936), ドイツの哲学者。

4　ヴァルター・グロピウスWalter Gropius (1883-1969) ドイツの建築家、バウハウスBauhausの校長(一九一九—一九二八年)、ハーバード大学Harvard University建築学部長(一九三八—一九五二年)。

5　ジョン・ウェルボーン・ルートJohn Wellborn Root (1850-1891), アメリカの建築家。

［印刷された招待状］

結婚
八月二十五日
カリフォルニア州　ランチョ・サンタフェ
イワン・ラゾヴィッチとミリツァ・モンテネグロの娘
オルガ・イワノワと
アナ・ロイド・ジョーンズとウィリアム・ケリー・ライトの息子
フランク・ロイド・ライト

ウィスコンシン州　タリアセン　一九二八年[*1]

[pc lmp]

1　オルギヴァンナ・ロイド・ライト 旧姓ラゾヴィッチ Olgivanna Lloyd Wright, née Lazovich（1896-1985），教育者、作家、哲学者、ライトの三番目の妻。

ニューヨーク州　アメニア
一九二八年九月二十四日

親愛なるフランク・ロイド・ライト

あなたの電報が着いたのは、取り組んでいた伝記の執筆がまさに峠に差しかかったところでした。[*1] 今はその二週間は過ぎ去りました。懸案に筋を通すのが遅れたことをお許しください。私は長いこと呻吟していたのです。遅ればせながら事の顛末をお知らせしましょう。五月に、私はリー・シモンソンと、建築に関する連続記事について、どんな内容が書けるか話し合いました。その時私は、あなたについての記事はどうか、と提案したのです。彼はこれを筆頭項目として扱いました。ダグラス・ハスケルは、非常に有能な若手執筆者で、四、五年ほど前、外国旅行から戻って、ニュー・ステューデント誌という私たちの大学の建築雑誌の、ひどく辛口の号を編集して以来、建築に興味を持ち始めたのです。[*2] この編集について、私は彼に様々な導きや示唆を与えました。昨年一年間、彼は建築批評に真剣に取り組みました。彼は非常に真面目な上に才能にも恵まれているので、私は彼にシモンソンのところに顔を出し話をしてみたらどうか、もし自分で記事を書けると思うならば、喜んで私が分担していた題材をあけわたそうと言ったのです。彼は心からあなたを称賛する者で、あなたの記事を書くように手配を済ませました――シモンソンが、この記事を皮切りに、秋から連載を始めたいとのことだったので。私は、この仕事からしばらく外させてもらいたいと彼に頼みました。この夏の半ば、ハスケルが写真の提供を求める手紙を送ってくるまで、私はそうした手配が済んでいたとはまったく知りませんでした。けれどもその手紙を受け取ってうれしく思いました。その第一の理由は、あなたの作品と理念について十分に書けるだけの紙面を、クリエィティブ・アート誌が用意できなかったことで、第二の理由は、私がメルヴィルの伝記で忙しく、この秋まで建築の分野に戻ることができなかったことです。第三の理由は、ハスケルに最高のテーマでデビューしてもらいたかったからです。私は彼の記事を見ていません。しかし、きっとよく理解して書かれたものに違いないと思います。このことは、あなたについて書くという私自身の計画にいささかの影響も与えません。私が書くものを喜んで掲載してくれる雑誌が三、四誌あります。ニューヨークに戻ったら、私の考えをまとめ、記事にして発表するつもりでいます。これが、あなたの作品に関するアメリカの本の序論になってくれればと考えています。このような本が出版されるのは、まさに時宜にかなうことと思います。これがいつ実現するのか、まだはっきりしたことは申し上げられません。私はまだメルヴィルを完成できていないのです。私にはこれまで取り組んできたことから頭を切り替える時間が必要です。中途半端な考えでは扱うことのできない内容の記事ですから。でも本当にこの記事を書くことを心待ちにしています。ハスケルは応援してやる価値のある男です。彼について少し耐えてやってください。私についてもどうかお手柔らかに。本というのは、いわば最悪の難産のようなものです。あなたのご結婚のお知らせを頂戴し、本当にうれしく思います。非常に美しくもあります。あなたがたすべてに、喜びと晴れやかさを。そして多くの優れた建物をつくり出すことができますように！

忠実に、

［署名］

ルイス・マンフォード

[ts&ms ftwa]

1　行方不明の電報。マンフォード「ハーマン・メルヴィル」。

2　ダグラス・ハスケル Douglas Haskell (1899-1979)，アメリカの建築批評家。

ルイス・マンフォード様
ニューヨーク州　アメニア

親愛なるルイス・マンフォード

もはや帽子片手にニューヨークの街角をさまよい歩く必要はなくなったと聞けば、きっと君は喜んでくれるだろう。タリアセンは取り戻された。[*1] 我々はここに落ち着き、再び仕事に励んでいる。おもしろい仕事だ。自慢したいのではなくて、君に安心してもらいたいのだ。砂漠の中のリゾートホテル、正真正銘のアリゾナの砂漠[*2]――アリゾナ州フェニックス近郊のチャンドラーに住む、チャンドラー博士からの五十万ドルにものぼる依頼だ[*3]（サボテンの中のサボテン）。すでにその近くで、「百万ドル」のアリゾナ・ビルトモアを、私が開発したテキスタイル・ブロック構法で建設していて、もうすぐ竣工だ。[*4] ――オクラホマ州タルサにいる編集者のいとこのための、精神、形式ともに新しい住宅、[*5] ――君のいる野蛮なニューヨーク市に建設される二十三階建ての銅板とガラスのタワー、――セント・マークス・タワー・イン・ザ・バワリー[*6] ――「機械に対する建築家の勝ちどき」を望もうではないか。――ローゼンウォルド財団の校舎、知っての通り南部の黒人学校だ。[*7] これを彼らにふさわしいものにしてやりたいと努力している。彼らが取り入れているヤンキー流のやり方は、彼らにとってむしろ難しいように思われるのだ。この仕事は、異なる文化の本性と雰囲気に浸ることのできる、ささやかな楽しみになりそうだ。東京のホテルの仕事のような大きな機会ではないが。[*8]

また、リーダム・ガラス製造会社と生涯契約を結んだ。あらゆる種類のガラス製品のデザインを、版権ベースで提供するという内容だ。[*9] アーツ・アンド・クラフツに手を染めようというわけだ。

同封した学校の設立趣意書を読んで、君の「一言」を聞かせてもらいたい。[*10] 大学は早くも興味を示している。[*11] 君の支持の言葉がもらえれば助かる。以上見ての通り、件のフランス人たちに、彼らが不注意にも見逃したことの何がしかを見せつけるに十分な仕事が手に入っている。

同封したダグラス・ハスケルあての手紙を見れば、君にもすべての経過がわかるだろう。終いには、君に「救出」を期待しなければならないだろう。このことはよくわきまえている。

検死陪審が開かれ、ヒッチコックとハスケルが「表面と量塊」を代表してそこに座っているかのようだ。陪審員たちはこれまでのところ、アメリカにふさわしい建築を求める生き生きとした要因に無頓着であったようだ。しかし、今まさにそうした風が吹いているのだ。

この話題に触れた最新の記事を送る。レコード誌のために書いたものだ。闘いが近づいて来ているのがはっきりとしたので、この件について私の心の内を語っておく方がよいと思ったからだ。[*12] これまでのところ、誰もこの話題に直接考えをめぐらせた者はいないようだ。

私自身について言えば、半端なやり方での仕事に疲れてしまった。間に合わせの道具のせいで手が痛んでしかたがない。疑いなく私は状況の壁をつき破った。かつてのように今度も。少なくとも我が国の人々は、すでに私から力の確かな証拠を受け取っているのではないか？ 私の作品から放射されている特徴を、弱さのあらわれと断ずるのは、何とばかばかしく恩知らずなことだろう。芸術家はその力に比例して、自分の仕事の中に、自らの確かな個性の表現手段を発見するのだと、エマソンも言っている。しかし、いかなる「マニエリスト」も、私のつくった建物の多彩さをつくることができなかったではないか？ 私は、この時代と私の国から自分が解放されることを望みもできないし、そう欲すべきでもない。私の作品のこの特質はさらに高い魅力、いかなる個人的特質をも凌駕する大きな価値を獲得していくことだろう。

芸術においては、新たなものは、常に古いものから形作られる――それが、本当に新しいものとしての価値を持っているのであれば。

芸術というものは人を陽気にさせるものだ。その魅惑的な目的は、人間を完全な「自然の開花」として創造すること以外にはありえない。なんと楽しいことだろう！　だが、これまで私は、軽薄な愉しみに溺れることはなかったはずだ。

形態の神秘を学ぶ者のひとりとして、私は自らの全精力を傾けるべき方向をついに見い出したのだ。パリのモードがどうなのか、気にかける必要はない…。

ハスケルを惑わせるようなものは何もないように見える、常識やあらゆる形の直情径行のような。彼は表面的なあらわれに囚われ、その横溢の背後にある現実を見ることができないのだ。

メルヴィルの誕生と、それがあまりひどい難産ではないことを望んでいる。

君に最後に会った時の若々しい幸せな表情を、失うことの無いようにしてくれたまえ。

同封したのは二、三日前に撮ったスナップだ――私の製図板の上に、たまたま置いてあったものだ。これを送るのは、君に会って以来、私がいかに消耗したかを見てもらいたいためだ。拳闘の試合で「打ち込まれた」ように見えるだろうが、まだリングの上で粘っている。私の気力を取り戻させるために君の写真を送ってくれないか？

君の仕事について語ってほしい。昨日誰かが私に言った。正真正銘のご老人I・K・ポンドが、君が「実務的建築家」ではないという理由で「スティックス・アンド・ストーンズ」に公然と異議を唱えたそうだ。[*13]「実務的建築家」が一体建築の何を知っているというんだ？　たとえうまく文章にすることができたとしても。大体、そんなことできるはずもないのに。

やつは「建築」の軒先にぶる下がった、干物のニシンのようなものだ。

気にするな。――しかし気が向いたら、一筆書き送ってくれたまえ。私は君の才能を信じ、君の前途に素晴らしい成果を予感する。それを早めたいのだ――しかし君は若い。創造的仕事を続けることで、その若々しさを保ってほしい。それこそ唯一確かな道なのだ。

君が話している本は、今まさに望まれているものだ。我々はふたつの記事に取り組んでいる。ひとつはレコード誌に、もうひとつは、ニューヨークの出版社のどれかに掲載させるつもりだ。[*14]

これらに、君の素晴らしい記事を、ご示唆の通り引用させてくれればありがたいのだが。

君の忠実な、

［署名］

フランク・ロイド・ライト

注―君に私の作品集の図版を差し上げたらどうかと思い付いた（一九一〇年にドイツで出版された図版を、一枚物の形でたくさん持っているのだ。[*15] このうちの多くの建物は、もちろんそれより数年前に設計したものだ）。これらの作品の中に「表面と量塊」が予言的にあらわれていることが、君にはわかるだろうと思う。メンデルゾーンを含むドイツの多くの建築家たちは、この作品が突然彼らの視界に飛び込んで来て、彼らが現在の方向を確立する上で測り知れぬほどの精神的高揚をもたらしたのだと語ってくれた。[*16]

今回もロサンゼルス・タイムズの切り抜きを同封する——東海岸のニューヨーク・タイムズに匹敵する西海岸の新聞だ。*17——リー・シモンソンなどの連中が行っているフランスの宣伝に対して、正しい態度をとっている。

FLW　NW
ウィスコンシン州
スプリンググリーン
タリアセン
一九二九年一月七日

[pc ts&ms Imp]

1 ライトが、タリアセンの占有権を債権者から取り戻したことを指す。
2 サン・マルコス・イン・ザ・ディザート San Marcos-in-the-Desert, Phoenix 近郊、1928.
3 アレクサンダー・チャンドラー Alexander Chandler (1859-1950)、アメリカの開発業者。
4 アルバート・チェイス・マッカーサーとライト（コンサルタント）、アリゾナ・ビルトモア・ホテル Arizona Biltmore Hotel, Phoenix, 1927.
5 リチャード・ロイド・ジョーンズ邸 Richard Lloyd Jones House, Tulsa, 1929.
6 セント・マークス・イン・ザ・バワリー計画 St. Mark's-in-the-Bouwerie Project, New York City, 1929.
7 ローゼンウォルド学校計画 Rosenwald School Project, Hampton Virginia, 1928.

8 帝国ホテル、東京、1913-1922.

9 ガラス器と食器のデザイン、リーダム・グラスファブリエク社 Leerdam Glassfabriek, 1929.

10 総合芸術のためのヒルサイド・ホーム・スクール The Hillside Home School of the Allied Arts. この学校は、空き家になっていたタリアセンのヒルサイド・ホーム・スクールを利用しようとする、ライトの最初の企画であった。

11 ウィスコンシン大学 University of Wisconsin.

12 ライト「表面と量塊――再び！」"Surface and Mass — Again!" *Architectural Record* 66 (July 1929): 92-94. の原稿である可能性が高い。

13 アーヴィング・K・ポンド Irving K. Pond (1857-1939)，アメリカの建築家。

14 ライト「素材の本性における創造的事柄」"Creative Matter in the Nature of Materials" と題された出版されなかった手稿、一九二七年から一九二八年にかけてアーキテクチュラル・レコード誌に発表された「建築のために」(In the Cause of Architecture) と題された十四編のシリーズ記事を編集したもの、大幅に加筆され、図版も増やされている。ブルース・ブルックス・ファイファー編集、ケネス・フランプトン序文「フランク・ロイド・ライト――手稿集成、第一巻、一八九四―一九三〇年」*Frank Lloyd Wright: Collected Writings, Volume 1, 1894-1930* (New York: Rizzoli in association with the Frank Lloyd Wright Foundation, 1992), 225-310 を参照。ライトがここで触れている第二の手稿は「自伝」*An Autobiography* (London: Longmans, Green and Company, 1932) あるいは「消えゆく都市」*Disappearing City* (New York: William Farquhar Payson, [1932]) のどちらかである可能性がある。

15 ライト――ヴァスムート版作品集、*Ausgeführte Bauten und Entwürfe von Frank Lloyd Wright* [Berlin: Ernst Wasmuth, 1910].

16 エーリッヒ・メンデルゾーン Erich Mendelsohn (1887-1953)，ドイツの建築家。

17 行方不明の新聞記事の切り抜き。

［ヴァスムート版作品集からの一葉、フランク・ロイド・ライト設計のバートン・S・ウエストコット邸（オハイオ州スプリングフィールド、一九〇七年）の図版（五十三）に記された、ルイス・マンフォードあての書き込み］*訳注1

三次元の表面と壁体――（内部が外部に向けて表現されている）。新しい。壁はスクリーンであり、屋根は伸びゆく面だ。一九一〇年ヨーロッパで発表したもの。

［ms 個人蔵］

*訳注1　Burton S. Westcott Residence, Springfield, Ohio, 1907.

［ルイス・マンフォードあてに送付、一九二九年一月ごろ］

ダグラス・ハスケル様
ニューヨーク市
西四〇丁目　一一九番地

親愛なるダグラス・ハスケル
遅ればせながら（つい一昨日のことだ）クリエイティブ・アート誌に載った君の検死報告書を見たところだ。*1

お互い、率直になろう――
もっと労を惜しまず共感をもってことを行わない限り、私が提供した資料を用いるのを控え、返却するように伝えた電報を君に送ったが、その時すでに、こうしたことになるということは、すべて予想できていたのだ。明らかに、君の能力をもってすれば、この小論で到達したよりも――あるいは君が到達することを「許された」よりも、もっと深く貫き通すことができるはずだ。また、君の言う通り、自分の作品について何を言われようと、私はそれをどうこうすることもできぬ。

最後に付けられた君の祝福は、私の心に触れた。しかし、君はそれほど満足していないものと見た。君とラッセル・ヒッチコック（君らの意見は一致していると思うのだが）は、建築の世界ではまだ若造だ。すべて批評というものは――私たちの関係を含め、文化のあらゆる状況において、共感を根底としている。それが文章に自然に沁みわたり、必然的に行間から真実が溢れ出るべきなのだ。

我々の進歩の現段階においては、何も得るところはないだろうと私は見る。フランス発の「秘密指令」が、我々に進歩をもたらすわけではないのだ。

我々はまだ流行の先端にいるのか、本当はそうでないのか、
私は、情け知らずな主人に仕えているようだ。だが、これからはもっとひどい主人に仕えることになるのだろう。

建築は、依然として芸術である。高度に発達した科学であっても、この地位を長くは保てないに違いない。

私が書き送った通り、この地を訪れ、私と一緒にその眼で仕事の過程を見たならば、君は、件のフランス人よりももっと深く理解できるはずだ。彼らが手にすることのできない、もっと研ぎ澄まされた建築の感覚をもって見ることができるはずだ。私は代々魂の救済者の経験を重ねてきた家系の出だ。君の魂を件のフランス人から救ってやりたいと思う。救う価値ありと思えばこそだ。

自然は、フランス人たちに音楽と建築を与えなかったようだ。代わりに「絵画」と文学の分野では、彼らに恩寵を垂れている。

ごきげんよう。

君はあとちょっとで、価値ある事柄に到達できたことだろう。そうだったなら、君はあのような「ボール紙」の家にあれほど満足できなかったことだろう。

クリエイティブ・アート誌が届いた日の午後、君の記事について批評を書いた。発表するつもりだ。一種の「自画像」と言えるだろう。[*2]

シモンソンに電報を打って、彼が掲載する気なら、揺り起こされた死体が喋り出してもいいぞ、と

いうわけだ。彼は掲載すると返電を寄こした。クリエイティブ・アート誌は私向きの場所ではないが、私は多分そうするだろう。

君の誠実な、

D・Hに

「私の批評家」のため、この件をできる限り建設的にするために、たまたま手許にあったいくつかの図版を同封することにする(残念ながら、流行遅れになってしまったが)。一九一〇年に「アメリカ」をヨーロッパにもたらし、そうした影響を伝えた、まさにその図版だ。*3 私が書き込んだ注釈をよりどころにして、これらの図版を研究してくれたまえ。第三次元の痕跡を取り除いて、少しばかり形を写し取ってみたまえ。私の表面と量塊のデザインから「第三次元」を剥ぎ取ってみるのだ。そうすれば君は、自分が「新しい」と思い込んでいたものを眼にするはずだ。建築的に「美的」であるに過ぎない人々は、第三次元を切り捨て、ちょっとした実際的な建設知識を知るだけで、画家が絵を描くかのように建物を建てることができる。二次元は彼らの任務を軽くする。——建築というものは三次元にあるにもかかわらず。この本性は否定しようがない。妥協など成立しようもないのだ——「表面に留まる」のでない限りは。

追伸　君に急いで送付した資料——私が言っているのは写真のことだが——返してもらえるかね？君はすぐに返却すると約束したはずだ。私がこう言うのも、本当に必要だからなのだ。

[cc ts flwa]

1 ダグラス・ハスケル「有機的建築――フランク・ロイド・ライト」Douglas Haskell, "Organic Architecture: Frank Lloyd Wright," *Creative Art* 3 (November 1928): 51-57.

2 原文はドイツ語―― "Selbstbildnis."

3 ライト、ヴァスムート版作品集。

ルイス・マンフォード様
ニューヨーク州　アメニア

親愛なるルイス・マンフォード

前の手紙で触れた学校の設立趣意書を同封するのを忘れてしまった。

学校の建物はタリアセンの隣にある。[*1] 十年ほど所有している。この建物を使って何かこうしたことをしようと、かねてから考えていたのだ。

クリエイティブ・アート誌からの電報によれば、ダグラス・ハスケル執刀の検死解剖への反論記事として、私に二千語の文章と六葉の写真を割りあてるとのことだ。[*訳注1] この電報によって、この件すべてについて、私の気持ちは随分と変わった。

例の若者には、まだ記事も君に送った手紙も出していない。別のを書いてまもなく送るつもりだ。君が読み終わったら、私に返送してくれないか。

私は出版向けに修正した記事を君にもお送りするつもりだ。

君の忠実な、
FLW　NW
ウィスコンシン州
スプリンググリーン
タリアセン
一九二九年一月十日

[cc ts flwa]

1　ヒルサイド・ホーム・スクール Hillside Home School, Spring Green, 1902.

訳注1　検死解剖（post-mortem）本来、死体を解剖して死因を確かめることを言うが、ライトは批評家や歴史家の自作に対する取り扱いを指して揶揄的に用いる。「作品の生きた創作的可能性を見ずして、単にその形骸だけを分析する態度」を難ずる言葉のように訳者には思われる。

ニューヨーク州　ロングアイランド・シティ
ロウカスト通り　四〇〇二番地
一九二九年一月十八日

親愛なるフランク・ロイド・ライト

作品集、どうもありがとうございました。記事を送っていただいたことにも感謝いたします。あなたの学校に対する心からの支持もお受け取りください！　しかし、これらすべてのことについて、後ほどあらためて書かねばなりません。美術館での連続講演のためデンバーへ発つところなのです――病に伏した家族をあとに残して。あなたならば、私の今の気持ちをお察しくださるでしょう。

常にあなたの、
[署名]
ルイス・マンフォード

[ms flwa]

ロイド・ライト[*1]
カリフォルニア州　ロサンゼルス
ドエニー・ドライブ　八五八番地
電話　OX 七六〇八
一九二九年二月一日

私の親愛なるルイス・マンフォード

あなたの装飾についての論説を読んだところです。「個人的芸術表現に残された余地に『よって』我慢できる程度に緩和された、機械的効率性の厳格さと硬直性」の主張とでも言いましょうか。[*2]見たところあなたの意見は、必要性に基づく機械的効率性とは耐えがたいものであり、そこには個性（個人的特質）を投影する余地など残されていない、ということのようです。

機械の効率性が、厳格なものでも、冷ややかなものでも、耐えがたいものでも、また個性の表現の機会を奪うわけでもないということは、当地では、ここのところ毎日のように示されています。

これが、あなたがまだ認識できていないことです。この事実は、いくつかの点でよく気を配りながら批評しているにもかかわらず、あなたのこの分野における見聞の狭さをはしなくも示しているのです。批評に欠かせない気配りという点について言えば、悲しいことに、あなたの「この分野」の全体的理解には、正確さと配慮の行き届いた熟考が欠けています。ついでに言えば、グロピウスやル・コルビュジエは、最近になってあからさまにこの分野に「乗り込んで」来て、青臭い新米面をひっ下げて、上っすべりした宣言を、声高に繰り返しているのです。
あなたが批評しようとしている芸術に従事して来なかったことは明らかです。
「正直で男らしいデザインは存在し得ない。芸術家が、自分がどちらの側につくべきか決心することと無かりせば」。

あなたの誠実な。

[署名]

ロイド・ライト

[pc ts&ms lmp]

1　フランク・ロイド・ライト・ジュニア、ロイド・ライトの名で知られる。Frank Lloyd Wright Jr. known as Lloyd Wright (1890-1978), アメリカの建築家、ライトの長男。

2　マンフォード「現代装飾の経済学」"The Economics of Contemporary Decoration," *Creative Art* 4 (January 1929): 19-22.

ニューヨーク州　ロングアイランド・シティ
ロウカスト通り　四〇〇二番地
一九二九年五月十二日

親愛なるフランク・ロイド・ライト

去る一月にあなたからの手紙をいただいたのは、私がデンバーでの連続講義に出発する前の晩のことでした。その時、私の幼い子供は病気でした。私はシカゴでのどをやられ、しばらく留まった後、結局戻ることを余儀なくされました。その後四月の中旬まで、私の日常は荒れた暗鬱なものとなりました。幼い息子は二つの乳様突起に侵され、危うく意識を失うほどだったのです。[*1] 長引く病と遅い回復は、私たち家族全員に傷を残しました。そのため、三月の終わりまで、一筆たりとも仕事を進められなかったほどです。私たちは皆、今ようやく元気を取り戻しつつあります。しかし、もしも私が二、三ヶ月前に、あなたにスナップ写真を送っていたとしたら、おそらくこうした背景を読みとるのは、ちょっと難しかったのではないかと思います。レコード誌の四月号に掲載された、ヒッチコック編の作品集に対する批評は、運よく昨年の秋に書いておいたものでした。[*2] しかし、私が冬の間にしておかなければと思い定めていたすべての事柄は、結局できないままに終わってしまいました。私はもう一度、最初の気持ちに立ち戻り、済ませておかねばと思っています。今の私の仕事は「社会科学事典」の新版のために、一八五〇年から現在に至る近代建築について短い解説文を書くことです。[*3] 二、三千語で内容を網羅するのは大変なことです。四月の終わりに、マジソンで楽しい一週間を過ごしました。でも、あなたがアリゾナに行っていて不在だと聞き、残念に思いました。あなたがご在宅だったら、仕事を半日サボってもいいかな、と思っていたのです。ミクルジョンの実験学部は本物です。[*4] そこで講義をして、果てしない議論につきあってきましたが、詰め込みの知識や演習、お定まりの教育方法とは、完全に袂を分かつものです。最初はまず学生たちの足をすくうようなもので、彼らにとっては衝撃的な変化でしょう。しかしふたたび立ち上がる時、彼らは教育というものが何たるものか、知的責任とはいかなるものであるのかを理解し始めるのです。大学当局はミクルジョンに敵対的です。彼の方法が成功すれば、大学の古い慣習が一掃されることになるからです。しかし、この学部は新しい教育の核心をなすものです。この学部の実際の活動が、あなたの設計した建物ではなく、古めかしいピーボディー設計の建物で行われていることが残念でなりません。[*5] 講義は大体うまく行きました。もし、あなた自身の学校の計画を大学側に説明する際、何らかの助力が必要となったときには、私の言葉はこれまで以上の影響力を発揮するのではないかと思います。去る一月の時点よりも今のほうが！ マジソンの市民クラブで行った、建築における新しい精神についての私の講演について、何かお聞き及びでしょうか？ 聞いたところでは、ある新聞が、あなたについて述べた部分を取りあげたそうです。私はその記事を見ておりませんが。良きご婦人がたを慌てさせてしまったことはわかっています。彼女らは、素晴らしい州都にお住まいだ、素晴らしい大学キャンパスをお持ちですね、などと私が口にするのを、辛抱強くお待ちになっておられたのです。これは、私の講演のうちでも最上のもののひとつです。後で彼女たちが怒り心頭だったと聞かされました。これと似た講演をシカゴの古いハロルド・マコーミック邸でも行いました。[*6] そこでは、もっとうまく行きました。もっと親密な雰囲気でした。講演会場となった恐怖の間は、実例としてうってつけのところでした。実際、来場された二、三のご婦人は、ご自身近代住宅にお住まいか、あるいはお住まいの方をご存じだ、といった具合でした！　シカゴでは、ロヴェットの美術クラスで講義をし、おおむね楽しい時を過ごしました。あなたは、近々ニューヨークにいらっしゃるでしょうか？　ぜひお会いしたいと思っています。あなたの新しい作品のニュースを喜ばしく思っています。そういう作品を見てみたいと思っています。メルヴィルの伝記が文壇に受け入れられたおかげで、私は経済的に自立できるようになりました。頭上にぶらさげられた医者からの請求書、治療費と看護費用、計三千ドルの支払いに、ぎりぎり間にあったというわけです！　また、私が「成し遂げたこと」の証拠も、メルヴィルとともにやってきました。ここ二、三年の間、私の書いたものについて癇癪を起こし、報復を企ててきた諸々の人々が、ついに本心をあらわにして攻撃を加えてきたのです！　最初の一、二度は、少々たじろいだものです。まず、訳がわからなかったのです。しかしその敵意が、私の作品に対してではなく――メルヴィルは今のところ私の最高の作品です――私自身に対するもの、私が「成し遂げた」ということそのものに向けられているのだと気付き、動揺は苦笑いへと変わったのです。先日、私が二十六歳の時に書いた最初の著書に対する批評に行き当たりました。「ユートピアの系譜」という、将来性はありながらも非常に未熟な本です。[*7] 彼らはすべからく称賛の言葉を発していました。保守的な批評家でさえ、非難の言葉にはなにがしかの甘さが残っていました。そんなこともあって、今や私は、ある種のシンボル、あるいは弾丸を向けられる的に擬せられるほど、大きく成長したのです。よし、私も闘ってやる、闘うべき時とあれば。きっとあなたは、こうしたことをすでに何度も潜りぬけてきたのでしょう。しかし、文芸の分野における闘いは、他の専門分野よりは、ほんのちょっと広く開かれています。人々は、何が起こっているのか、誰がそれを引き起こしているのか、いくぶん早く知ることができますから。

暖かい挨拶を贈り、ご多幸をお祈りします。

［署名］

ルイス・マンフォード

[ts flwa]

1 ゲデス・マンフォード Geddes Mumford（1925-1944），マンフォードとソフィア・マンフォード Sophia Mumford（1899-1997）の息子。

2 マンフォード「ヘンリー＝ラッセル・ヒッチコック・ジュニア著「フランク・ロイド・ライト」についての批評」review of *Frank Lloyd Wright*, by Henry-Russel Hitchcock, Jr., *Architectural Record* 65（April 1929）: 414-416.

3 マンフォード「建築――ルネッサンス以降」"Architecture: Since the Renaissance," *Encyclopedia of the Social Sciences* II（New York: Macmillan Co., 1930）: 172-175.

4 アレクサンダー・ミクルジョン Alexander Meiklejohn（1872-1964），教育者、ウィスコンシン大学マジソン校実験学部長。

5 アーサー・ピーボディー Arthur Peabody（1858-1942），アメリカの建築家。

6 クデル・アンド・ブルメンタール・マコーミック邸 Cudell and Blumenthal, McCormik Residence（現存せず）、Chicago, 1875-1879.

7 マンフォード「ユートピアの系譜」*The Story of Utopias*（New York: Boni and Liveright, 1922）.

ルイス・マンフォード様
ニューヨーク州　アメニア

親愛なるルイス・マンフォード

君がウィスコンシンの我が家のすぐそば、マジソンまで来ているというのに、私はのうのうとアリゾナにいて、ガラガラ蛇やサソリ、毒グモたちと一緒に戯れていたとは、何たる恥さらしなことだろう——しかし、実に重要な仕事で忙しかったのだ。

我が懐かしの故郷と母校で、君がウィスコンシンの純朴な人々に伝えようとしたメッセージについては、それを載せた新聞の切り抜きが、手許に届いている。*1 さらに、ローレンス・コッハーが、君の批評を掲載したレコード誌の四月号を私に送ってくれた。*2

君の批評は、密度の高い建設的なものだと思う。任務の大きさに見合った十分な知識を持たぬゆえ、ヒッチコックとハスケルが曖昧にしか描くことのできなかった問題に、君は真正面から立ち向かい、彼らをはるかに凌駕する地点に到達している。

君は問題の根底をしっかりとつかみ、疑問の余地なく論じつくしている。君の頭は明晰で、しっかりした両肩の上に載り、君の心臓は正しい位置にある——君自身の国の上にだ。

感謝に堪えない。私の個人的な喜びを措くとしても、君はこの国の宝と言うべき逸材だ。この国を目覚めさせ、この国の良きものと、それにふさわしい仕事を目覚めさせる人物だ。

君に、より多くの力が与えられんことを——きっとその通りになるだろう。ロサンゼルスにいる息子のロイドが、クリエイティブ・アート誌に掲載された君の記事を読み、誤解して、君に手紙を送ったようだ。私にも写しを寄こした。馬鹿げたことに、やつは早まって撃鉄を上げるところまで行ったらしい。彼があんな手紙を出したことを申し訳なく思う。手紙に書いた言葉以上のものを自ら受けるに足るやつだ。いずれ、君は彼に会うことになるだろう。その時はやつにアイロンをかけて、誤解を解いてやってくれたまえ。

我々はまもなくタリアセンに戻る予定だ。もし君とマンフォード夫人、かわいいマンフォードちゃんたちが、夏の間、愛すべき南ウィスコンシンの我らがコテージに滞在するならばと、胸ふくらむ思いがする。*3

オランダのヴァイデフェルト*4からの手紙によると、彼は芸術の「国際的学校」での仕事に参加する準備を整え、今や遅しと待ち構えているそうだ。*5

これらすべてについて、ウィスコンシンに戻ったら詳しく書くことにする。君に届くよう、どこにいるのかだけ教えてほしい。スプリンググリーンの方に、一筆書き送ってくれたまえ。

君の忠実な、
［署名］
フランク・ロイド・ライト
FLW NW
アリゾナ州
チャンドラー
一九二九年五月十二日

[pc ts lmp]

1 ウィスコンシン大学、ライトは一八八六年に在学した。

2 アルフレッド・ローレンス・コッハー Alfred Lawrence Kocher (1886-1969), 建築家、教育者、アーキテクチュラル・レコード誌の編集者。

3 ソフィア・マンフォード 旧姓ウィッテンバーグ Sophia Mumford, née Wittenberg (1899-1997), アメリカの編集者、マンフォードの妻。

4 ヘンドリカス・テオドラス・ヴァイデフェルト Hendricus Theodorus Wijdeveld (1885-1987), オランダの建築家、著作家、教育者。

5 ライトが考えていた学校設立の企画についての言及。

ニューヨーク州
アメニア
一九二九年七月二十二日

親愛なるフランク・ロイド・ライト

五月にあなたから心暖まるお便りをいただきながら、お返事申し上げなかったのは、まったく私の怠慢であり、申し訳なく思っております。言い訳をすれば、冬の間の緊張はようやく緩んだものの——私にとってこれまでにない最悪の冬だったのですが——今度はいつにないスランプに見舞われてしまい、あなたにお返事することが、どうしても手につかない気分だったのです。この地で六週間、てくてく散歩したり、泳いだりしながら、ソフィーと私、そして小さな息子は、ようやく回復のきっかけをつかみかけたところです。今ではちょっとばかりかつての自信を取り戻して、世界と向き合うことができるようになりました。今週末、私は五回連続の講演のため、ジュネーブへと発ちます。[*1] そこから直接オランダに入りたいと思っています。この機会に、あなたの作品が海外の人々の間でどのような変貌を遂げ、どのように発酵したのか、ぜひ確かめておきたいと思っています。ヒッチコックからの手紙によれば、彼はル・コルビュジエに少々幻滅してきたとのことです。ですから、もし彼と行き逢うような機会があれば、彼と協力して一緒に何ができるか、見極めようと思っています！その帰国は九月末の予定です。もしまた東部にいらっしゃるようでしたら、どうかご連絡ください。その際には、私の都会のほうの住所、ロングアイランド・シティ　ロウカスト通り四〇〇二番地のほうが好都合です。私がすでに写真を入手している作品以外に、最近住宅を完成されましたか？　私の友人で、ディ・フォルム誌の編集をしていたヴァルター・クルト・ベーレントが、現代住宅についての本を出版しようとしていて、アメリカの実例を探しています。[*2] おそらく彼は直接あなたに手紙を出したと思うのですが。あなたのご子息の作品はどうでしょう？　写真をいくつかベーレントのために拝借できるでしょうか？　ロイド・ライト氏の住所をどこかにやってしまって、直接お手紙を差し上げられないのです。

あなたの国際的学校の企画の進捗状況はいかがでしょう？　アムステルダムに滞在中、ヴァイデフェルトに会うよう努力してみるつもりです。もしあなたが、私がこの機会に会って話し合っておいた方がよい人物や、知っておくべき作品を思いつかれたならば、一筆お書きになって、次の住所にお送りくださるとありがたいのですが。

スイス　ジュネーブ市　ホテル・ミラボウ

私の頭の中には、書きたい本の企画が半ダースほどもあって、うなりをあげています。そのうちのどれかが他を圧倒して、ひとつの仕事に集中できるようになるのを待っています。私は現在アーキテクチャー誌のために、社会学的な論文をいくつか書いたところで、コッハーに次にどんな記事を渡せばよいか、考えあぐねています。今は気分よく過ごしています。仕事全般にわたって刺激を感じます。ある分野から別の分野へ視点を移していく時に私が感ずるのは、ある種の精神を備えた一握りほどの人々がそれぞれの分野に共通に存在すること、彼らの仕事が他の分野における同じような態度や企て、行いと結合されれば、人間の内面と外面の両方を刷新するだろうということです。これらの分野を完全な相互理解に導き、相互認識を深めさせ、連帯して力を発揮できるようにすることが、私の任務であろうと考えています。ですから、私の専門とは、専門の外に身を置くということに他ならないわけです。

長くご無沙汰したことをお許しください。あなたのご清栄について、ぜひお知らせください。

あなたに献身する、

［署名］

ルイス・マンフォード

[ts ffwa]

1　スイスのジュネーブ市。マンフォードは、一九二五年と一九二九年、この地の国際夏期学校で講演した。

2　ヴァルター・クルト・ベーレント Walter Curt Behrendt (1884-1945)，ドイツの著作家、編集者。この本は出版されなかったようである。

ルイス・マンフォード様
スイス　ジュネーブ市
ホテル・ミラボウ

私の親愛なるルイス・マンフォード

君は、マンフォード夫人とマンフォードちゃん――私は単数で書くべきか複数で書くべきか知らないが――を連れてタリアセンに滞在するようにという私の心からの招待を、意に介していないようだ。もちろんヨーロッパは本当に良いところだし、君が自由気ままに時を過ごすのは、私にとっても、たいへんうれしいことだ。しかし、たいへん大きな仕事を成し遂げたこの時期に、君が完全な休養を取り、次の仕事に備えるのが必要なのは、疑いようのないところだろう。精力減退の徴候と症状があらわれているところを見ると、君は熱心に仕事をしているものと思う。私は、この古きよき場所――私の古い農家――を君がきっと気に入るだろうと思っている。この場所は、君たちを受け入れようと、両腕を広げて待っている。君たちの滞在が、忘れがたい思い出となるよう、努力するつもりだ。

我々が面白いと思っているいくつかのプロジェクトは、きっと君の興味を引くことだろう。今そのことをくだくだ説明するのは差し控えるが。

君のメルヴィルを読みたいと思い、注文を出したところだ。上々の評判がさかんに聞こえてきている。闘うに値する相手に対して、君が敢然と反対の立場を取ることができるようになったと聞き、うれしく思っている。

どんな人物も、友人からと同じくらい、敵からも学ぶものだ。彼らは、その人物を闘いの中に置く。

敵意に満ちた批判も、そういう意味では良いものだ。それが誠実でありさえすれば——残念なことに、そうしたことは少ないのだが。妬みや政治が背後に控えているのが普通なのだ。君は、そういったことに対して、正しい態度を取っていると思う。

この夏に、君が真の再生を見い出すことを希望している。

私には、格別興味を引かれるヨーロッパ人は思いつかない。アウト、ヴァイデフェルト、ペレー、ステヴァンス、コルビュジエなど、ブルーノ・タウト、グロピウス、メンデルゾーン、デュドック、そしてオランダの連中がいる。[*1] しかしやはり、彼らのあとに、若い世代がたくさん育ってきており、もっとよく彼らのことを知るならば、おそらくたいへん興味深い人々なのだろうと思う。彼らの中で、何か少しでも深遠なことをつかんだ者は、私にはほとんど思いあたらないが、彼らは非常に技巧に優れ、才能に恵まれ、芸術的だ。しかも皆良い方向に向けて動きつつあるか、少なくとも正しい方向感覚を持っている。君がこれらの人物の作品を集めて取り上げた場合、その内容はおそらくあるべき姿よりも底の浅いものとなり、その形態はあまりにも繰り返されたものとなろう。

レコード誌の七月号の後ろのほう、ノート・コメント欄に掲載された「表面と量塊——再び」と題した記事を彼らが気に入るかどうか、私には定かではない。[*2] おそらく気に入りはしないだろう。しかし、この記事は彼らを傷つけようとするものではない。むしろ幾らかの助力を与えるかもしれない。

帰国したら一筆書き送ってくれたまえ。十一月一日には色鮮やかな紅葉のタリアセンに戻っているはずだ。おそらくどこかで会って話ができるだろう。もちろん私の望みは、タリアセンにお迎えすることだ。

君の忠実な、

FLIW　NW
ウィスコンシン州
スプリンググリーン　タリアセン
一九二九年八月六日

[cc ts&ms flwa]

1　J・J・Pアウト J. J. P Oud（1890-1963），オランダの建築家、計画家。オーギュスト・ペレー Auguste Perret（1874-1954），フランスの建築家。ロベール・マレ＝ステヴァンス Robert Mallet-Stevens（1886-1945），フランスの建築家、デザイナー。ブルーノ・タウト Bruno Taut（1880-1938），ドイツの建築家、理論家。ウィレム・マリヌス・デュドック Willem Marinus Dudok（1884-1974），オランダの建築家。

2　ライト「表面と量塊――再び！」"Surface and Mass-Again!" *Architectural Record* 66（July 1929）: 92-94.

ルイス・マンフォード様
ニューヨーク州　アメニア

私の親愛なるルイス・マンフォード

君がメンデルゾーンのことを忘れてしまったのではないか、あるいは価値ある成功が呼び寄せた幸運な仕事に忙殺されているだけなのか、案じてきた。[*1]

君に会った後、君の「黄金の日」とメルヴィルを読み、そして「白鯨」に辿り着いた。[*2] 楽しい時を過ごしながら、今では君の考えを非常によく知り得たものと思う。君のメルヴィルは「白鯨」そのものに匹敵する重要なものだ。非常によい論考――君の独創的な思索――が含まれた作品だ。

私自身、もっとうまく文章を書けたならばと思う。と思ったら、今度は私が「講師」になろうとしている。プリンストンが来る五月に連続講義をしてほしい、後でそれを出版したいと言って来ているのだ。[*3] 講義でお金をいただく上は「素人の水準」から脱さなければならない。そう、今、私は「講師」なのだ。「なんとかして避けようともがきながら、あえなく引っ掛かってしまった」とでも言うべき状況だ。

しかし第七回だけは、最近作の展覧会にあてることになったので、その日だけは救われた。[*4]

我々はここで展覧会を設計し制作している。プリンストンで展示した後、アメリカ巡回展に出そうともくろんでいるのだ。配慮を尽くし、模型をつくり、古風な画材でドローイングを描いている。ルイス、君にはわかってもらえると思うが、私は可哀想なヒッチコックを愚か者呼ばわりしたことを済まなかったと思っており、彼の近著に対する非難を取り下げる文章を書いている。レコード誌に送るつもりだ。

彼を傷つける何の理由が私にあろう？　彼は少なくとも誠実だ。彼がこの気持ちを知らないとすれば、一体どうなるだろう？　いずれ彼にもわかってもらえるだろう。どちらにしてもこちらから手出しはできぬ。そうしたことは私の好みではないのだ。

最後に会った時と同じように、君が今も元気に過ごしていることを願っている。そして、君が細君と子供をうち連れて、我々と我々の暮らしに出会いに来ると約束してくれることを願っている――いつか、この春にでも？

将来の予定を見渡して、家族とともに一週間ここに滞在できる時間を見つけることぐらい、雑作ないことだろう？　わかっているとは思うが、ここでも仕事はできるのだから！

忠実に、

［署名］

フランク・ロイド・ライト

ウィスコンシン州

スプリンググリーン

タリアセン

一九三〇年［正しくは一九二九年］十二月十七日

[pc ts&ms lmp]

1 エーリッヒ・メンデルゾーン「フランク・ロイド・ライトとその歴史的重要性」Erich Mendelsohn, "Frank Lloyd Wright und seine historische Bedeutung," *Das Neue Berlin* 4 (September 1929): 180-181.

2 マンフォード「黄金の日——アメリカの経験と文化に関する研究」*The Golden Day: A Study of American Experience and Culture* (New York: Boni and Liveright, 1926).

3 プリンストン大学 Princeton University. ライトは一九三〇年の春にここで講演を行った。後に、「近代建築——カーン記念講演録」Frank Lloyd Wright, *Modern Architecture, Being the Kahn Lectures for 1930* (Princeton, New Jersey: Princeton University Press, 1931) として出版された。

4 ライトは、プリンストン大学のために大規模な展覧会を準備した。その後一九三〇年から一九三一年にかけて、ニューヨーク市などアメリカ各地、そしてオランダ、ベルギー、ドイツを巡回した。

1930年

Frank Lloyd Wright & Lewis Mumford

一九三〇年

一九二九年十月の株式大暴落の影響により、ライトの仕事は大打撃を被るが、一方、一九三〇年春にプリンストン大学から講演に招かれたことにより、彼の名声は高まっていく。彼は、これを機会に同大学で作品展を開催し、引き続き合衆国内およびヨーロッパへと巡回させる。七月、ライトはニューヨーク建築連盟からの受賞記念晩餐会でマンフォードに再会する。この受賞は、東部支配階層《エスタブリッシュメント》がライトの評価を高めつつあることの新たなあらわれである。手紙では、来る一九三三年シカゴで開催される予定の国際博覧会が話題となる。この時、ライトはまだ博覧会に迎えられていない。十九世紀後半のアメリカ美術史を刷新しようと取り組んでいたマンフォードは、ライトに、師ルイス・サリヴァンとの関係について問い合わせる。

ルイス・マンフォード
ニューヨーク州　ロングアイランド・シティ
ロウカスト通り　四〇〇二番地
一九三〇年三月十一日

親愛なるフランク・ロイド・ライト

冬の間ずっと忙しく、また陽気に過ごしました――今週に入るまでは。今は仕事の不調に悩んでいます。突然「暇」になっているのです。手紙を書くにふさわしい時とは言えません。でも、今書かなくていつ書けるでしょう！　あなたがプリンストンに行くと聞いて喜んでいます。誰かがあそこを解放し自由にしてやろうと、努力しているに違いありません。あなたならば、少なくともかの大学に取り憑いた鎖玉の足枷を挽き切ってやることができるはずです。あなたの展覧会については、国外に巡回に出す前にせめて半年ほどは、われらがアメリカで展示されるべきです。私たちには、バックミンスター・フラーに取り憑いた妄想を癒し、人間性を回復させる解毒剤が必要なのです。[*1] かのヒッチコックですら、彼の知性が拒否するはずのものへと、眼を転じてしまうかもしれないのです。メンデルゾーンの記事にきちんとした訳を付けないままお返しすることをお許しください。その骨子は、あなたが近代の形態の父であるということです。近代建築を創造するにあたって、オルプリッヒは鉄鋼構造を用いた。[*2] あなたは、木や石といった古くからの材料と、新しい材料、圧縮コンクリートを力学的に組み合わせた。これらの過程両方が、ともに革新的であり、ともに必要であった。今日、ふたつは結合して、共通の制作基盤として近代建築の基礎をなしている。あなたはすでに進化論的な価値を持っている。今日の建築にとって、もはや比較を超えた本質的な価値である。あなたの手腕は争う余地なく明白である。おおざっぱではありますが、以上が言われていることの核心です。あなたが「メルヴィル」を読んでくれたことをうれしく思います。昨年の地獄のような時期から抜け出してみると、あの伝記を書いていたころの有様よりは、今の情けない煩いの方が、まだしもましであることを感ずるのです。

暖かく、あなたの、

[署名]

LM

[ms flwa]

1 リチャード・バックミンスター・フラー Richard Buckminster Fuller (1895-1983)，アメリカの建築家、技術者、デザイナー、理論家、著作家。

2 ヨゼフ・マリア・オルブリッヒ Joseph Maria Olbrich (1867-1908)，オーストリアの建築家。

ルイス・マンフォード様
ニューヨーク州
ロングアイランド・シティ
ロウカスト通り　四〇〇二番地

私の親愛なるルイス
同封したのは、プリンストン大学での連続講演のちょっとした「オードブル」だ。最初の晩に聴衆皆に配るものだ。[*1] 見ればおわかりの通り、我々はリングの上で名のりをあげているのだ。
この春「タリアセン」にお招きしたいとの私の心からの招待を、君は黙ってやり過ごした。なぜだ？
誠実に、
フランク・ロイド・ライト
ウィスコンシン州
スプリンググリーン
タリアセン
一九三〇年四月十四日

[cc ts flwa]

1　ライトのプリンストン大学での講演の初回テキスト「機械・素材・人間」"Machinery, Materials and Men."

ニューヨーク州　ロングアイランド・シティ
ロウカスト通り　四〇〇二番地
一九三〇年四月十九日

親愛なるフランク・ロイド・ライト
勇敢で美しい宣言文をお送りいただき、ありがとうございました。私の宝物に加えさせていただきます！　連続講演はいつ行われるのでしょうか？　あなたの講演を聞きに、プリンストンへ巡礼の旅に出たいと思っているニューヨークの若者を少なからず知っているので。
あなたのご招待にお答えするのを差し控えたのは、私のぞんざいさのせいではありません。この春再び私たちを襲った疫病の惨めな顛末をお話しないまま「ノー」のお返事をすることが、どうしてもできなかったのです。お返事を差しあげようとは思ったのですが、そんなこんなでできなかったのです。今ではだいぶ良くなりました。幼いゲデスは扁桃腺を切ったばかりで、私も彼の後を追って、これから二週間ほど過ごすだろうと思います――それが済んだら、自分の本に戻り、夏の間田舎に落ち着いていなければなりません。[*1]　来年こそ、よい機会が巡ってきますように！　春学期をオハイオ州立大学で過ごさないかという誘いを受けています。もし引き受けたなら、あなたのお宅の戸口まで、もうあと一息です。
あなたがニューヨークにいらっしゃる間、もしお時間が取れるようでしたら、ぜひお知らせください。プリンストンへと抜け出せればよいのにと思います。

常に暖かく
[署名]
ルイス

[ts flwa]

1　次のどちらかの著作についての言及。マンフォード「褐色の三十年――アメリカの芸術に関する研究、一八六五―一八九五年」*The Brown Decades: A Study of the Arts in America, 1865-1895* (New York: Harcourt, Brace and Company, 1931)，あるいはマンフォード「形態と個性／形態と文明」"Form and Personality / Form and Civilization,"「生の復興（The Renewal of Life）」シリーズの基礎となった未刊行のタイプ打ちの原稿、Lewis Mumford Papers（以下 lmp と略記），Annenberg Rare Book and Manuscript Library, University of Pennsylvania, Philadelphia, Pennsylvania.

［一九三〇年六月ごろ］
ニューヨーク州
ロングアイランド
ルイス・マンフォード

私の親愛なるルイス
例の「連盟」の夜、晩餐会に着席する直前、一所懸命あたりを見回して君の姿を探したのだが、見つけられなかった。[*1] 君の素晴らしい発言に対して、テーブルごしに一言感謝の言葉を伝えたかったのだが。他の連中は、もともと「泰然自若とした」やつらだから、別にどうということもなかったようだが。しかし、君は言うべきことを言ったのだ。いつも通りの君のように。
他に思い出すに値することはあまりない。ただ、我々のささやかな手作り展覧会に、ハードボイルドなニューヨーカーがわざわざ出かけてきたのは、壮観だったな。[*2]
君の先見性と勇気に対して、また借りができたようだ。私もまもなく君に「お返し」ができるだろう。プリンストン大学で、何度かこう聞かれたのだ――「ルイス・マンフォード君についてどう思われますか？」と（彼らの念頭に君があることを示しながら）。私の回答は「彼はわが国で最も価値ある批評家だ――エマソン主義者の心性と――真の創造的能力を併せ持っている」というものだ。ある晩、私の相手をしていた女性が言った。「でもあの若者って、あまりにも『自信過剰』だとは思いません？」私は言った。「彼が実際に把握していないのだったら、ああはしないよ」。

一方、自信過剰のヒッチコック君について、彼らは、何ら真面目な考慮を払っていないようだった。フォーサイス（考古学の学科長）は言っていた。[*3]「ヒッチコックが図版を掲げずに意見を書いている場合、皆たいした考えもなしに、彼に信任状を与えてしまいかねない。――でも、彼が図を掲げた時には、全部丸見えだからね」。聞いていた学生たちはつられて笑っていた。小枝は風の向きになびくもんだ。そうだろう？　刷新には常にたくさんの無益な非難が伴うものだ。ニューヨークの連中は、異常な熱心さを押し立てて、ニューヨークまでの往復旅費や滞在中の歓待、展覧会にかかった全費用を私が清算しようとするのを一切拒んだ。加えて彼らは、シカゴの博覧会の仕事に私をどうにかして「引っぱり込みたい」と心底望んでいる、博覧会の仕事で、私は非常に役立つ存在になるだろうとまで言ったのだ。[*4]どういうやり方で参加に漕ぎ着けるつもりなのか、私にはまだわからない。コーベット、ウォーカー、フッド、そしてカーンが、この随分気の早い知らせをくれたのだ。[*5]しかし、親愛なるルイス、どうか理解してくれ、私はこのような「認められ方」をして、実に居心地の悪い思いがするのだ。自らの力を本当に失い始めていて、だからこそ彼らはもはや私を恐れなくなったのではないか？　ここからは慎重に進んで行かなければならないと思っている――以前のような向こう見ずなやり方ではだめだ。建築において「リンドバーグ」のようなことを成し遂げるのは、それ自体非常に愉快なことだ。[*6]引き起こされるいかなる結果よりも。

例の「本」について、スクリブナーズは、何の連絡もしてこない[*7]――もうすぐ何か言って来ると思っているが。

これから一年間が勝負だ。相棒！　目下のところは――「できることすべてを」だ。

忠実に、

［署名］
フランク・ロイド・ライト
ウィスコンシン州
スプリンググリーン
タリアセン

[pc ts&ms lmp]

1 ニューヨーク建築連盟 Architectural League of New York.
2 ライトの作品展。プリンストン大学展が一九三〇年春にニューヨーク建築連盟に巡回したもの。
3 ジョージ・ハワード・フォーサイス George Howard Forsyth (1901-1991)，アメリカの考古学者、教育者。
4 一九三三年にシカゴで開催予定であった進歩の世紀博覧会（一九三三年万国博覧会）1933 Century of Progress Exposition (1933 World's Fair) についての言及。
5 ハーヴィー・W・コーベット Harvey W. Corbett (1873-1954)，ラルフ・T・ウォーカー Ralph T. Walker (1889-1973)，レイモンド・M・フッド Raymond M. Hood (1881-1934)，イーリー=ジャックス・カーン Ely-Jacques Kahn (1884-1972)．いずれもアメリカの建築家。
6 一九二七年のチャールズ・リンドバーグの大西洋横断飛行についての言及。
7 ライト「素材の本性における創造的事柄」についての、未刊行の手稿、unpublished manuscript for "Creative Matter in the Nature of Materials".

ニューヨーク州　アメニア
一九三〇年七月一日

親愛なるフランク・ロイド・ライト

お手紙ありがとうございました。しかし、例の晩餐会を思い出すと、砂を噛むような心持ちがして、文句のひとつも言いたくなります。連中は正しいことをするつもりだったのです。そのことに疑いはありません。彼らはあなたに借りがあることを知っており、世界があなたに借りがあることも知っています。心の底では、彼らはあなたにうち続いてゆく自分たちを祝福しているのです。あなたの名誉を借りた晩餐会を開くことで。ところが、いざ立ちあがって意見を述べる段となれば、彼らのもともとの意図は窒息してしまいます。彼らの虚栄心ゆえに、もっとひどい場合には自己正当化ゆえに。だから、彼らはあなたに正しく接することができなくなってしまったのです。私が話す順番が最後だったならば良かったのに！　他の人々が告白や謝罪、遠回しの物言い以上のことをするのだろうと予期しながら、そして、他のすべての賛辞を後の最高潮の時のために取っておかねばと気を使いながら、言うべきことをだいぶ遠慮してしまったようです。その後のスピーチを聞くにつれ、私は自分の遠慮にほぞを噛んだのです。連中皆、いかに巧みに自分の「成功」に騙されてしまっていることか。彼らはそういう成功しか考えられないのです。彼らはあなたを尊敬すると同時に妬んでもいるのです。なぜならあなたが彼らとは異なった成功をおさめたからです。しかし、彼らは尊敬を表明することもできず、妬みを覆い隠すこともできませんでした。同じような情けない場面を、ウォルドー・フランクに捧げられた晩餐会でも見たことがあります。[*1]　私は、このアメリカで、もう二度とこうした晩餐会には出席しないと誓います。たとえそれが、他ならぬ私に捧げられたものであったとしても！　彼らの中にはたくさんの「虎の威を借る狐」がいるのです！　（ああ、彼らが正気であり、無礼を働く気などないのはよくわかっています。彼ら狐自身だって堂々とそう言えるでしょう。）当然あなたはご存じでしょうが、若い世代の人々はもっとあなたに近づいています。そのうちのひとり、ヘンリー・チャーチルがシカゴへ旅立とうとしています。*2 彼は、いくつかよい仕事をしており、今後さらに発展する人物です。彼があなたから深い感銘を受けていることは、私にもよくわかりました。あなたに紹介してくれないかと彼から頼まれました。どうかこれを私からの紹介とお考えください。あなたが時間を割くに値する人物です。彼の考えはかなり遠くに隔たってしまっていますが、まだ若いので、内面から感化することもできるでしょう。あなたの力が発揮される時代が、まさに始まったのです。

あなたの素晴らしい経歴の始まりに敬意を表します！！！

あなたが、不肖L・Mについてお書きになられたことに、心暖まる思いがしました。しかし、私の自信過剰についてのあなたのお相手の女性の言葉は、私の耳にちくりと刺さりました。誰だって自分自身の正確な像を得ることはできません。そうした像は、局外者を満足させるだけのものです。この言葉は、私が予期すらしなかったほどの悪意のひとつです。よく考えれば、彼女の言おうとしていることはわかります。信念についての自信過剰であって、事実についての自信過剰ではない。つまり内面的確信について言っているのです。背景に材料として控えている建物を見ない一般の人々にとって、足場は常に不安定に見えるものです。困ったことだ。むしろ私は、自分の生来の内気さに囚われていたのかもしれない。これからは、もっと大きな声で、断固として喋ることにしよう！

ソフィーは今ヨーロッパに行っていて、ゲデスと私だけがこの農家で暮らしています。*3 おかげさまで、今のところ非常にうまくやっています。私の本は最初の粗い下書きが完成したところです。*4 建築の章では、だんだんとあなたのことに近づいてきているので、ひとつふたつあなたに質問をしたいのです。あなたはサリヴァンの作品にどれほど妨げられましたか？ 彼からの影響のうち、あなたが船外に投げ捨てたものは、どれくらいあったのですか？ あなたは、それを意識的に捨てたのですか、それとも無意識にですか？ あなたの建物のうち、どれが絶頂を示しているでしょうか——もし何かひとつの作品を取りあげるとしたら？… 今取り組んでいる芸術哲学は、これまでで最も難しい問題です。半分も進まないうちに、外には雪が降り積もってしまうのではないかと案じています。そんなことになったら、いっそどんちゃん騒ぎでもして、詩を書き、戯曲を仕上げてしまうことにしましょう！

愛情を込めて、あなたの

［署名］

ルイス

［ts ffwa］

1 ウォルドー・デイヴィッド・フランク Waldo David Frank (1889-1967)，アメリカの著作家。

2 ヘンリー・S・チャーチル Henry S. Churchill (1893-1962)，アメリカの著作家。

3 ニューヨーク州アメニア Amenia 近郊のリーズヴィル Leedsville にあったマンフォード一家の夏の家。一九三六年以降一家はここに定住する。

4 マンフォード「褐色の三十年」。

親愛なるルイス

ウィスコンシン大学の二学期にこちらに来る気はないか？――そうだな、二月一日から一週間くらい――「以前」に君がやったように。[*1]

その時、君は友人をたくさんつくったようだ。彼らはまた君の話を聞きたがっている。最も早い都合を聞かせてくれたまえ。君の「意向をあたる」よう頼まれているのだ！

ガスリー博士[*2]（セント・マークス・イン・ザ・バワリー）は言っていた「マンフォードは、その時スターだった――ドン・キホーテの魂を持っているようにも見えた。私は彼をつれて教会――シンポジウム――に馳せ参ずるつもりだ。彼は非常に印象的な人物だ」。然り、と私は答えた。でも、彼を呼ぶには、一五分あたり五十ドルぐらいは覚悟しなければならないぞ。彼は言った。そうか、結構、そのくらいは当然だろう！

忠実に
［署名］
フランク・ロイド・ライト
タリアセン
一九三〇年
七月四日

[pc ts&ms lmp]

1　ウィスコンシン大学。
2　ウィリアム・ノーマン・ガスリー William Norman Guthrie (1868-1944)，アメリカの聖職者、ライトの設計依頼者。

ルイス・マンフォード様
ニューヨーク州
ロングアイランド

私の親愛なるルイス

君の怒りはわかる。しかし、短い時間にあまりに多くのことを期待するのは止めたまえ。彼らが、いかに遠くの道のりをたどらねばならなかったか、その歩みがいかに遅々としたものだったか、思い出したまえ！

君の手紙を読んで楽しく思った。君の若々しさと熱情は、快活ですがすがしい。いや、我々はまだ完遂してはいない。我々には、成し遂げるべきことがまだたくさんある——十字軍だ。君もわかっているだろう。

ただの宗教的な十字軍は、もう歴史になってしまった。子供だましの例え話のようなやつは。今度の十字軍は、人間が、自ら創り出した機械を征服する闘いになるだろう——人々の心が、檻を破って、自由へと踏み出すのだ。

プロテスタントたちは、すでにこの領域に踏み込んでいる——しかし、我々は最も良き意味での「カトリック」としての立場を守っていくことにしよう。

「肯定的に」！　いかなる行動も発言も、現実では普遍的に作用する。それにかかずらわっていたり、単なる告発に費やしている時間はない。プロテスタントたちは有用だが——彼らが美しかったためしはない。

君の質問に答えよう…

一　サリヴァンの影響には、妨げられたと言うより、むしろ助けられた——なぜなら、私が彼の生徒であったから。私は彼の弟子ではなかったのだ。（師によって駄目にされてしまうのは、常に弟子である。）サリヴァンが、このことを非常によく理解していたことは、記録にも残っている。

二　私たちは、早い時期からすでに多くの点で相違していた。著しい違いもいくつかあった。たとえば、私は彼の装飾を素晴らしいものと思いながらも、建築的な、幾何学的な要素をまず最初に欲し、それから可能な部分を見つけて、装飾を注入した。彼の理想は統合的《インテグラル》な装飾であったが、そうした域に達することはまれで、装飾それ自身の理想に留まることがほとんどであった。[訳注1]

三　サリヴァンは、素材を、デザインの質を決定付けるものとは考えず、まったく関心を払っていなかった。すべては同じ、彼の石臼で挽かれる材料なのだった。多分、直角のエッジや、細長い長方形のプロポーションに対する私の好みは、ほんの少々に過ぎぬが、感性の命ずるままうねり、はためく彼の面の扱い——サリヴァン独特の湧き立ち花咲くようなデザインに対する反動なのだろう。ウィンスロー邸（私の独立後最初の作品一八九三—九三年）の装飾の帯に、君はサリヴァンを見つけ出すことができるだろう。[1] でもそれ以外の私の作品には、どこにもない。

私にとっては、（私の作品全部に、最初から暗示的なのだが）、ラーキン・ビルが、この否定を明確化した作品だ。今、ル・コルビュジエやなんかの連中が得意になっている否定だ。ユニティ・テンプルでは、否定はさらに一歩進んで、肯定に達した。[2] クーンレイ邸は——もう一歩先だ。[3] 私の作品には、有機的単純さへの意識的志向がある（これは私自身がはじめっから創始したものだ）。[4] 誰のおかげでもないと信じている。同封にて、プリンストンで私が自らしたためた検死報告をお送りする。[5] 初期の仕事で意識されていた諸段階をまとめた文章だ。「造形的《プラスティック》」という語を、サリヴァンは自分の装飾と関連付けて用いていた。*訳注2——装飾の領域では、彼はそれをしばしば実現させた。しかしその質を建物全体に敷衍することはまれだった。

四 「絶頂」とすべき作品はない。すべての作品はそれ自身完成しているのだ。しかし、完全な達成にどれほど接近したかという指標はあり得るだろう。私には、すべての作品に通ずる極めて首尾一貫した質があるように見える——表現としての一貫性だ——素材は違い、条件は変われども——有機的建築の「造形的《プラスティック》な理念」だ。私が建てた建物は、それぞれ何らかの形でその理念を証言している——最初から最後まで。もちろん今では、さらに豊富な「データ」（経験の果実）——そしてさらに多くの科学を持っている。将来の作品は、同じ理念のもとで、もっと直接的で、さらに完全な総合を達成することだろう。

ここに望みがある！

同封した手稿は、用済み後、ご返却くださるように。これが原本で、複写はプリンストンにしかないので。

ガスリーと細君がタリアセンに来て一週間になる。彼は君のよい宣伝マンだ——。彼は君の「黄金の日」と「メルヴィル」を持参してきた。

彼には妙に夢中になるところもあるが、よい仕事をたくさん成し遂げるだけの能力もある。彼に知り合う機会を与えてやってくれたまえ。彼の方は準備万端だ。

愛情を込めて、
[署名]

フランク・ロイド・ライト
タリアセン
一九三〇年
七月七日

[pc ts&ms lmp]

1 ウィリアム・H・ウィンスロー邸 William H. Winslow Residence, River Forest, Illinois, 1893.

2 ユニティ・テンプル Unity Temple, Oak Park, Illinois, 1905.

3 エーヴリー・クーンレイ邸 Avery Coonley Residence, Riverside, Illinois, 1907.

4 ライトが最初に「有機的」(organic) という用語を定義したのは一九一四年である。彼は課題と必然的関係を持たない形態を導入し適用するような設計過程を非難し、建物の必要機能から望ましい形が自然にあらわれるという、彼の好んだ設計過程を記述する用語として用いている。彼はヨーロッパやアメリカの同僚たちの作品と、自分の作品を区別するために、一九三〇年代からこの用語を頻繁に用いるようになった。ライト「建築のために——第二編」"In the Cause of Architecture: Second Paper," *Architectural Record* 35 (May 1914): 405-413. Reprinted in *Frank Lloyd Wright: Collected Writings, Volume 1, 1884-1930*, 126-137 を参照。

5 ライト「近代建築」の原稿。

訳注1 統合的 (integral), 完全性 (integrity). サリヴァン、ライトの用語。エマソンに先例を求めることができる。各訳者の訳語は「統合的」(樋口訳——ライト自伝)「完一性」(遠藤訳——ライトの住宅)「完全性」(谷川訳——各書) などとなっている。酒本訳のエマソン論文集では「完璧さ」「損なわれぬ本来の」などと訳し分けられているようである。

訳注2　造形的（plastic），造形性（plasticity）．サリヴァン、ライトの用語。エマソンに先例を求めることができる。サリヴァンの念頭にはドイツ語のplasitischがあったかもしれないが、これには「塑性的」に加え「三次元的、立体的」という意味がある。各訳者の訳語は「一体的」（樋口訳——ライト自伝）「プラスティシティ」（遠藤訳——ライトの住宅）「プラスティシティ、プラスティック」（谷川訳——各書）「造形」（酒本訳——エマソン論文集）などとなっている。

ニューヨーク州　アメニア
一九三〇年八月二十四日

親愛なるＦＬＷ

ご原稿の返送が長く遅れてしまったことを、お許しください。重要なことが大変多く書かれていたので、新著の建築の章を書く間、手元に置いておきたかったのです。[*1]　――本は少々難渋気味です。一体どうしたものか！　その理由は、語るべきことが大層多く、またそれをどのように言うべきか、まだ誰も示してくれていないということです。二、三週間ほど前ソフィーがヨーロッパから帰ってきました。美しく、自信を持ち、年齢相応の表情で――若く見えるということですが。ですから、私は以前のエネルギーと、生きる喜び《ジョワ・ドゥ・ヴィーヴル》といったようなものを取り戻して、また仕事に取り組んでいます。このことを天に感謝したい気持ちです。健康な執筆者ということ以外、私には何のとりえもないので、威勢よく丘を歩き、庭を掘り返すのと同じだけの元気がなければ、机にじっと向かうことはないのです。チャーチルが私に手紙を寄こして、あなたと会いまみえる光栄に浴し、タリアセンに彼の建築の夢の頂点を見たと伝えてきました。彼をうらやましく思っています。ウルコットの書いたあなたについての記事を好ましく思いました。もし、ニュー・リパブリック誌に連載した死亡記事をたまたま最近終わらせてしまっていなければ、彼の記事に誌上で呼び掛け合おうと思ったことでしょう！[*2]

愛情を込めて、あなたの、

［署名］

ルイス

[ms flwa]

1 マンフォード「褐色の三十年」。

2 アレクサンダー・ウルコット Alexander Woollcott (1887-1943), 著作家、編集者、批評家。ウルコット「発想湧き出る父」"The Prodigal Father," *New Yorker* 6 (19 July 1930): 22-25. マンフォードが書いた、イギリスの批評家ヴィクター・ブランフォードの死亡記事に対する言及。Lewis Mumford, "Victor Branford," *New Republic* 64 (27 August 1930): 43-44 を参照。マンフォードは、亡くなって久しいアメリカ人批評家、ランドルフ・ボーンの小伝に言及している可能性もある。Lewis Mumford, "The Image of Randolph Bourne," *New Republic* 64 (24 September 1930): 151-152 を参照。

机に向かうフランク・ロイド・ライト，ウィスコンシン州スプリンググリーン　タリアセンにて，1924年ごろ．
Frank Lloyd Wright Archives, 6004 . 0014 .

ルイス・マンフォード，1938 年ごろ．
Estate of Lewis and Sophia and Mumford.

オルギヴァンナ・ロイド・ライトと
イオヴァンナ・ライト，
ミネアポリスにて，1926 年.
Frank Lloyd Wright
Archives, 6401.0006.

フランク・ロイド・ライトと
オルガ・イワノーワ・ラゾヴィッチの
結婚案内状，
1928 年 8 月 25 日.
Frank Lloyd Wright
Archives, 2803.002.

タリアセン・ウエスト, アリゾナ州スコッツデール, 1937年. 製図室棟を見る, 1946年.
Photograph by Maynard Parker. Frank Lloyd Wright Archives, 3803.0006.

タリアセンでのフランク・ロイド・ライトとオルギヴァンナ・ロイド・ライト，1958 年.
Photograph by Bruce Brooks Pfeiffer. Frank Lloyd Wright Archives, 6204.0008.

タリアセン，ウィスコンシン州スプリンググリーン，1925 年．外観，1937 年.
Photograph by Hedrich-Blessing. Chicago Historical Society; Frank Lloyd Wright Archives, 2501.0235.

ゲデス，アリソン，ソフィア・マンフォード，カリフォルニア州パロ・アルトにて，1943 年.

Estate of Lewis and Sophia Mumford.

マンフォード邸，ニューヨーク州アメニア近郊リーズヴィル，1955 年ごろ.

Estate of Lewis and Sophia Mumford.

ルイス，ソフィア・マンフォード夫妻，イングランド　レッドベリーにて，1957 年 7 月.
Estate of Lewis and Sophia Mumford.

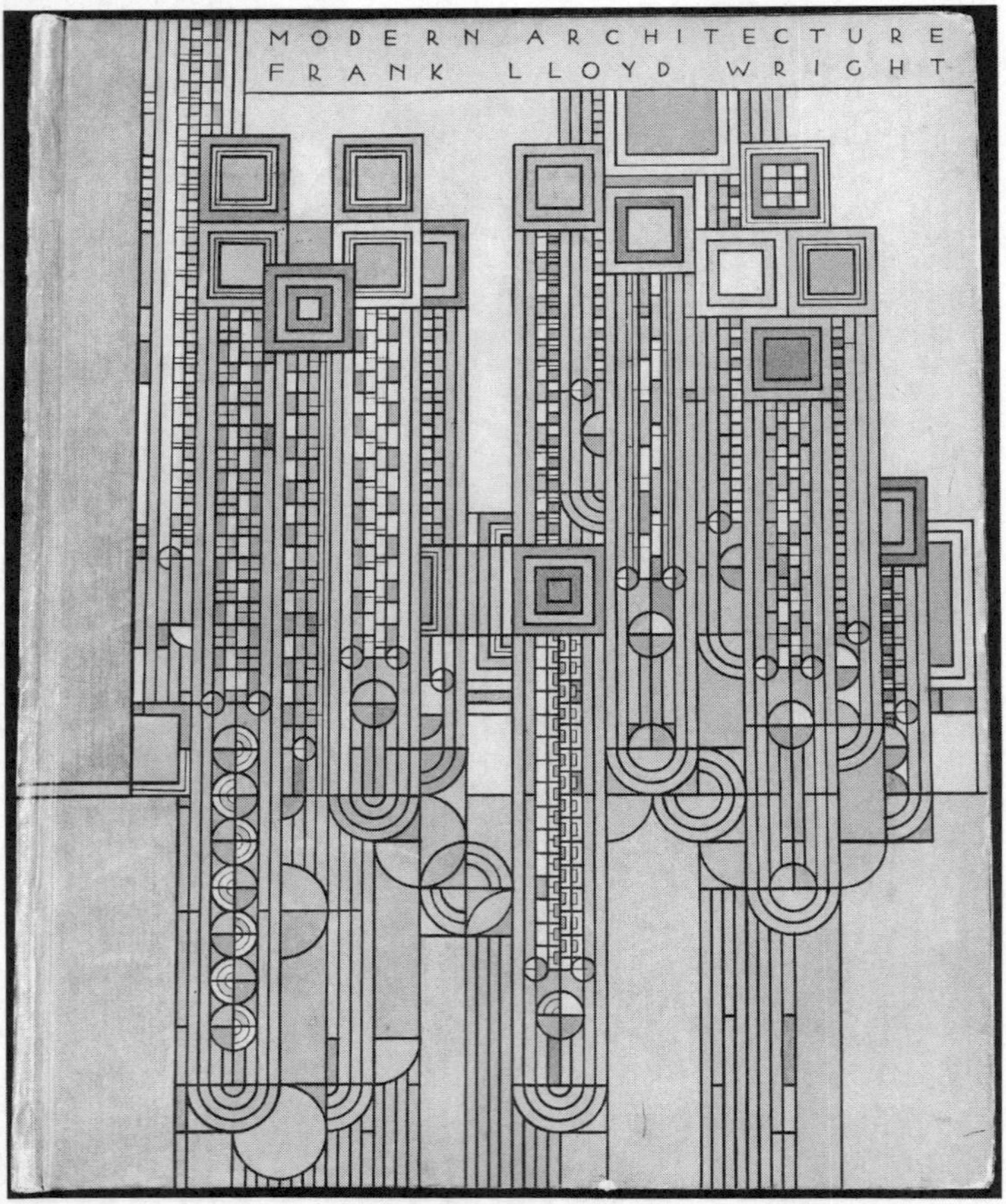

フランク・ロイド・ライト，「近代建築— 1930 年カーン記念講演録」の表紙，プリンストン大学出版会，1931 年．
Frank Lloyd Wright Archives, 7001.0023.

1931年

Frank Lloyd Wright & Lewis Mumford

一九三二年

この年の前半の手紙は、一九三三年シカゴ万国博覧会に関する議論で占められている。ニュー・リパブリック誌の一月号の記事で、マンフォードは博覧会の組織委員会に対し辛辣な批判を浴びせる。この論争は、二月にニューヨーク市公会堂で開かれたライトの講演で最高潮に達する。この時マンフォードはライトの防衛に立ちあがる。この話題はまもなく影を潜め、ヘンリー＝ラッセル・ヒッチコック・ジュニアとフィリップ・ジョンソンの企画により、ニューヨーク近代美術館で開かれる予定であった近代建築展の話題へと移る。ライトとマンフォードはともに、この建築展でヨーロッパの建築家たちと彼らの機械的美学が過度に強調されるのではないかと懸念する。しかし、結局ライトは展覧会に参加することに同意する。六月、当初「ラジオ・シティ」と呼ばれたロックフェラー・センターの計画が公表され、ふたりは意見を求められる。大恐慌が深刻化する中で打ちあげられた数少ない大規模開発プロジェクトに、新聞・雑誌は大きな興奮を示すが、マンフォードはニューヨーカー誌に、そしてライトはニューヨーク・イブニング・ポスト紙にそれぞれ意見を発表し、ともに計画のスケールがおおげさであること、デザインに独創性が欠けていることを指摘する。ライトはこの年の後半を費やして、学校設立の計画を練り続ける。マンフォードはニューヨーカー誌の連載建築批評家として採用される。

ルイス・マンフォード様
ニューヨーク州
ロングアイランド・シティ
ゴスマン街　四一一二番地

親愛なるルイス
君の側を離れないようにしようと思っている——できることなら。君の拳骨は、やつらを徹底的に打ち負かしている——。いやはや、何てやつだ君は。ニュー・リパブリック誌の記事が、ニューヨークの「賃貸向け空間製造業者」を叩きのめす音が、こんな寂しい丘の上にまで、はっきりと響いてくる。[*1]
もし、君のようにうまく書けたなら——私は近代建築の大義を片手で示すことができただろうに。二月二十三日から一週間、ニューヨークに滞在する予定だ。君にちょっとでもお会いして、私がこうした出来事全般についてどう感じているのか、お話ししたいのだが——。

忠実に、
フランク・ロイド・ライト
ウィスコンシン州
スプリンググリーン
タリアセン
一九三一年一月二十四日

[cc ts flwa]

1　マンフォード「ふたつのシカゴ万博」“Two Chicago Fairs,” *New Republic* 65 (21 January 1931): 271-272.

ルイス・マンフォード様
ニューヨーク州
ロングアイランド・シティ
ゴスマン街　四一一二番地

親愛なるルイス

博覧会が本格的な準備に入る直前のこの時期が、いい頃合いだと考えた――警告をご賞味いただくには。[*1] これがそれだ。――では、ニューヨークで君に会うのを楽しみに。

君の誠実な、
フランク・ロイド・ライト
ウィスコンシン州
スプリンググリーン
タリアセン
一九三一年二月十七日

[cc ts ﬁwa]

1　ライト、アメリカ装飾工芸家連合 American Union of Decorative Artists and Craftsmen (AUDAC) の集会で行った、一九三三年進歩の世紀博覧会に関する講演、Town Hall, New York, 一九三一年二月二十六日。

［マンフォードに送付されたタイプし直された複製］
（レイモンド・フッドあてに送付された手紙の写し）

レイモンド・フッド様
建築家
ニューヨーク市
西四〇丁目
アメリカン・ラジエータ・ビルディング

私の親愛なるレイ・フッド
シカゴ万博への私の「不採用」をめぐって、まったく気に食わぬ状況が進展している。この状況の不愉快さの本体は、この博覧会が公の関心事であり、我が国を代表する祭典であるという、誤った前提から生まれている。――君が言ったこと、あるいはそれを私が理解したところによれば――この前提はまったくの誤りだ。この博覧会はそうしたものではないし、そう意図されてもいない。この状況に関して私が直接知っているのは、君自ら話してくれたことだけだ。私が博覧会で何かの建物を担当することになっていると君は言った、――そしてその後、私がこの件に関してある提案をしたが、君は返答の手紙で、なんのかのと理由をつけて（他の諸事情についてまで述べ）、私に「すべて君にお任せしよう」と言わせようとした。無論、私に他の選択肢はない。私が見る限り、それはまったく私の問題ではないのだ。君が私に理解させてくれたところによれば、現在加わっている建築家たちは、ドーズから直々に仕事を得ており——そしてお互いこの上なく満足しており——、精一杯の仕事をするのは、自らの権利であると感じている。*1

博覧会事業の私的性格は、一般には理解されていない——もちろん私は、絶え間ない不平や、数百にのぼる不正の告発などなどについて聞き及んでいる——国中いたるところからだ。「ザ・ネーション」が報道に突入し——つい最近では「ニュー・リパブリック」が続いた。*2 私が煽動したのではない。今、私は、この件に関して公の集会に出席するよう要請されている。二、三週間のうちにニューヨークで開かれるその集会には、記者たちも招かれることになっている。

このような状況が、なぜこんなにいまいましいほどの重要性を帯びるまで放っておかれたのか、私には確とはわからない——君の委員会のせいか、はたまた私の友人たちのせいか。しかし、重要な問題ではあるようだ。あるいは、もし博覧会が私的な事業なのだと告白され、それがどういうわけだか君たちの家まで辿り着いただけだというのならば、私はこうした出来事すべてを理解できるのだが。しかし、このことが明白になるまで、私は実に厄介な立場に置かれ続ける。まったく気に食わない。私は、今度の集会を機に、曖昧な言葉を残さずきっぱりと、この状況を終わらせようと提案したい。

もちろん、博覧会が近代建築を体現しようということであるならば、今の陣容はあまりにも狭い。君のような人間にとってだけ意味をなすに過ぎない…。他の連中のことは知らない。連盟の晩餐会で会ったウォーカーとコーベット以外は。私には、博覧会が——私的で個人的なイベントであるのに、ドーズのせいで君たち自身にとっても妙ちきりんなことになってしまったのだとしか理解できない。私には理由がわからない。なぜ君たちが、確たるゆえんもなくそんなことをしたがるのか。君は時間との競争をする必要はない。あるいは君が相手にしようと思ういかなる競争も——。そして、もしも私の存在が君のお仲間たちの連帯を台無しにしてしまうと、君が感じているのであれば――（君がそう感じているという噂が、君の周辺から聞こえてくるのだ）――なぜそれが君の側の問題であるのか、彼らの方こそ良くわかるだろう。私には興味はない。しかし、博覧会が自ら近代建築を名乗るのであれば、そして、そういうものとしてアメリカの人々に入場券を売り込もうというのであれば、私の死体を乗り越えていってもらうしかない。アメリカの人々に、私は確かに利害関係を持っているのだ――少なくとも君自身の最近の利害関係と同程度に―。

かつて、同様の企てがコーベット博士のあたりで起こったことがある。私のほうでは襟を立ててやり過ごしたが――。しかし、そんなことになるまで気になさらぬように。私が君に本当にしてほしいことは、レイ、もしできるならば許可を得て、一連の出来事について、私あてに手紙を書いてもらいたいのだ。私自身のことを正当にきちんとした位置に置き、この論争に決着を付け、以後何事も引きずらないように、今度の集会で私が利用できる手紙だ。私は建築家として、これほど侮辱されたことはない。君にとっても同じだろう。博覧会の事業の本性についての誤解が、現在の袋小路をつくり上げてしまったのだから。

次のことをはっきりさせてもらいたい…君は、ドーズのためにしている博覧会の仕事において、私を必要としていない。同様に私も、そのような経緯の元にある博覧会を必要としないということを。

私は、君の友情を要求したい。君には私の友情がある。しかしだからといって、建築家としての見解が一致するわけではない――君が一番良くわかっているだろう。

君の忠実な、

フランク・ロイド・ライト

ウィスコンシン州
スプリンググリーン
タリアセン
一九三一年二月三日

[pc ts lmp]

1 ルーファス・カトラー・ドーズ Rufus Cutler Dawes (1867-1940)，一九三三年進歩の世紀博覧会の評議会長。
2 ダグラス・ハスケル「フランク・L・ライトとシカゴ博覧会」Douglas Haskell, "Frank L. Wright and the Chicago Fair," *Nation* 131 (3 December 1930): 605; マンフォード「ふたつのシカゴ博覧会」。

［ルイス・マンフォードに送付されたタイプし直された複製］
（レイモンド・フッドがフランク・ロイド・ライトあてに送った手紙の写し）

一九三一年二月十六日

フランク・ロイド・ライト様
ウィスコンシン州　スプリンググリーン
タリアセン

私の親愛なるフランク
あなたの手紙にすぐお返事するべきでしたが、このところ仕事が忙しく、夜遅くまでかかっていたところに、さらにお手紙を受け取った後、五日間の旅行に出なければならなかったのです。今が、初めて訪れた落ち着いた時間なのです。
シカゴ万博が、私的な団体であるのか、そうでないのかという疑問に、あなたは私同様、お答えになれるはずです。このプロジェクトは当初公的な団体ではなく、私的個人が集まるグループによって発足しました。博覧会が公的な関心を引くにせよ、そうでないにせよ、スポンサーたちは見識をもって仕事を進められる人々を選ぶ責任があると考えたはずです——少なくとも公的な仕事として引き継がれるまでは。この時、博覧会の推進のために集まっていた元のグループが評議員を選出し、ルーファス・ドーズを会長に据えたのです。

ポール・クレと私が、この仕事に指名された最初のふたりの建築家です。[*1] 評議会によって承認された建築家のリストの中から、ドーズが指名したのです。次に私たちふたりが、仕事の配分を考えながら、指名者リスト（元のリストの範囲に限られてはいません）を作成し、評議会の承認を得ました。最初のリストがどのように作成されたのか、ドーズがどうしてクレと私のふたりを選んだのか、私は知りません。この目的のため、シカゴに来るようにとの招待の電話を受ける以前に、私たちはどちらも、ドーズにも評議員たちにもお目にかかったことがなかったのです。しかし、私の推測するところ、通常のやり方、議論、問いあわせなどによったのではないかと思います。

私たちが最終候補者のリストをつくり上げる際、クレが最初の段階であなたのお名前を提案しました。私の意見は、このプロジェクトは建築家による委員会によって指揮されねばならず、このことを考えると、あなたは気質的に委員会の仕事に向かないのではないか、というものでした。私は、あなたを強い個人主義者であると感じていました。もしあなたを他の建築家たちと馬具で結んでしまうようなことをすれば、博覧会の祭典の雰囲気は、闘いへと変質してしまうだろうと感じたのです。

それからというもの、助力を得られそうな建築家たちを仲間に加えて行くことが、委員会の意図するところでした。あなたのお名前は常に検討されていました。しかし、あなたにも博覧会に参加してもらいたいと考える人々でさえ、あなたが単独で仕事できる部分にあてられ、他の建築家の作品が、あなたの作品に、何らかの相互関係を強制しないようにすべきだと感じていたのです。そして、これまでの作業の経緯からは、今のところそうした仕事の必要性が生じてきていないのです。

さて、私はこのような経緯から生じた現下の状況が、何か当惑させるようなものであるとは考えません――あるいは、あなた自身のお言葉を借りれば「侮辱」的な状況だとも思いません。あなたに対しても、委員会に対しても。この問題には、近代芸術に関する疑問だとか、あなたの能力、あなたの業績云々だとか、そういったことは一切含まれていないのです。私はこの経緯の中で、あなたが委員会の一員として参加していないことに何がしかの影響を与えた者ではありますが、あなたの能力と業績に関しては深い敬意と称賛の念を抱いております。

私は、自分に任された仕事をなすにあたって、とりわけ有能だったと主張するつもりはありませんし、私の判断がこの状況のもとで最善であったとも主張しません。私は信念に従って行動したまでであり、業として建築家の仕事を行う身としては、建設プロジェクトを指揮するにあたり、批評家たちがこの状況に首を突っ込んで来る権利を持つのと同程度に、自分自身の確信に従う権利があるのだと感じています。

私は、あなたのお手紙に、できる限り簡潔平明にお答えしたつもりです。そうすることによってこそ、長々と慇懃に曖昧さを積み重ねたお答えをするよりも、あなたの友情を失う危険が少なくなるということを知っているからです。

私は依然としてあなたのことを大変称賛しています。おそらく、あなたのご友人の幾人かが、私のことを責め立てようとなさることでしょうが。

いつものように、

［署名］レイモンド・フッド

追伸　この手紙を、あなたの思うまま利用されたし。私は明らかに自分自身のためだけに語っているが、しかし思うところ、あなたの欲する情報はここに含まれているだろう。

[署名] R・M・H

[pc ts lmp]

1　ポール・フィリップ・クレ Paul Philippe Cret（1876-1945），フランスから合衆国に移民した建築家、教育者。

［ルイス・マンフォードあてに送付］

レイモンド・フッド様
ニューヨーク市
西四〇丁目　四〇番地
アメリカン・ラジエータ・ビルディング

親愛なるレイ・フッド

君による有罪の抗弁は、私を博覧会の外へと締め出すことになったようだ——はっきり言って、今となっては、その方が私にとって好ましいのだが。

君は、一緒に仕事してみたいと思わせる男だった。君を信頼できると感じたからだ。もちろん他の連中のことは知らない。でも、この望みは誤りだった。——私はこの国の建築にとってもっと重要な存在になることができるだろうと感じている——博覧会とのいかなるつながりからも、明確かつ政治的に解き放たれた者として。

私を除外するという結論をひっくり返して、取り込もうとするようなことは止めてもらいたい。

君は、博覧会には近代芸術についての問題は一切含まれていないと言っている。だから私は、闘いを前にして君が感じた恐れと信仰が正当であったことを示そうと思う。御都合主義によって私が博覧会に加わり巻き起こすであろう闘いよりも、もっと公正な闘い——原則上の闘い——において、誰の力も借りず。いや、レイ。君たちの成功を羨んでいるわけではない。信じてもらいたい。

同じように君だって、このような闘いに赴こうとする私を、羨むような人間ではないだろう？

君の誠実な、

フランク・ロイド・ライト

ウィスコンシン州

スプリンググリーン

タリアセン

一九三一年二月十八日

追伸　ただひとつ残念に思うのは、君がこのことを私に対してずっと秘密にして来たことだ――これほどまでに狡猾に。

[pc ts&ms lmp]

ロングアイランド・シティ
ロウカスト通り　四〇〇二番地
一九三一年三月二十九日

親愛なるFLW

あなたからの振込電報は、まったく思いがけないものでした。[*1] 自ら進んでする仕事というものがあるとすれば、あの晩の発言はまさにそうしたものでしたから。しかしともかくここは、あなたのご配慮とお気持ちに感謝申し上げ、ことさら疑問を投げかけて、あなたのご気分を損なうようなことはいたしません。心から誠実に感謝申し上げる次第です！　こちらにあなたをお迎えして以来反響が続いているようですが、先月、今月と仕事に没頭していたもので、何も聞き及んでおりません。お時間があれば、あなたの側の情報をお聞かせください。ニューヨーク近代美術館が建築展を開催することになっており、企画を担当している若者フィリップ・ジョンソンが、あなたの出展を望んでいます。[*2] 彼はHRヒッチコックの親友で、何よりもまだ非常に若い人です。しかし、ある程度注意を払ってやる価値はあるように思います。彼は西に出向いて、あなたと直接いろいろご相談したいとの意向のようです。もしあなたが必要とお考えならばお相手ください。これを正式の紹介とお考えください！　ソフィーとともに、あなたとライト夫人に暖かい挨拶を送ります。

暖かく、
［署名］
ルイス

追伸　なぜこれまで誰もサリヴァンのシーダーラピッズの銀行について話してくれなかったのでしょうか？[*3] 紙の上で見る限り、彼の後期の作品の中では最高の出来のように思うのですが。

追追伸　あなたはサリヴァンの墓のうちどれが最高だと思われますか？　一度あなたから伺ったのですが、失念してしまったもので。

[ms ftwa]

1　行方不明の電報。ライトはAUDACの講演会の晩にマンフォードが行った支持発言に感謝するため「謝礼金」をマンフォードあてに電信扱いで送ったようである。

2　「近代建築——国際展（*Modern Architecture: International Exhibition*）」に関する最初の言及、ニューヨーク近代美術館 Museum of Modern Art, New York, 一九三二年二月十日から一九三二年三月二十三日、その後アメリカ国内を広範囲に巡回。フィリップ・ジョンソン Philip Johnson (1906-), アメリカの建築家、学芸員、著作家。ジョンソンとヘンリー＝ラッセル・ヒッチコック・ジュニアはこの展覧会の学芸員であった。このころニューヨーク近代美術館館長アルフレッド・バール・ジュニア Alfred H. Barr, Jr. が、ヨーロッパおよびアメリカで姿をあらわしつつあった近代建築を言いあらわす用語として「国際様式（International Style）」を造語した。Terence Riley, *The International Style: Exhibition 15 and the Museum of Modern Art* (New York: Rizzori, 1992) を参照。

3　ルイス・サリヴァン、ピープルズ・セービングス銀行 Louis H. Sullivan, People's Savings Bank, Cedar Rapids, Iowa, 1909-1911.

ルイス・マンフォード様
ニューヨーク州
ロングアイランド・シティ
ゴスマン街　四一一二番地

親愛なるルイス

わずかな謝礼をお送りするなど、馬鹿げたことをしたと思っている。[*1] しかし、この一年、私はたとえ数セントでも稼いで、何とか仕事が続けられるようにと骨を折ってきた。――私は仲間たちのことが心配になってきている。時ここに至って、彼らが一体どんな調子か「はらはらしながら」見つめるようになってきたのだ。君がこの意図を諒として、私の顔を立ててくれれば、と思う。

ジョンソンあての手紙の写しを送る。ヨーロッパからの招きについては、君に話していなかった。[*2] ジョンソンは、確かにヒッチコックが押し、望みをかけている小さなグループの主役だ――今はコルビュジエを模倣している。私の知る限りそれほど才能あるグループとは思えない。――しかし無論有益な企てではある。彼らがあまりにも突っ走らなければの話だが。

彼らは視野の狭い運動を始めようと企てており、皆に同じように仕事をさせ、同じように考えさせようとまで思いつめているのだ――そういうのが彼らの考えだ。――彼らは、生まれながらの物まね連中と一緒になって成功をおさめるかもしれない。偉大なアイデアに基づきながらも、それを固定的に捉えるような分派は、いつの世にもいるものだ。私はすでにいくつか別のものを経験済みだ。これが最新のものだが、最後のものでもなかろう。

私の見るところ、彼らはすべて厚かましい宣伝屋だ。我が国には、ヨーロッパほど分別の欠けた宣伝屋はいないようだ。――現状に当てはめられそうなアイデアをつかむや否や、作品に仕立ててしまうようなやつは。

プリンストンの講義が出版された。我が友の君に最初の一冊を謹呈する――。[*3]

我々の前途には、おもしろそうな闘いが待っているようだ――楽しみにしておこうではないか。サリヴァンのシーダーラピッズの銀行について。歴史家の仕事がいかに難しいものか見せるために、君の耳だけにささやくことにする。――晩年の銀行のうち本当のルイス・サリヴァンをあらわす唯一の作品はオワトナだ。[*4] 他の作品はジョージ・エルムスリーの手のままになっていたのだ――(ルイス・サリヴァンにとって私の代役だった)そして、――理由は後で言うが――これは、私自身の作品との間で少なからず「逆弧の火花」を散らしたということなのだ。[*5] このことは特にシーダーラピッズの銀行、マジソンのブラッドレイ邸、イリノイ州リバーサイドのバブソン邸についてあてはまる。[*6] ――君自身の目で見抜くがよかろう。ジョージになにがしかの創造力があったとしても、それはかよわいものに過ぎなかった。――サリヴァンと私のことしか知らなかったのだ。師のもとを去った後の彼の作品は、サリヴァンよりもむしろ私の特徴を見せるようになった。仕事が立て込んで、私が助けを求めた時、彼はよくオークパークの仕事場にやって来て、手を貸してくれたものだ――毎晩のように。[*7]

君も気がついていることと思うが――サリヴァンは住宅のことを何も知らなかった。ジョージは住宅を知っていた――。私の初期の作品を一緒に設計するうちに、度重なる手助けの機会を通じて学んだのだ。

シカゴのセンター通りにあるチャーンレイ邸は、アドラー・アンド・サリヴァン事務所の名で、私が自分の家で設計したものだ。[8] 自宅の建設費を支払うために。この家はウィンスロー邸の前作にあたる。君が両者を見比べれば明らかだろう。

このように――彼の晩年にかけて――こうした「引き潮」が起こっているのだ（敬愛する師《Lieber Meister》は、ますます脆く、活力を失っていったのだ）――ジョージを通じて。[9] サリヴァンのもとでの十年以上の経験の後に、ジョージが自らの仕事に歩み出した時、彼はサリヴァン風の装飾を、私の造形感覚と設計手法に継ぎあわせた――君自身の目で確かめればよい――ほんのちょっと勉強すればわかることだ。

こうしたことをそれほど重要だとは思っていなかったが、今こうして思い返してみると、いささか苦々しさを感ずる。

人生におけるほとんどすべては、その際々で融合しあうものなのではないか？　見れば自然の中に、硬く真直ぐな線などまったく存在しないではないか。歴史家は限界線を引かねばならぬ――歴史家がそれを「融合」のただ中に見い出すならば、それは幸運なことなのだ。

ミクルジョンは大学を追い出された。残念なことだ。彼が思い描き、私がここヒルサイドに設立したいと望む学校への機運は、シカゴで「芸術と産業の連合」として徐々にあらわれ始めている。このことは私に同調しようとしていたシカゴ美術館との軽率な関係を清算するものだ――私には信ずる理由がある。[10] いずれにせよ君の手を借りることになるだろう。

奇妙なことだ。自分の国で本を出版してくれる人物があらわれるまで、私は二十七年も待たなければならなかった――結局引き受けてくれたプリンストン以上の相手を、果たして望むことができようか。

表紙のデザインを快活だとは思わないかね？――展覧会に出品した「子供のための抽象」の中の一葉を刷ったものだ。「サファロ・サボテン」。[11]

愛情を込めて、
［署名］
F・Ll・W
フランク・ロイド・ライト
ウィスコンシン州
スプリンググリーン
タリアセン
一九三一年四月七日

[pc ts&ms lmp]

1 前出の「謝礼金」に言及しているものと思われる。

2 プリンストン大学展の、オランダ、ベルギー、ドイツへの巡回の招き。

3 ライト「近代建築――カーン記念講演録」。

4 ルイス・サリヴァン、ナショナル・ファーマーズ銀行、Louis H. Sullivan, National Farmers' Bank, Owatonna, Minnesota, 1906-1908.

5 ジョージ・エルムスリー George Grant Elmslie（1871-1952）、アメリカの建築家。

6 サリヴァン、ブラッドレイ邸 Harold C. Bradley Residence, Madison, Wisconsin, 1909；サリヴァン、バブソン邸（取り壊し）Henry Babson Residence（demolished）, Riverside Illinois, 1907.

7 ライト自邸およびスタジオ Wright's Residence and Studio, Oak Park, Illinois, 1889-1911.

8 ダンクマー・アドラー Dankmar Adler（1844-1900）、建築家、技術者、アドラー・アンド・サリヴァン事務所におけるルイス・サリヴァンの共同者。サリヴァンとライト、チャーンレイ邸 Charnley Residence, Chicago, 1891.

9 サリヴァンについて親しみを込めて言う際にライトが用いる呼び名。ドイツ語。

10 シカゴ美術館 Art Institute of Chicago.

11 ライト、リバティ誌の表紙デザイン design for cover of *Liberty Magazine*, 一九二六年十一月。

［ルイス・マンフォードに送付］
フィリップ・ジョンソン様
ニューヨーク市　東五二丁目　四二四番地

私の親愛なるフィリップ・ジョンソン
おそらく君は、利用できる私のすべての計画案とドローイング、四百五十葉の写真、五つの模型を含む展示作品一式が、ヨーロッパに向けて旅立っていることをご存じないのだろう。ヨーロッパ六ヶ国の政府が、この作品展を招いてくれたのだ。輸送費とヨーロッパの主要都市での展覧会——各地のアカデミー、ところによっては美術館で開かれる——の経費一切の面倒を見てくれている。
このため、私の所から作品は出払っている。他の展覧会には出展できない——来る九月までは。展示作品はそのころ戻って来るはずだ。我々は作品群をひとつの全体としてデザインしたのだ。
まあ、とりあえず会いに来たまえ——何か私にできることがあるかもしれない、どちらにせよお会いしたいのだ——。

君の誠実な、
フランク・ロイド・ライト
ウィスコンシン州
スプリンググリーン
タリアセン

一九三一年四月三日

[cc ts flwa]

ルイス・マンフォード様
ニューヨーク州
ロングアイランド・シティ
ゴスマン街　四一一二番地

親愛なるルイス

「例の本」の序文については、同封したような手紙をスミスに送った。*1 君にニューヨーク・タイムズの書評を頼むよう、プリンストン大学出版会に言っておいた。しかし多分この依頼は「タイムズ」から直接君のところに行くべきなんだろう？　私にはわからないが——。どう書くにせよ、君は他の誰よりも公正な仕事をするだろう——なぜなら、それが実際どんなものであるかきちんと理解している者は、それほど多くはいないのだから——。

君の誠実な、
フランク・ロイド・ライト
タリアセン
一九三一年四月八日

[cc ts ffwa]

1　E・ボルドウィン・スミス E. Baldwin Smith（1888-1956），アメリカの建築史家、著述家、教育者。スミスはライトの著書「近代建築」の序文を書いた。

ニューヨーク州　ロングアイランド・シティ
ロウカスト通り　四〇〇二番地
一九三一年四月二十七日

親愛なるＦＬＷ

目下、著書の仕上げにかかっています――二週間で四万五千語です！――良き事柄がたくさん盛り込まれたあなたの豊かで奇麗な本に対して、かろうじて感謝を伝える絶え絶えの息づかいしか、私には残されていません。[1] ゲデスが麻疹にかかり、私の本は完成を待っています。だから今しばらくの忍耐を！

また後ほど。

暖かく、
[署名]
ルイス

[ms flwa]

1　マンフォード「褐色の三十年」。ライト「近代建築」。

ルイス・マンフォード様
ニューヨーク州
ロングアイランド・シティ
ロウカスト通り　四〇〇二番地

親愛なるルイス

ニューヨーク・イブニング・ポスト紙が、私にラジオ・シティを批評してもらいたいと依頼してきた。[*1] 私は同封のものを送った。読み終わったら、一言添えて送り返してくれたまえ。

誠実に、

フランク・ロイド・ライト
ウィスコンシン州
スプリンググリーン
タリアセン
一九三一年六月二十日

[cc ts flwa]

1　ライト「建築家はラジオ・シティを偽りと断ずる——フランク・ロイド・ライトはこの計画が最悪の要素を誇張していると言明——賃料だけがテーマ」“Architect Calls Radio City False: Frank Lloyd Wright

Declares Plan Exaggerates Worst Elements: Sees Rentals Only Theme," *New York Evening Post* (30 June 1931): 4;「ラジオ・シティ」の題で再刊。reprinted as "Radio City" in *Frank Lloyd Wright: Collected Writings, Volume 3*, 1931-1939, edited by Bruce Brooks Pfeiffer with an introduction by Kenneth Frampton (New York: Rizzori in association with the Frank Lloyd Wright Foundation, 1993), 59-62. ラジオ・シティはロックフェラー・センターの建築群全体を示す当初の名称である。

ニューヨーク州　アメニア
一九三一年六月二十七日

親愛なるF・L・W

私たちは十月までこちらにいます――私たち皆、たいへん愉快なひとときを過ごしています。がたがたになったほとんど古代さながらの農家の室内にペンキをぶちまけ、庭を掘り返し、しっくいと木ずりを剥がし、時にはその下にきれいな煉瓦積みと健全な梁を発見したりしています。私は「褐色の三十年」の執筆を終え、葬られ去っていたあらゆる種類の宝物に、再び光をあてることができたと考えています。もちろんあなたにとっては、ほとんどお馴染みのものでしょう。あなたの著書を見せた人々は皆喜んでいます。[*1] 記念碑的な著作です。多くの人に自伝の方も読んでみたいと思わせることでしょう。[*2] あなたのラジオ・シティの記事に対し、私は「アーメン《確かに》」と唱えるほかありません。（あるいはあなたは、先週のニューヨーカー誌で私のアーメンをすでにご覧になったでしょうか？）[*3] あなたのエッセイを運んできた郵便は、一緒に私の記事に対するお祝いの手紙も運んできました。a ニューヨークの抵当権専門家から、b ラルフ・アダムス・クラム博士からの祝福です。以上のように、栄えあるR・H氏とH・W・C氏を除けば、ラジオ・シティに対する反対票は、満場一致の形勢です。[*4] もし、イブニング・ポスト紙が、あなたの記事を突っ返すような愚か者だったなら、どうかそれをニュー・リパブリック誌に送ってください。摩天楼ビジネスも、もう先が見えたということです。膨張拡大を支えてゆくものは何ひとつないのです。私たちのように地表近くに棲息してきた人間には、よい時が訪れるでしょう。
ソフィーとともに、あなたがたおふたりに暖かで幸福な気持ちを送ります。

愛情を込めて、
［署名］
ルイス

[ms ffwa]

1　ライト「近代建築」。
2　ライト「自伝」。
3　マンフォード「凍れる音楽か、はたまた凝結した非難か？ ラジオ・シティに思う」“Frozen Music or Solidified Static? Reflections on Radio City,” *New Yorker* 7 (20 June 1931): 28-36.
4　ラルフ・アダムス・クラム Ralph Adams Cram (1863-1942), アメリカの建築史家、著作家。レイモンド・フッド Raymond Hood; ハーベイ・W・コーベット Harvey W. Corbett.

ニューヨーク州　アメニア
一九三一年八月十四日

親愛なるF・L・W
展覧会についてのベーレントの批評を見て、愉快に感じています。[*1] 鋭く全体を捉え、正しい眼と率直さを兼ね備えています。ベーレントは友人です。「スティックス・アンド・ストーンズ」のドイツ語版は、彼のおかげで出版されたのです。[*2] だからなおさら、この記事に暖かな思いを抱くのです。キャサリン・バウアーが、あなたにいかによくしてもらったか話してくれました。[*3] 彼女も親しい友人です。一度ならず長い語らいの時間を持ちました。その中であなたは、単に議論の重要な対象というだけではなくて、ちょうど羽子板と羽子《はね》のように、それぞれの建築と人生の哲学をつなぐ役割を果たしたのです。私は彼女になにがしか影響を与えたものと思いますが、あなたの本が彼女に及ぼした直接的かつ圧倒的な影響と比較することなど到底できません。あえて言いますが、彼女も私になにがしかの影響を与えてきました。彼女は聡明で恐れを知らない正直な若者です。私の出会った三十歳以下の人たちの中では、最もすばらしい批判的思考の天性に恵まれています。彼女の評論からおそらく察知なさっていることでしょうが、彼女に対してあなたが授けることができるいかなる労力も配慮も、無駄になることはないでしょう。彼女にはそれだけの価値があります。ダグラスも、もちろん本物の才能を持っています。[*4] しかしキャサリンはもっと中庸であると思います。彼女は粘り強さと包括的理解力を持っています…。私の「褐色の三十年」は印刷に回すばかりになっています。もちろん、まもなくあなたに一冊お送りいたします。読者の方々が、私と同様、退屈な本だと感じなければよいと願っています。しかし残念なことに、私はこの本をいくつかの部分に分けて書くように強いられていたのです。だから私は、プールの片側から飛び込んで、息継ぎなしで反対側から浮かびあがる潜水泳ぎの爽快さを懐かしく思っています。いずれにせよ、建築の章では「スティックス・アンド・ストーンズ」に欠けていた多くのことを、訂正、修正しています。「褐色の三十年」を終えて、私は昨年の夏に始めた本の執筆に舞い戻ったところです。あの時はひどい状態でした。最初の原稿は本当にひどいものだったので、実質的には新しい仕事なのです。[*5] でもこれに楽しみを感じています。いつ終わるか神のみぞ知る、といったところです。ソフィーと私と幼いゲデスは、とっかえひっかえ、庭を耕したり、ぼろ家を引っ掻いたりひっぺがしたり、塗りたくったりしています。私たちにはするべきことが山積みで、そこに大きな楽しみを見い出しています。これは、幸運なことです。なぜなら、小児麻痺の流行のせいでニューヨークからの訪問客がめっきり来なくなり、楽しい時に暗い影を落とさないとも限らないからです。ここは、目下の仕事に専念すべきでしょう。この夏、あなたは元気でお過ごしのことと思います。奥様に私たちふたりのことをよろしくお取り次ぎください。私に信頼をくださらんことを、

愛情を込めて
［署名］
ルイス

[ts flwa]

1 ヴァルター・クルト・ベーレント「フランク・ロイド・ライト——ベルリン芸術アカデミーでの展覧会に寄せて」Walter Curt Behrendt, "Frank Lloyd Wright: Zur Ausstellung in der Akademie der Künste in Berlin," *Frankfurter Zeitung und Handelsblatt* (30 June 1931).

2 マンフォード「石積みの家から摩天楼まで——アメリカの建築と文明に関する研究」*Vom Blockhaus zum Wolkenkratzer: Eine Studie über Amerikanische Architectur und Zivilisation,* translated by M. Mauthner (Berlin: Bruno Cassier Verlag, [1925]).

3 キャサリン・バウアー Catherine Bauer (1905-1964), アメリカの著作家、教育者、住宅改良家。彼女は一九二九年から一九三二年にかけてマンフォードと愛人関係にあった。

4 ダグラス・ハスケルのこと。

5 マンフォード「形態と人格／形態と文明」"Form and Personality / Form and Civilization," 出版されなかったタイプ打ち原稿。

ニューヨーク市
ルイス・マンフォード様

親愛なるルイス
同封の記事は君の興味を引くかもしれない――ドイツ語に正しく翻訳されているのか、あるいは歪曲されているのか知りたいのだ。*1

ついに闘いの時が来たと思ったのだ。今や事はヨーロッパ中に広がっている。ベーレントはすぐさま私を反コルビュジエ派として取りあげた。

同じ記事をキャサリン・バウアーにも送ってある。

彼女の非常に個性的なノートに返事を出したのだが、彼女が私のからかいを気にしないよう望んでいる――「共産主義者キャサリン」と呼んでしまったのだ。彼女がお返しに私を呼ぶ名はいくらでもあるのだから。

社会研究新学校で、九月十六、十七、十八日の三晩を過ごす予定だ。十九日に、私たちはリオへ発ち、コロンバス記念灯台の賞を授与して、十月二十六日に戻る予定だ。*2

ひとつ仕事が入った。

推薦されている三人組にはどうしても賛成しかねるので、おそらく私は少数意見の方に名を連ねることになるだろう。

注―私は仕事を得た。ワシントンD・Cの新築住宅だ。*3

君の友、

スプリンググリーン
タリアセン
一九三一年九月十日

[cc ts ﬂwa]

1 ライト「機械化と素材」"Die Mechanisierung und die Materialien," *Die Form* 6 (September 1931): 341-349.

2 ライト、ニューヨークの社会研究新学校における講演 Lectures at the New School for Social Research, New York (16, 17 and 18 September 1931); 一九三一年十月、ライトは、Christopher Columbus Memorial Lighthouse の設計競技の審査を行うために、他のふたりの建築家とともに、ブラジル、リオ・デジャネイロに招かれた。

3 ミルドレッド・クラン邸設計案 Project for Mildred E. Curran Residence, Washington D.C., 1931.

ニューヨーク州　アメニア
一九三一年九月十五日

親愛なるF・L・W

あなたがこちらにいらっしゃることを、先週初めて聞きました。ジョンソンが、討論に参加するよう誘ってくれた時のことです。[*1] 何とも残念なことに、その日はどうしても都合がつかないのです。木曜には都市計画学のコースを開講するためダートマスに行かねばならないのです。[*2] 二十二日まで戻って来ません。こちらであなたと奥様に一目でもお会いできれば、と思っています。私たちふたりは、あなたがニューヨークに帰港される際にお会いできるものと楽しみにしています。あなたの記事は非常にうまく訳されていると思います。私の経験から言っても通常よりはるかによいできばえです。ベーレントの論述は大変知的に思えます。私がヒッチコックの作品論に対する批評で取りあげた点について、彼は再論しています――ル・コルビュジエが幾何学と古典主義に没入していること、そこには存在しない機械の性質にこじつけようとしていること、そうして、近代建築を本質的に固定した定式に追いやろうとしていることです。もちろん私はあなたの側に立つ者です。「個人主義」を除くあらゆる点への尊敬をもって――このことで、私をあなたの味方ではないなどとお疑いになるようなことはないと信じています。私はまだ、ひとつひとつの建物が完全に自由に着想される都市というものを思い抱くことができないのです。もしそのようなことが、中世の都市において幾度か起こっていたように見えたとしても、それは当時の慣習が極めて普遍的であり、かつ極めて厳格に守られていたたからに他ならないのです。この件は、また別の機会に徹底的に議論すべきでしょう。あなたが船旅の準備に忙しい今ではなくて――あなたがこの手紙をお受け取りになるころまでに、キャサリンが同じ問題を自ら格別強調しない限りは。フランクフルトの論文は、少なくともあなたが帰国なさるまで手元に置いておきます。*3 ソフィーと私自身から暖かな挨拶を送ります――

愛情を込めて

[署名]

ルイス

[ts ffwa]

1 アルヴィン・ジョンソン Alvin Johnson（1874-1971），アメリカの教育者、社会研究新学校の校長。

2 ダートマス大学 Dartmouth College in Hanover, New Hampshire, 一九二九年から一九三五年まで、マンフォードは同大学の客員教授であった。

3 ベーレント「フランク・ロイド・ライト――ベルリン芸術アカデミーでの展覧会に寄せて」。

ルイス・マンフォード様
ニューヨーク州
ロングアイランド・シティ
ロウカスト通り　四〇〇二番地

私の親愛なるルイス

頂戴した「褐色の三十年」を読み終えたところだ。君らしい風格を備えた有意義な作品だと思う。論点全部に同意はできないが、称賛し、敬意を払う。

ニューヨークで、会う時間がほんの少ししかとれなかったことをお詫びしたい。君にさえ会えれば、他の誰にも会わなくたってよいと思っていたのに。君が西一二丁目四一番地で私のことを待っている間、リーハイ・スタレット・ビルの中をうろついていた馬鹿さ加減が、今だに私を苦しめている。

ダッチーと私は、ニューヨークでキャサリン・バウアーに会った。[*1]

グッゲンハイムが、新しい仕事にふさわしい人物を紹介するように頼んで来た。[*2] 彼女がやりたそうな仕事だったので、よろしく伝えておいた——その一方で、私は彼女の論文について思うところを書き送った。わたしが何を考えざるをえなかったか、君にはわかるだろう。同封したものに、このことについて私が考えたことが記してある。心に留めてくれるならファイルしておいてくれたまえ。

私は、キャサリンに幻滅を感じさせたのではないかと推察し、申しわけなく思う。彼女はよい考えを持っているが、ヒッチコックと同様「国際主義思想」を完璧な教条として身につけているようだ。そのような規格化が、個人の生活に踏み込まない範囲に止まるべきだということを気付いていないのだ。

もうひとつ同封したのは、ヴァニティ・フェア誌に掲載された非難のうなりだ（十二月号だ）。*3
ニューヨーカー誌に載った君のメトロポリタンの批評を読んだ。*4 その展覧会は観ていないが、君が正しいこと、それが効果的に表現されていることが私にはわかる！ 君がニューヨーカーを辞めないことを願っている。*5 そしてルイス、どうか私と仲違いしないでくれたまえ。君のことを恐れるべきかもしれない。

ダッチーは国に帰ってしまった――。学校運営の模範になるには、彼はあまりにも情緒的なエゴイストであったが、試みるに足るだけの美点もあった。彼は私自身の自己中心性をあらゆる彩りの中の単なる一色にしてしまった。彼のものはそのすべての色域に及んでいたのだ。これには驚いた。もう限界だと思った。

君とマンフォード夫人のことを愛情とともに想う。君ともっと近づきになれたならと願いながら。つらいのだ――独りで立ち続けるのは――けれども、自らの健康に与え、そこから享ける愛の他に――そして、作品から受け取り、そこに埋め込もうとする喜びの他に、一体どんな報酬があるというのだろう。

「高潔な言葉」に聞こえるかね？

この冬、君とキャサリンをウィスコンシン大学に招きたいと望んでいる。来週、グレン・フランクのところにこの件を頼みに行く。*6

私は学校の趣意書も同封することにした。*7 ダッチーがここにいる間につくり上げたものだ。君がどう考えるか、短く書き送ってくれたまえ。著作家にとって、自分自身あて以外の個人的な手紙を書くことがいかなる意味を持つか、私にはわかっている。だから、彼らはそういう手紙をほとんど書かないのだ。
彼には時間がなく、たいした意向もないのだ。

愛情を込めて、
［署名］
F・Ll・W
フランク・ロイド・ライト
ウィスコンシン州　スプリンググリーン
タリアセン　電話一一〇番
一九三一年十二月九日

[pc ts&ms lmp]

1 ライトがつけたヴァイデフェルトのあだ名。
2 ジョン・サイモン・グッゲンハイム財団 John Simon Guggenheim Foundation, New York.
3 ジョン・クッシュマン・フィスター John Cushman Fistere,「鋼鉄の詩人」"Poets in Steel," *Vanity Fair* 37 (December 1931): 58-59, 98.
4 マンフォード「現代の産業芸術」"Contemporary Industrial Art," *New Yorker* 7 (14 November 1931): 36-42.
5 一九三一年の秋、マンフォードは、ニューヨーカー誌のコラム欄"The Sky Line"担当の建築批評家に就任した。
6 グレン・フランク Glen Frank (1887-1940)，アメリカの教育者、ウィスコンシン大学学長。

7 ライト「ヒルサイド・ホーム・スクール芸術学校」"The Hillside Home School of the Allied Arts," 私家版、1931; *Frank Lloyd Wright: Collected Writings, Volume 3*, 1931-1939, 39-49 に再掲。

1932年

Frank Lloyd Wright & Lewis Mumford

一九三二年

二月に予定されていたニューヨーク近代美術館での「近代建築——国際展」が近づく中、ライトは主催者との意見の相違を理由に、出品を取り下げると脅す。マンフォードが仲裁に入り、ライトに再考をうながす。「国際様式」という用語を生み出すことになる展覧会は予定通り開催され、ライトの「メサの上の家」設計案も重要な作品として展示される。ライトはまもなく、自伝の出版と、タリアセン・フェローシップの名で知られる学校の発足へと意識を向ける。

ニューヨーク州　ロングアイランド・シティ
ロウカスト通り　四〇〇二番地
一九三二年一月十日

親愛なるF・L・W

あなたの手紙を受け取ってから、もう一ヶ月になります。私も一ヶ月分だけ年を取ったということです。白髪は増し、額のしわは深まり、背骨は落ちて、一ヶ月ほどの回復期間を置かねばならないほどです。それもこれも、ここのところ私が取り組んで来た、講演やら記事やらの気が変になるほどの忙しさのためなのです。これが長くお便り申し上げられず、新年のご挨拶すら折よく差し上げられなかった唯一の理由です。幸福に溢れ、素晴らしい仕事に熱中できるであろう新年をお祝いするはずでしたのに！　私には静かな時間を取り戻す前に、成し遂げておかねばならない仕事が、まだ数週間分残っています。しかし、ともかくご挨拶だけは申し上げ、お手紙とともに価値ある資料をたくさんお送りいただいたことに感謝申し上げたいと思うのです。これらの資料は、私のようにアメリカ文化史家として立とうとしている者にとって、非常に有用であるばかりでなく、私個人としても楽しく、有益なものでした。あなたが「褐色の三十年」を完全にはお好みにならないだろうと予想はしていました。実際、私自身も完全には気に入っていないのです。たぶん、私たちそれぞれが不満に思う所は異なっているのでしょうが！　しかし私たちは、人間の生そのものの意義深さの感覚をはじめ、多くの点で共通しているのです。私たちの相違は現実に存在してはいますが、お互いあまり遠くに隔たらないようにしましょう。これらの相違の原因のすべては、私が大都市で生まれ、田舎を好み住まうようになった人間だという点に帰せられるのではないかと思います。一方あなたは田舎生まれで、決して都会に馴染むことはありませんでした！　でもこの考えはあまりにも単純すぎるかもしれません。また、相違も些細なものに過ぎないのですから、それを解消しようとしたり、和解の手だてを探ったりする必要性すら思いあたりません。キャサリン・バウアーの論文に対するあなたの批評は、それだけで出版に値します。彼女が幻滅するなどということはまったくありません。彼女は次のような点で、この上ない才能を持った人物です――真の思考力、優れた勇気ある精神、大きな成果の可能性。しかしながら、すべての若い女性に共通することですが、彼女が男だった場合に比べれば、論点を逸れ、偏りを見せる機会は多いのではないかと思います。先日、博学のヒッチコックが私のところにやって来ました。彼はほとんどあなたの弟子のようになっています。あなたの方は、彼を敵側陣営の人間として見ることをお好みでしょうが。彼の本当の欠点は、現実を紙媒体を通じて扱うことに長けているということです。写真や資料を扱う時の彼は、実に素晴らしく見えます。実際にものを見たり経験したりする時、彼は熱を失うのです。受け売りの弱さとも言えるでしょう。私自身の直接的な研究方法は、彼を少々戸惑わせたように見えました。でも多分、私は自分のことを少々買いかぶっているのでしょう。

あなたが近くにいてくれたならば！　ソフィーは、この冬生き生きとして、こちらで最も優れた実験学校で教師の見習いをしています。「ザ・シティ・アンド・カントリー」という学校です。ゲデスもそこに通っています。私たちの家族が、何かお互いにできることがあれば、楽しいことでしょう…。ウィスコンシンからは、何の便りももらっていません。ここのところ、ジョン・ガウスから手紙をせしめることもできないのです。[*1] ウィスコンシン州政府の手助けで忙しいのでしょうが…。フリッツが、キャサリンあてに手紙を送ってきたそうですが、彼からも一言も聞いていません。[*2] 私は冬の終わりをニューヨークで過ごすことになると思います。この三ヶ月の疲労から回復するために。三月の最初の週には、シカゴに講演に行く予定です。もしうまく都合をつけられれば、五月初旬にヨーロッパに行くつもりです。そのころまでに連中が、革命やら戦争やらドイツがフランスを占領するやらをでっち上げていたならば——そうなるように思えるのですが——イギリスとオランダとスカンジナビアまでで、ひとまず満足しなければなりません。もしも世界中が炎に包まれてしまったら——これまた極めてありそうに思えますが——ダッチェス郡の我が家に引き籠って、早成りの野菜の苗を植えることにでもしましょう。[*3] 今のところは、いつか、どこかで必ずお会いできると信じています。あなたにすべての祝福を。

愛情を込めて、
[署名]
ルイス

[ts ftwa]

1 ジョン・ガウス John M. Gaus (1894-1969)，アメリカの政治学者。
2 フレデリック・グートハイム Frederick A. Gutheim (1908-1993)，アメリカの建築史家、著作家。
3 ニューヨーク州ダッチェス郡 Dutchess County, New York，マンフォードの農家（自宅）の所在地。

ルイス・マンフォード様
ニューヨーク州　ロングアイランド・シティ
ロウカスト通り　四〇〇二番地

親愛なるルイス

また宣伝の罠に引っ掛かってしまった。意図的に仕掛けられた罠ではなかったようで、下劣で狭量だと見られるのを覚悟の上で、取りはずすことができた。

同封した手紙が、一部始終を物語ってくれるだろう。

展覧会への参加に同意したのは、私が仲間たちの一員として迎えられるのだろうと考えてのことだ。私が聞いていたのは、コルビュジエやミースといった人々のことだけだ。[*1] しかし眼にしたのは選りすぐりのグループ、よりによってフッドやノイトラを含んでいたのだ。[*2]

フルフル鳥を巣から追い払ってみたら、そこにカッコウの雛を見つけたような次第ではないか？[*訳注1] そう、びっくりするほどのことではない。いや、しかし君に事の成行きを説明しておきたいのだ。私の立場の理由を知ってもらいたいのだ。

ノイトラに対する異議について。こいつは、私が最も嫌うタイプに属している。度重なる経験とやつから被った苦痛によって。

記憶によれば、彼は一九二四年に、ここに働きにやってきた。ホラバード・アンド・ルート事務所で配管図面を引きながら、しばらく逗留した後のことだ。[*3] 週給三十ドルを与え、彼の家族、妻子と義理の母親を住まわせてやる価値は、彼にはなかったので、九ヶ月後に去っていった。これ以前に、彼はウィーン市の宣伝部にいて、そこからメンデルゾーンの事務所に移り、一緒にいくつかのコテージを建てた。ノイトラはそれをメンデルゾーンの名前を消して発表した。まったくあいつらしい！　やつはロサンゼルスに行き、シンドラーの事務所に加わった。[*4] 彼らはふたりともユダヤ人で「誤り」、ウィーン時代からの友人だと思う。アメリカの建設方法に慣れてくると、彼は「アメリカはいかに建設するか」という本を書いた。[*5] よくもまあ自惚れたものだ！　ここから宣伝能力の訓練成果があらわれ始める。彼は「健康住宅」と銘打った生煮えの建物を建てた。[*6] 完全にコルビュジエの線上にあるものだ。これを私は妙な経過で知った。彼はノーベル嬢のためにいくつかの設計をした。彼女の母親はロサンゼルスに集合住宅をいくつか所有する資産家なのだが、そのノーベル夫人が私のところに、この素晴らしい住宅の記者発表資料を持ってきた。[*7]「この住宅の細部は、ノイトラの頭脳で四年間にわたって暖められ続けたもの」だそうだ。鉄製品（引込み戸）やなんかの細部をつくるためだけに数年を費やしたと言うのだ。明らかにその筋の意向が潜むと判る寸評が、中央に鎮座するノイトラの写真のまわりに寄せ集められている。焼き直され、刷り直された写真――「偉大な」ヨーロッパの建築家――新しいシステムを伝道し、新時代の使命を唱える救世主として、やつを宣伝しているのだ。ドアの前に佇む請負業者はノイトラのことを面白い人物だと言うが、そいつは、やつに送り込まれたのだ。ノイトラはノーベル夫人に見てもらうだけのために、まったく無料で図面をつくることさえやりかねない。もしノーベル夫人がそれを許しさえしたならば。

以上が、やつがタリアセンを去った後三年間の顛末だ。

二年前、私はシンドラーの先妻から連絡を受けた。名をソフィーといい、現在彼らふたりの宣伝係として活動している。[*8] ロサンゼルスのスター、フランク・ロイド・ライトの威光を借りようと、展覧会を組織したのだ。大金を支払って、私の作品を彼らが好む格好の写真にし、彼ら自身の作品を両側に張り巡らそうという腹だ。「国際的名声を有する建築家三人展」という宣伝文句で開催されるまで、私は事情をまったく軽視していた。[*9] この展覧会はこのままアメリカ中を巡回することになっていたのだ！ 見え透いた仕掛けだ。私の作品を撤去するよう電報で言ってやった。やつらはロサンゼルス展が終わるまで、私の作品を外さなかった。しかし「巡回展」に私を連れていくことは差し控えたのだった。私はやつらが展示した写真を見てさえいない。

こうしてロサンゼルスに国際建築派がやってきた――ノイトラとシンドラーだ。一行ごとに誇大宣伝の自惚れを重ねながら。ノイトラ＝「社会研究新学校講師」、あたかも専任のようだ！[*10] わずかな聴衆を相手に一度話したきりなのに。「エーリッヒ・メンデルゾーンの共同者」は、今や便利に使われている肩書だ。ノイトラは、つてを頼って（おそらく義母の財産を費やして）巡り歩き、ヨーロッパでは「アメリカの偉大な建築家」として、また、彼と同じころ私のところに居た日本人夫妻と、旧交を暖めに日本に行った時には「両国にまたがる偉大な建築家」として講演したのだ。[*11]

いや、こうした考えられうる限り最も薄っぺらな肩書など措くとしても、彼が自分をこれほどまでに誇大宣伝する様を見て、私はやつの本質を見る思いがしたのだ。ヒッチコックやジョンソンはあいつを支持している。なぜなら、私の想像によれば、あいつが国際主義者だからだ。――アメリカ担当の宣伝マン、崇敬すべきコルビュジエの「影武者」といったところか？

多分我々は、このことを称賛すべきなのだろう。――そしてそう、君は言うだろう「だからどうした？」と。私もそう言う。しかし私は、ここで演じられている国家的で強力なセールスマン根性の戯画に対して言うのだ。これこそ、我々の祝福され、駄目にされてしまった国のすべてに関わる最も重大な問題なのだ。

わずかな才能しか持たぬ者、あるいはまったく才能を持たぬ者が、もっともらしい振る舞いで、もっともらしい雑音を口先で弄ぶ、そうした厚かましい見せ掛けの前では、あらゆる人が備え、目指す、いかなる謙遜も、廉潔さも、勇敢さも、すべてが無駄に終わり、空しさに彩られる。そんな方法でスター建築家をつくり上げることには反対だ。しかし、私は望み薄な少数派の一員となるのだろう。

ノイトラは、生きている事物を模倣する「今日的な」折衷主義者だ。

一方のフッドは、死んでしまった事物を模倣する折衷主義者だ――今は生きている物を模倣することに長けてきたが。私はいかなる形であっても折衷主義者とともに道を歩もうとは思わない！　妥協するにはもはや遅すぎるのだ！

繰り返し言うが、私はこうしたことから離れた立場にとどまり、誇大宣伝をやり過ごすつもりだ。しかし、事ここに至っては、沈黙し続けることはできない。さもなくば屈服することになるのだ。だから私は、この「外国製の」展覧会に続けて、それに叛旗を翻す展覧会をニューヨークで開催しようと思う。やつらの展覧会は、今やほとんど完全に外国製になってしまうだろう。フッドを除けば。レスケースはアメリカ人だが、国籍を得てまだ間もないし、ノイトラが本当にちゃんと合衆国民なのか疑わしい！[*12]いや、そんなことはどうでもよいのかもしれぬ――近代建築の巣の中に産みつけられた卵からカッコウ（国際主義者）が孵る前でありさえすれば――。ただ、近代の歌声が曖昧さなく響き、聞かれることこそ重要なのだ！

君が一月にこちらに来る時には、タリアセンまで私たちを訪ねて来なければならぬ。そうでなければ、私は友情の断絶に失望するぞ。いつ来るか言いたまえ！

私も我々の家族が互いに近くにあればと思う。我々は仲間の付き合いをそれほどしてこなかった。ウィスコンシン大学の問題は金だ。彼らは急所に至るまであらゆる予算を縮小している。だから今は支払えないのだ。私が呼んだヴァイデフェルトの場合、一回の講義当たり五十ドルだった――結局のところ。彼とベルラーへがどのようにしてヨーロッパで近代ムーブメントを興し、すぐさまグロピウスが加わり――(このことに関しては行商人の数ほど多くの正統が、軍楽隊の横断幕に翻っているが)というような壮大な叙事詩であった。[*13][*訳注2] そしてついに「嵐に翻弄される船」への賛歌を歌い始めた――私のことだ。

彼は、流麗に歌うかのように講演をする。それを彼らは気に入った――彼らのほとんどは。

親愛なる友に、私の愛を――。

P・Jへの手紙と、「ノイターに告ぐ」と題した短文を同封する。この文章は「私は信ずる君」が、T―スクエア・クラブの雑誌「T―スクエア」に載せた、建築についての見事な「檄文」に触発されて書いたものだ。[*14]

ところで、この同じ号に、疑わしい作品について、件のノイトラ自身が書いたやつ一流の記事が載っている。[*15] 彼が記している三つのコテージはメンデルゾーンとともに建てたものだ。ヴァイデフェルトによれば、Nにアムステルダムで講演するように頼んだ時、やつは七十六枚ものスライドで、聴衆を疲労の底に沈めてしまったそうだ。その内の六十五枚はやつの「健康住宅」だったそうだ。

ダグラス・ハスケルは、あいつとニューヨークで知り合った後、やつのことを「非常に薄っぺらだ」と評している。――しかし、ヒッチコックは「薄っぺら」がお好みのようだ、私の見るところでは。

忠実に――そして愛情を込めて、

［署名］
F・Ll・W
・フランク・ロイド・ライト
ウィスコンシン州　スプリング・グリーン
タリアセン　電話一一〇番
一九三二年一月十九日

たとえ言いにくいことであっても、私に直接話してもらいたい。君は私の行動をどう考える？　連絡してくれるか？

［署名］
FLLW

[pc ts&ms lmp]

1　ルートヴィヒ・ミース・ファン・デル・ローエ Ludwig Mies van der Rohe（1886-1969），ドイツの建築家。後に合衆国に移民。
2　リチャード・ノイトラ Richard Neutra（1892-1970），合衆国に移民したオーストリアの建築家。一九二四年にライトのもとで働いた。
3　ホラバード・アンド・ルート事務所 Holabird and Root，シカゴを本拠地としたアメリカの建築事務所。
4　ルドルフ・ミヒャエル・シンドラー Rudolph Michael Schindler（1887-1953），合衆国に移民したウィーンの建築家。一九一八年から一九二一年の間、ライトのもとで働いた。

5 リチャード・ノイトラ「アメリカはいかに建設するか」*Wie Baut Amerika* (Stuttgart: J. Hoffmann, 1927).

6 ロヴェル邸（健康住宅）Lovell Residence (Health House), Los Angeles, 1927-1929.

7 エリザベス・ノーベル Elizabeth Noble, ライトの依頼主。

8 ソフィー・ポーリン・ギブリング・シンドラー Sophie Pauline Gibling Schindler (1893-1977), 著作家、ルドルフ・ミヒャエル・シンドラーの妻。

9 「カリフォルニアにおける現代の創造的建築」展 *Contemporary Creative Architecture of California*, 一九三〇年四月二十七—二十九日、Exhibition Gallery, Education Building, University of California at Los Angeles, その後ロサンゼルスおよびいくつかの西部州とハワイに巡回。

10 社会研究新学校 New School for Social Research, New York.

11 土浦亀城（1897-1996）、土浦信子（1900-1998）, 一九二〇年代初めにライトに雇われていた日本人ドラフトマン。

12 ウィリアム・レスケース William Lescaze (1896-1969), 合衆国に移民したスイスの建築家。

13 ヘンドリック・ペトラス・ベルラーヘ Hendrik Petrus Berlage (1856-1934), オランダの建築家。

14 フィリップ・ジョンソン—ライト「ノイターに告ぐ」"To the Neuter," 出版されなかったエッセイ、一九三二年。ノーマン・ライス「私は信ずる…」Norman N. Rice, "I Believe…," *T-Square* 2 (January 1932) : 24-25, 34-35. 「ノイター（Neuter）」の語は「国際様式」を指し、同時にリチャード・ノイトラの名字と語呂を合わせたライトの嘲笑的な造語である。

15 リチャード・ノイトラ「新建築には正統がある」"New Architecture Has a Pedigree," *T-Square* 2 (January 1932): 9-10, 40.

訳注1 フルフル鳥（flufu bird）は後ろ向きに飛ぶ鳥のこと。カッコウは別種の鳥の巣に卵を産みつけ、雛を育てさせる習性を持つ。

訳注2 軍楽隊（band-wagon）はマニフェストや宣伝行為の喧しさに対する揶揄的描写。国際主義を標榜する共産主義者の行進の様子を思わせるので、このように訳した。

［ルイス・マンフォードに送付されたタイプし直された手紙］

（写し）

フィリップ・ジョンソン様
ニューヨーク州　ロングアイランド・シティ
チャンタム・フェニックス・ビルディング　一〇〇七号室

私の親愛なるフィリップ

このような手紙を書いたとて、たいして有用でもないことはわかっている。私が扱いにくい人間であることを確信させ、宣伝文句や時刻表のように妥協を知らぬエゴイストであると納得させるのが関の山だろう。

それならばそれでもよかろう。少なくとも私には今と同じように、私にふさわしいあり方で生きていく贅沢が許されているのだ。私は一歩退き、鳴り物入りの行列をやり過ごすことにする。私は君たちと同じ言葉を話すことはなく、また、君たちの目的や目標に足並みを揃えることもないのだ。私にとって建築とはもっと別のものなのだ。

君が、この展覧会がどういう性格のものか、最初っからはっきりさせておいてくれたならば、我々は無駄な骨折りも出費もしないで済んだのだ。こうした無駄が、あまりにも大きく膨れ上がっていないことを望んでいる。金というものはなかなか手に入らないものだからな。

言わねばならぬことのほとんどは、電報に記した通りだ。[*1]

現在の建築の世界で、私は自分を故郷を失った人間のように感ずるのだ。しかし、あと五年間仕事を続けたならば、私は故郷を取り戻すことができるだろう、私は確かにそう感じている。

しかしその合間で、「国際」をわれ先に奪い合う宣伝主義者たちの狂騒は、現実に起こらなければならないのだろうし、軍楽隊の行進は、私が加わらなくとも、その道をつつがなく進んでいくに違いない。

折衷主義の様々な段階にある選りすぐりの人々を黙認するのが、私にとってあまりにも危険であることは目に見えている。巡回展の行進をともにするうちに、まるで私が彼らと彼らの作品を近代的だと認めているように思われてしまうかもしれないのだ。実際には、彼らを認めるどころか、進んで非難しようとさえしているのに。

私はコルビュジエを尊敬し、ファン・デル・ローエを称賛している。君の展覧会に入っていないヘスラーや多くの優れた人々と同様に。[*2] リストが君の意図通り作成されているとするならばだが。ハウは尊敬に値するし、レスケースも。[*3] 今私が知る限り、レスケースはまだ経験十分とは言いがたいが。

私は、このような人々の集う展覧会であれば、そこを故郷と感じることもできた。そうした若者たちは、私の若かったころと同じように、高貴で美しい建物をつくろうと真摯に努力し、正直な道を辿って、忍耐強く建築家としての自己を確立しようとしているのだ――そうやって徐々に名声を勝ち得ていくのだ。

しかし、古いものにせよ新しいものにせよ様式を選んで、請負業者たちからの助力を仰いで仕様もない建物を建て、それをあたかも特筆すべき業績であるかのように発表する連中の自惚れに、私はやりきれなさを感ずるのだ。特定の人物だけについて言っているのではない。君たちの選んだノイトラを典型とする、人当たりが良く忙しそうな人々について言っているのだ。フッドとその一派に対する私の意見については、君もすでによくご承知のことと思う。

宣伝は私たちの国の悪弊だ。セールスマン根性が権力を握るのは呪いだ。少なくとも私は自分の仕事に注意を向けよう。注意を向けるに値する仕事がくればだが。そして、いかがわしい手法を使ったいかがわしい作品と、張り合ったり、折り合いをつけたりしないようにしたいものだと思う。そうするならば、私たちの未来の建築を、他ならぬ「国際様式」一色に染め上げてしまうことになると思うからだ。まるで切り紙細工のような建築に。君がこのような建築に共感を持っていることは私も承知している。ラッセルもそうだ。——しかし私は、君たちが好む建築家の作品の中に宣伝の堕落を見るまでは、君たちふたりに対する尊敬を惜しまないつもりだった。

私は、君たちふたりが誠実だと信じている。しかし君たちにはまだ経験が足らず、そうした建築が、洗濯するにはあまりにも薄っぺらで、色褪せしないと言うにはあまりにもいかものであることを、おそらくお気付きになっていないのだ。

しかし、だからと言って、私が自らの建築と行動の原則を裏切って、君たちの仕掛けた行列に連なる理由にはならないではないか?

こうした私の行為は、敵にさらなる攻撃の銃弾を与えることになるだろう。承知の上だ。まったく私にはたくさんの敵がいる! 最も多くの敵を向こうにする人間だと言っても良いだろう。

しかし私の眼は、もっと挑戦に値する目標に向けられているのだ。たとえ、その目標に到達する前に天に召されることになったとしても。そうだとしても、私は少なくとも売り切れになってしまうことはないのだから！

フィリップ、信じてほしい、私は申し訳なく思っている。ラッセル・ヒッチコックによろしく伝えてくれたまえ。来る夏の初め、君たちふたり打ち揃って、ここタリアセンを訪ねてくれると期待している。細君たちも一緒に。まだ君たちが独り者ならば、それまでに見つけておいてくれたまえね？

君の誠実な、

［署名］**フランク・ロイド・ライト**

一九三二年一月十九日

[pc ts lmp]

1　ライトからフィリップ・ジョンソンへの電報、一九三二年一月十八日，archives, Museum of Modern Art, New York.

2　オットー・ヘスラー Otto Haesler（1880-1962），ドイツの建築家、計画家。

3　ジョージ・ハウ George Howe（1886-1955），アメリカの建築家、ハウ・アンド・レスケース事務所 Howe and Lescaze でウィリアム・レスケースと共同。

［ルイス・マンフォードあてに送付］

ノイター に告ぐ。*訳注1

宦官の去勢手術には、確かに一定の利点がある。*訳注2 人格が良好な場合、彼の生殖の欲動は知的な鑑識眼という冷静な態度へと道を譲るであろう。今や彼は、たとえ自ら経験するにしても他人事のように経験するに過ぎず、「定式」こそが彼の気を惹くものになってしまう。さもなくば、欲望は生き残り、猛り狂って妬みを抱く。悲しむべき状態だ。浄化が進んで「知性」だけが残り、それが創造力の代用品となる。いずれにせよ、彼は感性の代わりに統覚から糧を得ることになるのだ。

それゆえ、この重大な時にあたって「国際主義者」が、精神の男らしさからかくも早々と身を引き、行為における感性を、習性となった他人事のような心的定式に置き換えようとしていることは、何ら驚くにはあたらない。

驚くにはあたらない。なぜなら、去勢手術の結末との同等性――彼の不能――は、感傷という過度の耽溺、あるいは折衷主義という自涜を犯したことの結果だからである。

しかし自然（創造の心性）は、常の慣わし通り、恥ずべき人々（「国際様式」一派）に言いたいことを言わせておくのだ。

人間の心は不能にさせられることのない魂を、まだ持っている。自然は意識的にも下意識的にもノイターをつくることはないのだ。自然は、彼女が選びたもうた男に、自らの生得の権利を求めさせる。しかし、その乱用は可能なのである。ここで、恥知らずにも生得権を仮に「個性」と呼び、彼の人格的属性のすべてが、個人的特異性を上回らなかったかどうか検討してみよう。もしそうだとしたら、そいつは他でもない、ノイターなのだ。

我々に禁酒法が課されるのは、少数の愚か者がちゃんと酒に酔うことができないからである。我々が芸術に国際主義者の定式を持つのは、定式の域にまで達した感傷と折衷主義を持つからである。他人事の態度は、このことをひっくり返し、社会の知的鑑識眼へと変えてしまう。本物の代わりにつかまされたその虐待を甘受するために、現実を論難し、定式を褒めそやすのだ。このことこそノイターがノイターたるゆえんである。

我々が芸術、建築と呼ぶものは、真の愛の交歓である。しかし、自然は、すべての男がちゃんと仕事を果たすように、まだしてはくださらぬ。このような愛の高貴さと、それをものにする男たちの能力が減じていく一方で、皆、欲望の嵩だけは、獣と変わらず保ち続けているのだ。この見境のない本能的欲望から超越できるということこそ、行為する能力を持たぬ宦官の利点なのだ。

私は信ずる。我々が始めてしまったこの卑俗な有り様、我らの世紀における男らしさをノイターのような宦官に変えてしまったのは、あまりにも長く続いた肉欲の密会であったのだと。

ノイターは不能であると言ってきたが、すべての能力を喪失したわけではない。宦官に使い道があるように、彼にだって使い道がある。教師だ。もはや機能しなくなったからといって、彼に愛が死んでしまったのだと勘ぐらせてはならない。十九世紀を席巻した売春婦との密会劇にもかかわらず、二十世紀にはまだ愛の能力を保った男たちが存在するのだ。彼らは、見境なく定式を売り買いするような他人事の態度を拒否して、新たに実り豊かな未来を創造していくであろう。

もしこの可能性がノイターによって認識され、彼の知的理解に組み込まれたとするならば、それは驚くべきことだろう。——なぜならそれ以降、彼はノイターではなくなるからだ。彼自身、他人事の経験しか持ち得ずとも、少なくとも人々の生の側に留まるのだろう。

しかし、ノイターにとってすべての男はノイターである。彼の不能は、ただ能力を持つ者への妬みと共振するのみだ。ノイター的性質（言い換えれば不能性）の衝動が、この真の創造的芸術の愛の交歓に立ち至った時、それは、精神的社会への創造的な働きへと自然に乗り移っていくことだろう。そして言うのだ、「その方がよいのだ」と。しかし、自らただ静かにそう言い聞かせるのだ——これが彼らの到達できる限界だと言わねばならぬ。だが、ノイターが絶対多数を占めている今、我々がこれから突入していく時代の目的に、彼らが一時的に仕えるだけだとしても、それはそれで十分だと考えるべきなのかもしれぬ。

売春婦との狎れ合い（十九世紀）にのめり込むような人間の浅ましさが、今だに我々に残されていて、ひとときの満足となるのかもしれぬ。売春の密会が、大多数の愛の能力、芸術と建築の能力を貶めているのだ。しかし自然は、測り知れぬ、窺い知れぬ治癒力を秘めている。自然はノイターを能力を備えた人間として自在に操るようになるだろう。ノイターが自然を操るのではなくて。

ノイターが自然に対して定式をあてはめようと企てれば、自然はすぐさま彼に急進前衛革命家《サンキュロット》の役を仰せ付けるだろう。

諸君はこのような「手術」を受けた彼が、社会にとって本当に有用な存在になることができると思うか？　自然と恋に落ち、彼女とともに多くを生み出していく感性豊かな者と比べて。

フランク・ロイド・ライト
ウィスコンシン州

スプリンググリーン
タリアセン
一九三二年一月十三日

[pc cc ts&ms lmp]

訳注1　原文はNeuter. neuterには「無生殖雌虫、去勢動物、無性植物、中性形」などの意味がある。またドイツ語でneuは「新しい」。なおマンフォードは一九三二年二月六日付けの手紙で「神経症的」(neurotic)の語で頭韻を踏む。

訳注2　宦官（かんがん）かつて中国の宮廷に仕えた去勢男子。

［電報］

ウィスコンシン州　スプリンググリーン局ニテ受信

AUM八〇DL

UD　ニューヨーク州　ニューヨーク市局　一九三二年一月二十一日　午前十一時八分

ウィスコンシン州　スプリンググリーン　タリアセン」

フランク・ロイド・ライト　サマ」

近代美術館ノ建築展ニアナタガ出展シナイノハ災厄」ドウカ拒絶ヲ再考セヨ」美術館ノ側ニ懸念ナシ　ムシロアナタジシンノ位置ト影響ヲ心配スル」私タチニハアナタガ必要　アナタナシデハ進メラレナイ」アナタノ離脱ハ　カノ低キゴロツキ　フッドニ利用サレ　ヤツニ栄光ト優位ヲアタエル」出展者ニトッテ　フタリノ泥棒ノアイダデ磔刑ニ処サレル以上ノ名誉ハナイ」承諾ノ返電ヲマツ」

愛情ヲ込メテ」

ルイス」　午前十時四十二分

［flwa］

［電報］
ニューヨーク州　ウッドサイド　五八丁目　四〇〇四局受信
NBQ三三　三三　DL=ウィスコンシン州　スプリンググリーン局　一月二十一日　午後二時
十二分

ニューヨーク州　ロングアイランド・シティ　ロウカスト通り　四〇〇二番地」
ルイス・マンフォード　サマ」
ワカッタ　ルイス」キミノ真摯ナ友情ヲ信頼スル」ニューヨークノ展覧会ニ残ルコトニシタ」私ガ提起シタ　フタリノ排除ハキワメテ重要」展覧会ヲ盛リタテルノハ　イツダッテ政治ト宣伝ダカラダ」

フランク・ロイド・ライト
午後四時十二分

[pc lmp]

ロングアイランド・シティ
ロウカスト通り　四〇〇二番地
一九三二年一月二十三日

親愛なるF・L・W

あなたからのお手紙と同封の文書、あの晩家に帰った時に机の上に載っかっていた電報、どちらもこの上ないほどうれしいものでした。お手紙に書かれた良きことのすべてゆえ、そして、お手紙の世界へと私を迎え入れた、燦然たる満足感に溢れた素晴らしい作品、メサの上の家が示した新しい勝利ゆえ。[*1] そして、あなたからの電報。不能な物まね連中あるいは不正直なフッドこそ近代建築の代表者であるなどと考えてしまったであろう人々に、十分な選択肢を与え、もう一度考え直す機会をもたらすだろうと確信したのです。あなたがもし出品を撤回していたなら、建築にとって実に残念なことになっていたでしょう。なぜなら展覧会は三年にわたって全国を巡回する予定で、フッドの宣伝屋たちが、ここぞとばかり、彼こそアメリカの建築家を代表するに足る唯一の人物であると見せ掛けただろうからです。おそらく、やつらならず者たちがヴァニティ・フェア誌の記事でやったように、あなたには展覧会に出すものは何もないんだと、ほのめかしさえしたでしょう。ジョンソンはいかがわしいやつです。運悪く、彼はこの時期、この金額で、展覧会に何かしら協力することのできる唯一の手近な人物なのです。最初に私が彼をあなたに推薦した時、この展覧会全体を、ひとりの人物が仕切ることができるなどとは予想もしませんでした。しかし、彼はあなたの作品をともかくすべて展示しようと努めたのですから、私から見れば、まあまあ合格点だったのではないかと思います。ヒッチコックとの立ち話を私が誤解していないとするならば、彼はあなたの想像よりもずっとあなたに近いところにいます。確かに、カイエ・ドゥアール版の序文を書いたころよりも、はるかに近づいているのです。*2 ——しかしながら、畜生！ そのことはあまりきちんと言われていません。そう思われませんか？ 私は展覧会の住宅計画部門の序文を書きましたが、それがジョンソンとヒッチコックによる展覧会全体から見ればほんの小さな部分に過ぎないにしても、何のほのめかしもしないようにと細心の注意を払ったつもりです。*3 たとえ不採用《オミッション》と採用《コミッション》の判定に手違いがあったにせよ、この展覧会自体は開くに値し、参加するに値するものになると思います。あなたが私の判断に信をおいてくださったことに感謝いたします。私は三月二日まで、シカゴに行くことはできません。おそらく私が西に赴くより前に、あなたが東にいらっしゃることになるでしょう。ソフィーと私ともども、あなたとの再開を待ち望んでおります。

とり急ぎ
[署名]
ルイス

[ts flwa]

1 メサの上の家設計案 Project for a House on the Mesa, Denver, Colorado, 1931.
2 ヘンリー=ラッセル・ヒッチコック・ジュニア「フランク・ロイド・ライト」Henry-Russel Hitchcock,

Jr., *Frank Lloyd Wright* (Paris: Cahiers d'Art, [1928]).

3 マンフォード「住宅計画」近代建築——国際展 "Housing" in *Modern Architecture: International Exhibition* (New York: Museum of Modern Art, 1932), 179-192. に所収

ルイス・マンフォード様
ニューヨーク州　ロングアイランド・シティ
ロウカスト通り　四〇〇二番地

親愛なるルイス
私がニューヨークの展覧会に条件つきで降伏することにしたのは、それが、国際主義者の宣伝以上の価値を持つと認めたからではなく、出品を撤回することによって引き起こされる反応について、君の判断をもっともだと思ったからだ。今では、君が正しいと信じている。
私はこの侵略劇に権威を与えるために利用されただけなのだと感じている。しかし、そうだとしても、私がすぐに復帰したからといってたいした実害はないだろう。私は今、模型とドローイングに心血を注いでいるが、それと同じくらい強く、私自身の展覧会をニューヨークで開催し、他のふさわしい場所に巡回させたいと感じている。[*1]
これをどこで開催するのが最も適切か、ちょっと調べてくれないか？　ヨーロッパ展の展示品はこちらに戻って来るところで、もうすぐ七つの美しい模型と、素晴らしいドローイング原画一式が、手許に戻るはずだ。新しい劇場も含まれている。[*2]　私が構想している展覧会は、国際主義者の宣伝よりも、もっと豊かで意義深いものになるだろう。
かかるのは輸送費だけだ、たいしたことはない――百二十五ドルもあれば、おそらく十分だろう。――我々が気にすべきことではないが。
君はニューヨーク近代美術館に影響力を持っているかね？　私のためにハリー・ペーン・ホイット

ニー夫人に面会してくれるか？[*3] 彼女は非常に気さくな人だ。
君はマンフォード夫人とともに、タリアセン・フェローシップを、同封した趣意書に沿って率いて行く気はあるかね？[*4]
現在のところ、我々の許には、入学したいという若者からの願書が、二十五から三十五通ほど届いている。このような学校が開校されるという噂は、海外にも届いているのだ！

忠実に

一九三二年二月一日

[cc ts flwa]

1 ライトは、プリンストン大学、ニューヨーク建築連盟で開催され、その後ヨーロッパを巡回した展覧会を、もう一度ニューヨークで開催することを提案している。
2 新しい劇場の設計案 Project for a New Theater, Woodstock, New York, 1931.
3 ガートルード・ヴァンダービルト・ホイットニー Gertrude Vanderbilt Whitney (1875-1942)、彫刻家、芸術家の後援者。ライトはホイットニーによって一九三〇年に創立されたホイットニー・アメリカ美術館 Whiteney Museum of American Art とニューヨーク近代美術館を取り違えている。
4 ライト「タリアセン・フェローシップ」"The Taliesin Fellowship," 私家版、一九三二年、*Frank Lloyd Wright: Collected Writings, Volume 3*, 1931-1939, 157-166 で再版。タリアセン・フェローシップは、ライトの「総合芸術のためのヒルサイド・ホーム・スクール（Hillside Home School for the Allied Arts）」の計画に代わるものとして、一九三二年十月十五日に発足した。フェローシップは、ライトの邸宅と仕事場であったウィスコンシン州スプリンググリーンのタリアセンに本拠を置いた。一九三七年、ライトとフェローシップのための冬期の住居および仕事場として、アリゾナ州スコッツデールにタリアセン・ウエストの建設が開始された。以来、ライト一家とフェローシップは、夏をタリアセンで、冬をタリアセン・ウエストで過ごした。

ルイス・マンフォード様
ニューヨーク州　ロングアイランド・シティ
ロウカスト通り　四〇〇二番地

親愛なるルイス

ヴァイデフェルトと私の間で協議中の契約書を、君に一読してもらえるよう、契約条項についての彼のこれまでの反応の経過と一緒に、送っておこうと思った。

本当のところを言うと、私はまず第一に、フェローシップを我々自身のものとし、我々自身の基盤の上に置いておきたいのだ。私は「国際主義」に対する疑いを深めている。（同封したのは、この件について、私の視界を少々明るく照らしてくれた、ノーマン・ライスに対する感謝状だ）。*1 なんとかして我々自身のグループをつくり上げる手立てはあるだろうか？

もしヴァイデフェルトがこちらに来ようと望んだら、我々は彼を建築家スタッフとして迎え、細君を音楽家として迎えることができるだろう。*2 彼女には才能があると思う。しかし、彼が家族全員を伴って（成年に達した子供三人を連れて）異国にやって来るということは、私にとって重い責任を伴うことだ。あちらで培った経歴を終いにして来るのだから。彼から聞くところでは、数多くのたいした成功をあげているのだ。

愛情を込めて、
［署名］
F・L・L・W

フランク・ロイド・ライト
ウィスコンシン州　スプリング・グリーン
タリアセン　電話　一一〇番
一九三二年二月二日

[pc ts&ms lmp]

1　ノーマン・ライス Norman N. Rice (1903-1985)，アメリカの建築家、著作家、教育者。

2　エレン・ヴァイデフェルト Ellen Wijdeveld，ヘンドリカス・テオドラス・ヴァイデフェルトの妻。

［ルイス・マンフォードに送付］

ノーマン・N・ライス様
ペンシルベニア州　フィラデルフィア
T―スクエア・クラブ・ジャーナル気付

私の親愛なるノーマン・ライス
T―スクエア・クラブ・ジャーナルに掲載された君の記事はよく書かれており、論点もよく捉えられていると思う。それゆえ、同封のものを君にお送りしようと思い立ったのだ。*1

君の誠実な、

一九三二年一月十二日

[cc ts flwa]

1　ライト「ノイターに告ぐ」。

ニューヨーク州　ロングアイランド・シティ
ロウカスト通り　四〇〇二番地
一九三二年二月六日

親愛なるF・L・W

あなたの手紙は一昨日届きました。たくさん宿題をいただいたようで、それからというもの一所懸命に考えてきました。

まず最初に私が考えたのは、ソフィーと私がタリアセン・フェローシップを率いていく気があるかどうかというお尋ねのことです。この名誉と信頼とそれらが意味するすべてに、心暖まる思いがいたしました。ソフィーも同様です。しかし、あなたのそばでご一緒に仕事したいといかに強く望んでいるにせよ、お申し出の仕事は私の荷に余るのです。私は今、著書の執筆のさなかにあり、さらに四—五冊の本が誕生を待って、腹を内側から蹴り続けているような有様です。[*1] 先刻御承知の通り私たちはお互い男性ですが、懐胎というのはそれ自体大変な労力なのであり、他の事柄をどうしても二次的な位置へと追いやってしまいます。たとえ今、何ら本の構想を持ち合わせない、誕生と誕生の間の空白期にあったとしても、私は自分の能力に深く思いを致さねばなりません。少なくとも今の私の人生経験がいかほどのものかということについて。私のおとなしかった学生生活は、お申し出のような指導力の準備段階としては、はなはだ心もとないのです。感謝申し上げつつも、辞退申し上げる他ありません。

ヴァイデフェルトがこの仕事にふさわしいかどうか、これが次の疑問です。たかだか数時間に過ぎませんが、こちらで彼と会って話しました。彼は豊かな知性と、理解力と、情熱を備えているように見受けられました。しかし、彼がどのように仕事を執るつもりなのか、何の観念も得られなかったことも事実なのです。リーダーとして多くの実務的責任を負う人物は、アメリカ人であるべきなのではないか、私にはそう思われるのです。アメリカ人であれば、当たり前の知識を得るために時間を無駄にせずに済みますし、最初数年間、些事にかまけて本質的任務をないがしろにせずに済みます。苛立ちや摩擦を未然に防ぐことができるのです。ヴァイデフェルトについてわずかでも疑念をお持ちならば、もうすでにお話はかなり進んでいるのだとは思いますが、それでも、このお話は取り消された方が良いのではないかと考えます。あなたが眼をつむって、ただ思う通りやりたまえ、と言うのでなければ、あなたのお立場もリーダーの立場もあまりにも微妙になり、長い期間安定したご関係を維持することが難しくなるのではないかと思うのです。ヴァイデフェルトは、おそらく良い仲間となるでしょう。しかし、もし私があなたの思いを読み誤っていないとするならば、彼の負うべき重荷は、あなた方おふたりに、あまりにも重くのしかかるのではないでしょうか。彼にとって初めて手をつけることがあまりにも多いのです。

ミクルジョンの学校に適材はいないのでしょうか？　三十から四十五歳の間で、幸せな結婚をし、人生の方向をしっかり定めている人がよいでしょう。その方向とは、教師として、あるいは管理者としての道であるべきで、学者や創造的芸術家を目指す人は向かないと思います。

いわゆる国際様式について。これは実に下らない言葉です。建築は、建築以外の何ものでもないのです。不純なあり方を除いて見れば、様式などではないのです。ですから、こうした事柄に対するあなたの苛立ちを私も感じています。神経症的で意欲に欠けた若者たちに対し、あなたが感じておられる嫌悪にも共鳴します。彼らは、新しい建築の陳腐な手法と上っ面を飲み込んで、自分のものにしてしまうのです。しかし、作品それ自体は、彼らの言葉よりはずっとましなものです。コルビュジエの建築家としての才能について、真面目に考えたことはまったくありません。彼の魂の貧弱さと同じように、彼のデザインは弱々しいものです。しかし、ファン・デル・ローエとアウトは、もっと的を射ているように見受けられます。近代美術館の展覧会が玉石混交であったのは、致し方なかったのではないかと思います。趣味、知識、限界などの現実的状況は、最も優れた人々の域にまで付きまとうのですから。不真面目な二流の作品と並べられたからと言って、良い作品が害を被るとは私には思えません。しかし「国際様式」という言葉は、建築的にすべての誤りを強調するものである一方で、優れた意志を備えた世界中の人々が生に正面から向き合い、表現や着目の手段を共有しようと模索し始めたことを示す良い徴候だとも思うのです。このような意識がなかったとするなら、あなたの作品がヨーロッパにあれほどの影響を及ぼすことはなかったでしょう。私は、学を衒う者たちが自らのためにつくり上げる建築の細かい分類やレッテル貼りを拒否しますが、こうした共通の精神には全面的に賛成するのです。人間はもはやニューヨーカーであるだけでは十分ではなく、単にアメリカ人であるだけでも十分ではありません。私たちの共通の任務は何であるか、共通の興味が何であるか、徐々に気付いていくのでなければ、私たちは互いの喉笛に喰らいつき、後には何の文明も文化も残らないでしょう。このことは、他の分野と同様、建築の分野においてもあてはまります。ヨーロッパの新建築は、明らかに共産主義的傾向を持っていますが、ナチス・ドイツはこのことに気付いており、まがいもののニーベルンクの建築様式の肩を持って、全部引き裂きってやるぞと脅し、同時にユダヤ人を断種し、共産主義者を爆破しています。しかし、私の目には、共産主義は、共同体における今日の私たちの生活の逃れ得ぬ条件とは言えなくなる定めにあるように映ります。美術館カタログの中の住宅計画の序文で、この考えを示し、なぜそう考えるか記しました。私たちが発展させるべき個人主義とは、今や集産的企業体を通じて表現されなければなりません。ここにはそうしたものへの現実的展望があり、私たちが産業を人間化し、私たちの文化全体を生へと向け直すにつれて、純然たる有機的建築の基盤が打ち固められることになるでしょう。生を促進させ、十全に葉を生い茂らせ、より多くの花を咲かせる日のために。その始まりの時にある私たちは、今こそ余分なものを剪定し、幹を正しく据えねばなりません。かくして意欲に欠けた者たちは、その不能性ゆえに、この不毛と不全の感覚を、すばらしい究極の成果とみなしてしまうかもしれないのです。一方、私にとって、これは新たな成長への単なる準備段階に過ぎません。本当の成長とは、あなたがすでにご自分の個性的な作品の中で到達なさっている表現の地点に、私たち共同体全体を達せしめることなのです。巨大都市の命運は尽きようとしているのです。私はこの点においてあなたに同意します。しかし共同体における生活は続いていきます。本当の個人主義はそうした成長から何の脅威も受けることはないのです。私たちは少なくとも共産主義の利点を取り入れるべきです。そうして初めて共産主義がもたらす以上の人間らしい豊かさや、さらなる多様性を手にすることができるのです。資本主義が有機的建築に好意を示すのは、ただ逃げ道を探す場合においてのみです。共産主義はそれを成長として直接的に好むでしょう。

以上が私たちの相違点と合意点です。私は、あなたがお書きになられたタリアセン・フェローシップの基本を定めた御信条のもとに心から署名することができます。ただし「都市」を「過去の都市」と書き直さなければなりません。新しい都市は再びその地域の一部となり、田園と一体になるでしょう。そして、都市が長らく占有し続けてきた思想や文化の潮流から、新たな田園が隔絶されることはなくなるでしょう…。

さて、次にあなたの展覧会について。恥ずかしながら、私はH・P・ホイットニー女史をはじめ、彼女の美術館のどなたも存じ上げないのです。もし彼女あるいは他の誰かが大学芸術協会につながりを持っていて、あなたがそこの誰かをご存じならば、展覧会を国内に巡回させる上で最も好都合でしょう。この場合でも私には、そこの上層部とは何のつながりもないのです。しかし、彼らが仕事をなす上で優れた組織を持っていることは知っています。でも、あなたが自らすぐニューヨークにいらして、活動すべきだと思います。私の方では、誰かあなたに力を添えるに足る人物がいるかどうか、こちらで探してみることにします。社会研究新学校のギャラリーはどうでしょうか？　ブルックリン美術館で開催する手もあります。あそこは、メトロポリタンほど凝り固まってはいません。あなたの本が出る時には、ニューヨークで待機すべきです。[*2]　実際、出版社はあなたをこちらに呼び寄せて、パーティのひとつでも催す務めがあるのではないでしょうか。

私にとっては、非常に忙しい冬でした。そのあげく、この間ダートマスにいた時にひどい風邪にかかってしまい、この二週間、一年半ぶりにゆっくりしました。単にのらくらする愉しみには素晴らしいものがあります。私は膨大な書類やがらくたを整理し、若さを取り戻し、昔の友人を訪ね、町を歩き回り、付き合いのお茶とコーヒーをしこたま飲んで、早めに床をとり、幸せです。ソフィーとゲデスは学校で忙しく、私は講演や原稿をキャンセルするたびに、まるで自分が少しずつ人生の時間を取り戻していくかのように感じています！　全体的に見てこの冬は、他の多くの人々と比べれば、私にとっていくらか恵まれた時になったように思われます。天の気紛れかもしれません。キャサリン・バウアーは、住宅計画の章のキャプションを書いていました。彼女は、ヒッチコックをはじめとする美術館の人々が、あなたのメサの模型の素晴らしさに我を忘れたようだったと報告してくれました。私は残念ながらまだ見ていません。次の月曜には見られるでしょう。

今この時、私への信頼をお願いします。

愛情を込めて、あなたの

[署名]

ルイス

追伸—学校の指導者について書いたことを読み返してみて、私は本心から、あなたが考えておられるのとは異なる類いの人物がふさわしいと思うのです。このことについておっしゃっておくべきことがおありでしょうか。創造的な人物は、普通、運営の瑣事に不愉快を感ぜざるを得ないのです——創造的であることを止めない限り。建築とクラフトマンシップに関するすべての刺激は、あなたと共同者からもたらされるでしょう。私が思うに、ここに良くできた人物が必要なのです。車輪に油を注し、仕事を推し進め、定常業務に携わる人です。この別々の役割が混乱されているのではないかと恐れるのです。

[ts ftwa]

1　マンフォード「技術と文明」*Technics and Civilization* (New York: Harcourt, Brace and Company, 1934). 生の復興 The Renewal of Life シリーズの第一巻。

2　ライト「自伝」。

［一九三二年二月から三月ごろ］
ロングアイランド・シティ
ロウカスト通り　四〇〇二番地

親愛なるF・L・W

アラン・トウィッチェルは、私の友人です。[*1] 有能でまじめな若き建築家です。心から彼を推薦します。なぜなら、あなたには彼に与えるべきものがたくさんあり、彼はそれを用いていくだけの能力を備えていると考えるからです。

忠実に、
［署名］
ルイス

［ms ftwa］

1　アラン・トウィッチェル Allan Twichell, アメリカの建築家。

ロングアイランド・シティ
ロウカスト通り　四〇〇二番地
一九三二年三月二日

親愛なるＦＬＷ
シカゴでの講演は取り止めになってしまいました。ですから、そちらに行くことはなくなってしまいました。でも、代わりに、三月末にこちらであなたにお会いしたいと望んでいます。
あなたは、ラルフ・ピアソンを学校の指導者候補としてお考えになったことがありますか？[*1] 彼は、すべての条件に十分に応えられる人物として、私の頭に浮かんだ唯一の人間です。
彼は社会研究新学校に勤めていますから、もしあなたがまだ彼のことをよくご存知でなければ、こちらにいらした折に彼とお話しになって、品定めなさってはいかがかと思います。

暖かく、
[署名]
ルイス

[ms flwa]

1　ラルフ・M・ピアソン Ralph M. Pearson (1883-1958), アメリカの教育者。

ルイス・マンフォード様
ニューヨーク州
ロングアイランド・シティ
ロウカスト通り　四〇〇二番地

親愛なるルイス
タリアセンは、シカゴのデートが叶わず、意気消沈している。我々一同、君をこちらに迎えられると、あてにしていたのだ。

同封したのは「タリアセン・フェローシップ」趣意書の最終版の一歩手前だ。私は、君のピアソンの提案を気に入っているが、多分指導者としてではなく、協同者としてだろう。三月最後の週にNYに行ったら、会ってみるつもりだ。私はしばらくミクルジョン博士の後を追い回して来た。彼は鋭敏に見えるが、彼自身にできるかどうかの自信はない。自分らしくありさえすればできるのだと言ってやりたい。指導者は役者でなくてもよいのだという君の意見が、この方針を取らせている。彼は教育の仕事でいくらか経験を積んだ哲学者と言うべき人物だ。全体を把握できる広い視野を持ち、群れを率いて行くだけのある種の風格を備えている。博士は私が知る限り、こうしたことに最も近い。

ここに、彼にとっての本当の実験がある。もし彼が本当の開拓者であるならば。

私はあらゆる手だてを使ってでも彼を助け、彼の邪魔になるようなことはしないつもりだ。君は彼のことをどう考える？

忠実に、

一九三二年三月十九日

[cc ts ftwa]

［電報］
［一九三二年］四月十一日　午後十二時

フランク・ロイド・ライト　サマ
マンフォードノ昼食会　本木曜」桂冠ノ祝辞　急ギ送レ」

AUDAC[*1]

［flwa］

1　アメリカ装飾工芸家連合

ネイサン・G・ホーウィット様
ニューヨーク市　東五三丁目三八番地
AUDAC気付

勝利の月桂冠は、ただ、ルイス・マンフォードの頭上に輝く――、AUDACは、今日ここで、彼を讃えることを名誉に思う。

彼が戴く月桂冠に私の思いを込めるため、その席に着かねばならぬところだが、私の住む世界にもはや金は残されていない――私が彼を讃えるのは、そこにアメリカ文化の最も建設的な批評を見るからだ。

我らが時代にあって、彼はエマソンの魂に最も近づいた人物だ。その心は、我らの国を、自ら無視して来た理想へと向けて、変容させて行くことであろう。

彼は恐れない。

彼の社会的な思慮が、美を感ずる心に背くこともない。なぜなら心の内で、彼はなによりも創造的な芸術家なのだから。

アメリカは挙げて彼を指し「自然が遣わした者」と呼ぶことを誇りとする。彼の日が全うされるまで、自然の操る太陽が沈む時まで！

彼は若く、その情熱も若々しい。

ルイス・マンフォード君に――

「素晴らしい旅を」

彼は強く、勇敢だ。

武勇と勝利の月桂冠を携え戴くにふさわしい。

誰もがルイスを指して、かつてナポレオンが述べたゲーテ評を繰り返すことだろう――「ここに男あり」と。

ルイスが私を発見したと人は言う。

そうだとするならば、私は彼の仲間であることを誇りに思う。

彼が発見してくれた私自身に、もっと自信を持つべきであった。困難に満ちた暗がりの中、それが黎明の暗さか、黄昏の暗さなのか判らない、その暗黒の中へと、地図なき航海に発とうとする時にあって、いかなる水先案内人にも増して優れた人物に見い出されたのだから。

続く十年のうちに、我々は知ることとなるだろう、我々の文化の現在が、明けの曙光にあったのか、あるいは暮れの残照にあったのかを。もしも、ルイス・マンフォードの仕事が、開始された時と同じく続くなら、それはまぎれもなき日の出となり、夕陽たり得ないであろう。

ＡＵＤＡＣに！　彼の健康に！

そして、彼がさらに豊かな実りを得て帰らんことを。

旅の幸のあらんことを、そして無事に帰還されんことを、我々皆のもとに。

［署名］
フランク・ロイド・ライト
タリアセン、一九三二年四月十一日

[pc ts&ms lmp, ルイス・マンフォードに贈られたもの]

［一九三二年六月ごろ］
（アメリカン・エキスプレス気付―ベルリン、六月二十日まで）
フランクフルト・アム・マインにて

親愛なるＦＬＷ
ヨーロッパに来て五週間ほどになります。ＡＵＤＡＣあてのあなたのお手紙のお言葉が、まだ耳に鳴り響き、耳たぶを赤くほてらせています。あなたのお手紙は、実際祝福そのものでした。ニューヨークでの混乱し多忙だった数週間が過ぎ、ようやく静寂が訪れ、私の目と耳は鋭さと活力を取り戻したようです。こちらに到着してから、私はかつてのどのヨーロッパ旅行にも増して、いや、他のどこにも増して快適な時間を過ごしています。私は指を組んで心からありがたく思い、こんな幸せがどのようにしてやってきたのかと不思議に思い、あなたからのお手紙を思い起こしたのです。あなたの本も。[*1] この本を読んで、あなたの作品に対する称賛と、私たちがともに過ごしたわずかな時間に培われたすべてが完成し成就したことを感じたのです。この本は生ける古典であり、あなたの作品に匹敵する価値を持つものです。あなたとご家族のご清栄を信じています。察するにタリアセンには、今や花が咲きこぼれ、種から芽が吹きこぼれていることでしょう。アメリカの大地をかえすがえす懐かしく思っています。たとえヨーロッパが私に見るべきものをたくさん与え、考えるべきことをさらに多く与えるとしても。
建築では近代の作品の一割は本当に良いものです。私はリューベック近郊にあるヘリンクの農家と納屋の作品を訪れました。[*2] これは、あなたのお気に召すかもしれません。ベルリンの新しい地下鉄の駅も本当に素晴らしいものです——鉄鋼技術はいささか古めかしいものですが。しかし、ヨーロッパには、優れたもの、確かなものとともに、たくさんの定式、たくさんの教条、たくさんの文書といったものがあります。実際の展覧会は、文章から受ける感じほど勇ましくはありませんでした。[*3] それでも、人々は以前に増して良い住宅に住んでいるようです。小さな庭園がたくさん増えてきています。公園やスポーツ・スタジアムもたくさんできています。生の現実はそこから輝き始めています…。ソフィーがこちらに来て、七月に私と合流することになっています——もし私があと一ヶ月、かわいい息子から離れていられるのなら！ いずれにせよ、八月には戻ります。あなたから一言なりともお便りいただければ——もちろんお時間が許せば—ありがたいのですが。

愛情を込めて、

［署名］

ルイス

追伸 ベルリンにいる私の友人ベーレントはあなたの忠実な称賛者です。彼は、彼の近代建築に関する未刊の著書を、「ライトかル・コルビュジエか?」と題した章で締めくくっています。あなたは、彼の昨春の批評を誤解しています。彼はあなたの味方です。

[ms ffwa]

1 ライト「自伝」。
2 フーゴ・ヘリンク Hugo Häring (1882-1958)，ドイツの建築家。
3 近代建築——国際展。

1933-1939 年

Frank Lloyd Wright & Lewis Mumford

一九三三―一九三九年

一九三〇年代の残りの期間、ライトもマンフォードも大きな仕事に没頭していく。そのため手紙のやり取りは頻繁ではない。ライトはタリアセン・フェローシップの設立と、冬の本拠地タリアセン・ウエストの建設、そしてまた、落水荘とS・C・ジョンソン・アンド・サン本社の設計に集中する。一方、マンフォードは、西欧文明についての四巻組の大著、生の復興シリーズの執筆に忙しい。この著書でマンフォードは、技術決定論の限界を唱え､現代生活に有機的均衡を取り戻すことを主張する。ライトのブロードエーカー・シティ計画案が、一九三五年にロックフェラー・センターで展示されると、マンフォードがそれをニューヨーカー誌上で批評し、この作品を巡って大きな相違が噴出する。ライトの提案は、アメリカの人口を低密度の戸建て住宅に住みかえさせようとするものであるが、マンフォードは、ヨーロッパの先例に倣って、いくぶん密度の高い戸建てないし集合住宅ユニットを推奨するのである。

ルイス・マンフォード様　ロングアイランド・シティ　ロウカスト通り　四〇〇二番地

私の親愛なるルイス

ドイツから君の勇ましく元気に溢れた手紙を受け取ってから、だいぶ経ってしまった。手紙は届くまでかなり時間がかかっていたので、すぐに返事を出しても間に合わないと思ったのだ。それより君に直に会って話をしたいと思っていた。

一週間ほど前、誰かがハーパーズ誌をくれた。私の本に対する君の批評が載っているやつだ――本当にうれしく思った。[*1] 多分ご承知とは思うが、私にとって、君の明確な意見こそが、いかなる批評家の意見にも増して重要なのだ。だから、最後にニューヨークで会った時の私の満足を推し量ってくれたまえ――これもずいぶん前のことになってしまった――私は君に会おうと、うかつにも君の古い住所に連絡しようとして、どさくさに紛れたのか返事がもらえなかったのだ。ベティ・バウアーが、君の言葉を伝えてくれた――多分キャサリン経由だろうと思う。[*2]

ベティは青のつなぎを着て、現場に出ている――子馬のように一日中外で汗しているというわけだ。本当によく働いている。ニューヨーカーのほとんどは、外で汗するなどとうに忘れてしまっているのに。ここには良き精神がある。彼女が備えているちょっとした魅力が、幾人かの若者を何かしら誘惑するようだ。そうか、よかろう。すべては考慮済みなのだから。

君に送る手紙こそ少ないが、君のことはしょっちゅう考えている。春に向けて、こちらに一、二週間来て、「指導者」になってもらいたいと思う。いつ来られるか教えてくれるか？　君の家族にもよろしく伝えてくれ――キャサリン・バウアーにも。この事業はだんだんと形になってきている。私は急いではいない。物事は「成長」していくべきで、その様々な推進力は、できる限り主体的で「自発的な」ものであるべきだと信じている。

事業は日々、次第に活力を得て来ている。

私の最上の挨拶を君、ルイスに——

愛情を込めて、
ウィスコンシン州　スプリンググリーン
［一九三三年］一月一日　フランク・ロイド・ライト

[cc ts flwa]

1　マンフォード「一九三二年は文学に何をなしたか？」"What Has 1932 Done for Literature?" *Atlantic Monthly* 150 (December 1932): 761-767; この評論はライト自伝についても扱っている。ライトは雑誌名を間違えて引用している。

2　エリザベス・バウアー Elizabeth Bauer (1911-1998), アメリカの著作家、学芸員、タリアセン・フェローシップのメンバー、キャサリン・バウアーの妹。

ロングアイランド・シティ
ロウカスト通り　四〇〇二番地
一九三三年一月二十日

親愛なるＦＬＷ
あなたが先回こちらにいらした時お会いできず、申し訳ありませんでした。しかし、私はしばしばあなたのことを思い浮かべ、フェローシップについて友人から聞き及ぶすべての話を、熱心に聴き留めています。フェローシップの設立は、辛気くさい昨年の出来事の中では、奇跡のように思われます。春にでもあなたのもとに行ければ、と思います。でも、私は本の執筆に立ち向かわなければならず、そこから眼を逸らすわけにも、他の何事にも考えを巡らせるわけにもいかないだろうと思うのです。[*1] ちゃんとした収穫が得られ——本当にきちんと終わるまでは。
この春、あなたが東部にいらっしゃる折には、ぜひ前もってご連絡ください。あなたとお話ししたいことが山ほどあるのです。今は、図書館で長い一日を過ごした後なので、このお返事では実際もっとよい時に、もっと元気なお手紙を差し上げることをお約束するに留めざるを得ません。
ソフィーとともに、あなたがたおふたりに暖かい挨拶を送ります。

［署名］
ルイス

[ms flwa]

1　マンフォード「技術と文明」。

ルイス・マンフォード様　ロングアイランド・シティ　ロウカスト通り　四〇〇二番地

親愛なるマンフォード様

ライト氏あてのお手紙ありがとうございました。現在、講演のためカリフォルニアに滞在中のライト氏に、転送いたしたところでございます。ライト氏は、ブルックリンの芸術科学研究所で講演のため、三月十五日にニューヨークにお出かけになるご予定です。

別送にて、フェローシップの新しい趣意書をお送りいたします。

誠実に、

カール・E・ジェンセン[1]

ウィスコンシン州　スプリンググリーン　タリアセン　三三年一月二十三日

[cc ts ffwa]

1　カール・E・ジェンセン Karl E. Jensen (1860-1951)，一九三〇年代初期のライトの秘書。

ニューヨーク州　アメニア
一九三三年七月二日

親愛なるF・L・W

あなたからお便りをいただき、またお会いしてから、ずいぶん経ちました。お忙しくお幸せにお過ごしであることを、心より望んでおります。私のここ数ヶ月と同じように。六月の初め以来、ずっとこちらで本を書いています。先月のように幸せな日々が続くのなら、そのまま変わることなく、ありがたく千年でも続いてもらいたいと思うほどです――少なからず変わっていってしまうのでしょうが。本は順調に進んでいますが、例によって膨大な量になってしまいます。書きたいことを全部書きおろせるように、早書きの若者五十人を助けにほしいと嘆いたメルヴィルの言葉を、ここで繰り返したいと思います。[*1] 大変な仕事を抱え込んでしまったということが、私にははっきりとわかります。私が取り組み始めた機械についてのこの最初の解釈を、単に適切に仕上げようとするだけでも、あと三、四年はかかるでしょう。内容のいくつかは、あなたの気持ちと考えに非常に接近していくことになりそうです。有機性の否定から始まる機械の起源がいかなるものか、それがどのように有機性をしのいで繁茂するに至ったのか、そして、機械の上に再び有機性を君臨させようと、この動きを反転させ始め――あるいは反転させつつ?――ある地点に、私たちがどのようにして到達したのか。こういうことを記そうとしているのですが、議論をしっかりした基礎の上に据え、きちんとした書物として組み立てるのは容易ではありません。その理由のひとつは、必要な歴史があまりにも無視されて来たからで、もうひとつは、機械の進歩について主張されている事実が的外れであったり、偽りでさえあったということです。しかし、この本が構想通りうまくでき上がったら、それが予想し予言する方向への強い刺激となるでしょう。いつ完成するのかですって？　もし私が怠けず熱心に取り組んだなら、原稿の完成は来年の一月になるでしょう。今の計画ではそういうことになっています。最も早い場合で来年の春に出版ということになります。

ヴァルター・クルト・ベーレントから手紙を受け取ったところです。彼がユダヤ人である［誤り］にもかかわらず、またすべての出版社で変化が起きつつあるにもかかわらず、プロピエン書店が近代住宅についての彼の本を出版するとのことです。[*2] あなたは彼の求めに応じて、作品の写真を快く送られたそうですね。彼が話してくれました。しかし、彼はまだロバーツのコテージと、あなたのお住まいタリアセンの写真を手に入れていません。[*3] 後者は彼にとって極めて重要です。私も両方持っているはずなのですが、書庫に入ってしまっていて、探し出すには夏の終わりまでかかってしまいそうです。ですから、彼に送ってやれる紙焼きをあなたがお持ちであれば、と思うのです。彼は大変優れた批評家であるばかりでなく、あなたのお仕事を完全に理解している、今日のヨーロッパでは稀有の人物です。彼の本には、あなたの作品の過去と未来、そしてその意義にあてられた長い一章が含まれます。彼の住所は、ベルリン――ビルマーズドルフ　ハナウアー通り　四五番地です。

お仕事はいかがでしょうか？　一言お返事をお待ちしております。

［署名］
ルイス

[ts fiwa]

1 マンフォード「技術と文明」。

2 言及されている通り、この本は出版されなかったようである。

3 ライト、イザベル・ロバーツ邸、Isabel Roberts Residence, River Forest, Illinois, 1908.

ルイス・マンフォード様
ニューヨーク州　アメニア

私の親愛なるルイス

遅ればせながら。そう、でも理由はあるのだ。

書くべき手紙があまりにも多すぎ、あっぷあっぷだったのだ、それだけだ。

君のことを愛情と尊敬とともに考えている。——君と執筆中の本に対する確信もだ。君の仕事に対する情熱的献身は、健全さと生まれながらの気質だけでなく、何か生き生きしたものを獲得することだろうと思う。

C・Bからもらったノートは、彼女の興味と仕事の活力をあらわしている。[*1] フェローシップはゆっくりと成長を続けている。有機的なものすべてがそうあるように。外からは、どこからも何の援助も来ない——しかし若者や娘たちの精神は、私を元気づけ、前進させ続ける。

この冬を乗り切ったら、きっと乗り切ることができると思うが、学校の運営にも慣れ、彼らにとっても居心地のよい場所となることだろう。

私は当初の計画を大きく変更した。なぜなら私の考えが「組織」の観念に縛られてしまっていたからだ。その考えは捨てた——全体にもっと自発性を大切にし、道を拡げておくべきだと思ったのだ。十一月二十日講義のためコロンビアに行ったら、もっと詳しく話すつもりだ。[*2] いつものことだが、私が「ともに歩む」ことを期待した人々は近づかず、期待しないところから、すでに手持ちのものがやって来る。私の判断の悪さゆえか、はたまた生来の強情さのなせる業か。

君がしばらくこちらに来て、我々を元気づけてくれるものと思う。どのような形であってもよい。長い目で見れば、形など問題ではないのだから。

ご家族によろしく、

君の忠実な、
［署名］
F・L・W
フランク・ロイド・ライト
ウィスコンシン州　スプリンググリーン　タリアセン
一九三三年十月十八日

[ts jscl]

1　キャサリン・バウアー。
2　コロンビア大学 Columbia University, New York City.

ロングアイランド・シティ
四四番通り　四〇〇二番地
一九三四年五月四日

親愛なるF・L・W
目下、お金がすっかり底をつき、新しい作品集を注文することができません。しかし「技術」がうまくいけば、六月には注文できると思うのです。[*1]
今は、あなたにこの分厚い本を一冊お送りすることにします。

暖かく、
［署名］
ルイス

[ms flwa]

1　ライト、タリアセン *Taliesin* (Spring Green, WI: Taliesin, 1934)；マンフォード「技術と文明」。

ルイス・マンフォード　ニューヨーク州　アメニア

親愛なるルイス

よかろう。では、作品集をお送りする見返りに、同封した白紙に、君の貴重なご署名をいただけるかね？

いずれにせよ、君に作品集を送るよう手配するつもりだった。私の方こそ、君の本を金を払って買うべきだったろう。「献本は受け取らない」という信念を守りたかったのだ。この本についての素晴らしい評判を見て、これが「君の名声をさらに押しあげる」ことになると信ずる次第だ。満足を感じながら読み通すことにしよう。世界が必要としているものを、君は与えることができる。今この時、君が優れた作品とともに歩み出したことをうれしく思う。

ソフィーとゲデスと一緒にこちらに来て、一、二ヶ月私たちと田舎暮らしする算段をつけてくれたまえ。

この夏、どんな過ごし方をするつもりだね？

忠実に——いつも通り、

フランク・ロイド・ライト

ウィスコンシン州　スプリンググリーン　タリアセン　一九三四年五月七日

[cc ts flwa]

［「技術と文明」に付された献辞］

機械と有機体の差異を建築の姿に顕現させ――生技術期の開始に多くの力を与えたフランク・ロイド・ライトに

［署名］
ルイス・マンフォード
一九三四年五月二十一日

[ms flwa]

ルイス・マンフォード　ニューヨーク州　アメニア

親愛なるルイス

本の内容について何か気の利いたことを言えるまではと思って、お礼の手紙を出すのを差し控えて来た。しかし、まだ途中までしか読み切れていない――タリアセン・フェローシップの総料理長兼洗い場係として、きりきり舞いだったのだ。君が二、三週間こちらに来て手伝ってくれればと、何度も思った――「君」というのは、もちろん細君とご子息を含んで言うのだ――。君も我々と同じくらい楽しみを覚えると思うのだが。

君の本は重要なものだ。しかし我々が君の本から享けるものと同じくらい、君も我々から何かしら得るものがあるのではないか。考えてみてほしい。この本は、言うまでもなく――素晴らしい作品だ。

忠実に、

フランク・ロイド・ライト

ウィスコンシン州　スプリンググリーン　タリアセン　一九三四年八月六日

[cc ts flwa]

ロングアイランド・シティ
四四番通り　四〇〇二番地
一九三四年九月三十日

親愛なるＦＬＷ
まもなく何かよい風が、あなたを東部に吹き寄せてくれることを願っています！　夏に休みを取った後、再び仕事に取り組んでいます。私たちはダッチェス郡で巨大な胡瓜とエルサレム・アザミと立葵を育てました。ソフィーは来る五月に出産予定です！　それでは！

ごきげんよう、
[署名]
ルイス

[ms ftwa]

ルイス・マンフォード　ニューヨーク州　アメニア

親愛なるルイス

ニューヨーカー誌に掲載された「ライトの都市」を、たった今読み終わったところだ。[*1] 君は、私に好意的であろうと苦心しているようだ。少なくとも私が読む限りそう見える。

ブロードエーカーについて、もっと徹底的に論じ合えなかったことを残念に思う。[*2] なぜなら、全体としての主たる価値が、建築的なことを除けば、君の批評からすっかり抜け落ちてしまっているからだ。

ドイツの賃貸住戸ないしスラム改善策を、ブロードエーカーの最小住戸・最大スペースと比較して、君が一体いかなる意味を引き出すことができるのか、私には見当もつかない。

プライバシー、光と空気、生活空間――六百ドルで得られるいかなる点においても、二つは比較にすらならないではないか。

このことに加えて、ブロードエーカーの庶民住宅は、ささやかながらも個人の占有資産であり、外観も質も立派である点で、近所の物質的にもっと豊かな住宅にいささかも引けをとるものではない。

この上、何が問題なのだ？

正直に言って、ルイス、私は戸惑ってしまう。君に時間があれば（少ないながらも十分にあろう）説明してもらいたい。説明してくれるか？　私がわきまえておくべきことは何か、教えてくれたまえ。

愛情を込めて、

［署名］

F・L・L・W
フランク・ロイド・ライト
ウィスコンシン州　スプリンググリーン　タリアセン
一九三五年四月二十七日

[pc ts lmp]

1　マンフォード「ザ・スカイライン——ライトの都市とダウンタウンの威厳」"The Sky Line: Mr. Wright's City; Downtown Dignity," *New Yorker* 11 (27 April 1935): 63-65.

2　ライト、ブロードエーカー・シティ計画案 Project for Broadacre City, 1934.

ニューヨーク州　アメニア
一九三五年六月二十五日

親愛なるF・L・W

あなたがお手紙を書かれたのは、娘アリソン・ジェーンの誕生の前夜のことでした。*1 これが長くお返事差し上げられなかった理由――むしろ言い訳となるでしょう。元気な女の子で、均整がとれた、なぜだか頭は北欧系の格好で、足が長く、食欲旺盛で、おとなしい気質です。ソフィアはすべての仕事を申し分なく果たしました。幸運にも私はあるべき姿に落ち着いて、よい夏を過ごしました。

私の批評について。私がニューヨーカー誌に書くすべての記事と同様に、この記事も表面に触れたに過ぎません。たくさんのことがあなたの作品から導き出されるはずなのですが、細部までは到達できなかったのです。あなたに対して無理に好意的になろうとしたことはありません。そんな余裕はありませんでしたし、そうしようとする必要もありませんでした。私たちの基本的相違は、あなたが一所懸命なさろうとしていることにあるのではなく、あなたが拒否していることにあるのです。ヨーロッパの住宅計画の良い点も悪い点もひっくるめて「スラム解決策」という言葉で一くくりにしてしまうのは愚かなことだと思うのです。こう言い切れてしまうのは、ブロードエーカーの土地に建つ一戸建ての家以外すべてスラムなのだ、と独断するからに他なりません。

一方、私にとって、あなたがブロードエーカー・シティを通じて見事に完成された都市の型は、生の可能性を十全に開花させるために用いることのできる、半ダースほどの可能性のひとつなのです。

私自身の生の図式は、ブロードエーカー・シティと同様、レーマーシュタットにもあてはまるのです。*2 なぜなら、人口の集中は、過密と言うほどでなければ、分散させた場合には得られない交流の可能性をつくり出すからです。実際に私は両者の最高の状態を自ら体験してきました。冬はサニーサイドで、そして夏は古くから続く農園生活に縁取られた村や町で。*3 その特質のほとんどが、あなたがつくり上げた作品と重なりあうような場所です。私たちがこちらに所有している土地は、一・五エーカーほどで、野菜畑と花畑の両方を十分にまかない、さらに今、果樹園をつくろうとしているところです。私はキャサリン・バウアーとは違って、あなたのブロードエーカー・シティをロマンチックな夢想だと一蹴するつもりはありません。しかし同じ理由で、それが普遍的解決策だとも思えないのです。

このことは、住宅計画についての個別の疑問とは次元の違うものです。私は、今日の世の中で、工費六百ドルで近代的な品格を備えた住宅を設計できるかどうか、それこそ疑わしいと思います。もしできたとしても、そうすべきだとは限りません。理想的な生の図式は、あなたがブロードエーカー・シティで描き出したような大幅な収入格差に、そもそも基づくべきではないのです。つまり、最小住居にもっと空間を与え、収入をもっと高い中庸に向けて平準化する方がよいと思うのです。経済的に言って——あなたが土地の最小限度を保証していることを除けば——ブロードエーカー・シティの示す型は、わずかな軽工業を備えた現代の郊外住宅地に、あまりにも似てしまっていると思います。

おそらく、私が何を難じているのか、よくおわかりになったのではないかと思います——今度は私の方が、あなたが何を難じられているのか、さらに深く理解するよう、真剣に努めようと思います——私の次の本が完成した暁に。*4 この夏の残り、この本についてよく考えるために費やそうと思います。秋の初めには原稿の執筆に取りかかりたいと望んでいます。
ソフィーとともに、暖かい挨拶を送ります。

愛情を込めて、
[署名]
ルイス

[ts flwa]

1 アリソン・ジェーン・マンフォード Alison Jane Mumford (1935-1993)，アメリカの芸術家、教育者、ルイス、ソフィア・マンフォードの娘。

2 エルンスト・メイ、レーマーシュタット住宅地、Ernst May, Römerstadt Housing Estate, near Frankfurt, Germany, 1926.

3 スタイン・アンド・ライト、サニーサイド・ガーデンズ、Stein and Wright, Sunnyside Gardens, Long Island City, Queens, 1924-1928, マンフォードはここをニューヨークの自宅としていた。

4 マンフォード「都市の文化」*The Culture of Cities* (New York: Harcourt, Brace and Company, 1938). 生の復興シリーズの第二巻。

ルイス・マンフォード
ニューヨーク州
アメニア

私の親愛なるマンフォード様

ニューヨークでの滞在が短く切り上げられてしまい、あなたにお会いしてお話しする光栄に浴せませんでしたことを、申し訳なく思っております。ライト氏の指示で、タリアセン・フェローシップの件でそちらに参りました。その折、あなたに直接お会いして、私たちの活動の現況や、ライト氏はじめ、こちらで一緒に活動している皆からの大きなお願いをお伝えするつもりでございました——ぜひ、ご家族ご同伴の上、できる限り早い時期に、できる限り長い期間、私どものもとにお越しくださいますように。察しますところ、ライト氏は、あなたが「都会趣味《アーバニティ》」と「都市主義《アーバニズム》」に一本取られてしまったのではないかとお考えのご様子で、あなたが、他の優れた方々とは違って、ニューヨークの害毒に染まっておられないことを、自ら確かめておかれたいのです。

ライト氏は、フェローシップとともに、いくつかのプロジェクトに精力的に取り組んでおられます。きっとあなたのご興味をそそることでしょう——八州にわたって設計中ないし建設中の住宅です。今こそタリアセンの活動領域が拡大していく重要な時期なのです。私どもは、自らの目指す道を共に歩んでいただける私欲のない方にあまり多く出会ってはおりません——これまでのところは。確かにお声がけいただいたこともありましたが、わずかに過ぎないのです。

私たち一同、あなたが夏のある時期、中西部にお出かけになり、タリアセンを目指されることを望んでおります。もしよろしければ、私たちは、あなた様ご一家とヴァルター・クルト・ベーレント博士のご一家を、こちらに一週間ほどお連れして、お引き合わせするよう手配することもできます。私たちはステーションワゴンからクーペに至る快適な車を持っております。

ライト氏ご自身よりお手紙差し上げるべきところですが、かなり大きな事故に見舞われまして、ご療養中でございます。――新しい道路の工事中、地ならし機に投げ飛ばされ――肋骨を二本骨折し――首をねじり――足をひねってしまわれたのです。しかし今では、ほぼ回復されており、きっとまもなくお手ずからお手紙差し上げることと存じます。

あなたの誠実な、

［署名］

ユージン・マッセリンク[*1]

フランク・ロイド・ライト秘書

ウィスコンシン州　スプリンググリーン　タリアセン

一九三六年七月一日

[pc ts lmp]

1　ユージン・マッセリンク Eugene Masselink（1910-1962），芸術家、事業家、一九三〇年代中ごろ、ライトの秘書を務めた。

マンフォード
ニューヨーク州　アメニア
一九三六年七月九日

親愛なるユージン・マッセリンク
あなたとニューヨークでお会いできず、たいへん残念でした。お手紙を頂戴し、お詫びの手紙を書こうと思っておりましたが、ちょうど筆がのっていたところで、顔を上げることすら叶いませんでした。それゆえの沈黙というわけです。もし、あなたがこちらにいらしていたならば、大都会趣味や都市主義が、私の好みとはまったくかけ離れたものであることを、きっとご理解いただけたでしょう。こちらは、緑の生い茂る田舎の一角で、地形も豊かですし、タリアセンとさほど異ならないと思います。ただ、この農家は百年ほど前に誰かが建てたもので、その改築と庭の造作だけが私たちの手になることだけが違いますが。少し離ればなれになった住戸、ブロードエーカー・シティそっくりです！　私の都市についての本は、おそらくライト氏が疑われているよりもずっと彼の気持ちに近づいて行くことでしょう。[*1]　相違点は、彼が大都市に片手を振ってサヨナラしてしまうのに対し、私はそれを基礎から尖塔の先まで子細に検討して行っている、ということにあるのです。けれども、私たちが新しい街の構造の問題に立ち至った時には——彼もよくご存じですが——私は彼の味方です。相場師や証券屋の肩を持つことなどありえませんし、ル・コルビュジエに象徴される動きに荷担することもありません。タリアセンへの旅行については、以前からの念願通り、出向きたいのは山々です。時間と金と機会が一致するタイミングが難しく、いずれかは順繰りに巡って来るのですが、三つ揃うことがこれまでなかったのです。私の家族は出不精で、私の仕事は旅行にはまったく向きません。だから、ここに深く根を張ってしまいました。しかし来年の予定には、筆頭項目として短い訪問を掲げておきたいと思います。可能になり次第、すぐさまあなたにご連絡いたします。今は、FLWに事故のお見舞いと、手紙を送るも送らずとも変わらぬ、ソフィーと私の日々の想いをお伝えくださいますように。

心を込めて、

あなたの忠実な

[署名]

ルイス・マンフォード

[ts flwa]

1　マンフォード「都市の文化」。

ルイス・マンフォード様
ニューヨーク州
アメニア

親愛なるマンフォード様

楽しいお手紙ありがとうございました。ライト氏はあなたの丘の「ブロードエーカー・シティ・ユニット」のご自宅のお話をお聞きになり、喜んでおられました。この夏タリアセンにお越しいただけないとのこと、残念に思われたようですが、来年ご訪問くださる由、心に留めまして、ライト氏ともども心よりお待ち申し上げます。

もしもあなたが、コロンビア放送網の社長ペーリー氏、あるいは同社ニューヨークの実力者とお知り合いでしたら、私たちにお知らせいただければと存じます。[*1] ニューヨーク出身のピアニストで、夏の間タリアセンに滞在中のアントン・ロビンスキーが、同社がニューヨークに大きな建物を建築する計画だと聞き及んだのです（この情報は「噂」に過ぎないのですが）。[*2] これに携わっておられるコロンビアの重役のひとりとでもお近づきになれれば、こちらに興味を向けさせることもできるでしょう。

ライト氏はこれまで「営業」などなさいませんでしたし、これからもなさろうとはいたしませんでしょうけれども、これらの紳士方や周辺の方々が、ニューヨークがアメリカのために手に入れることのできる、有機的建築の意義と構造的な美を学ぶ機会に恵まれるべきでないという理由が、私にはどうしても見い出せないのです。

あなたの誠実な、

ユージン・マッセリンク

フランク・ロイド・ライト秘書

ウィスコンシン州　スプリンググリーン　タリアセン

一九三六年七月十六日

[cc ts flwa]

1　ウィリアム・S・ペーリー William S. Paley (1901-1990)，コロンビア放送網 Columbia Broadcasting System (CBS) 社長。

2　アントン・ロビンスキー Anton Rovinsky (1895-1966)，音楽家。

マンフォード
ニューヨーク州　アメニア
一九三六年七月十八日

親愛なるユージン・マッセリンク
取り急ぎ、一言だけ申し送ります。私はペーリー氏をはじめ、コロンビア放送網のどなたも存じ上げません。しかし、もちろん折よく行き逢うようなことがありましたら、機会を逃さずお口添えするつもりでおります。そのような建物をライトが設計するならば、それは素晴らしいことです…。こちらではまた雨が降っております。薄暮の中、心地好い音をたてて。タリアセンにも多く降り注いだことでしょう。この雨のように、すべての恵みが降り注ぎ、生命と成長の糧となりますように。

常にあなたの
［署名］
ルイス・マンフォード

追伸　あなたがＦＬＷの体調について何も書いておられないので、彼は完全に復帰なさったものと拝察します。

[ts&ms flwa]

マンフォード
ニューヨーク州　アメニア
一九三七年八月二十八日

親愛なるＦ・Ｌ・Ｗ

都市の文化という著書をようやく書き上げようとしています。来春には出版できるものと思います。今、本に掲載する図版を集めているところです。ブロードエーカー・シティの模型写真を拝借できないでしょうか？　レコード誌に掲載されたものが、鮮明でわかりやすいように思われます。[*1] 本は記念碑的な量にまで膨らんでしまいました。皮肉なことに、最終章のひとつは「記念碑の死」についてなのです！　未来のあり方についての最後の部分を書きながら、私は自分があなたの思想や見解にかつてないほど近づいて来たと感じています。多分その理由は、ここのところほぼ二年間、ずっとこちらに居着いていたからでしょう。[*2] 今度の一月、私は講演のためミネアポリスに行くことになると思います。これを引き受けたのは、タリアセンにあなたを訪問する機会あるものと考えてのことです。もし、それまでに避寒地に行かれているのでなければ。ソフィーとともに、あなたと奥様に暖かな挨拶を送ります。

常にあなたの
［署名］
ルイス

[ts flwa]

1　ライト「ブロードエーカー・シティ――新しいコミュニティの計画」"Broadacre City: A New Community Plan," *Architectural Record* 77 (April 1935): 243-254.

2　一九三六年、マンフォード一家はアメニアに転居し、定住した。

ルイス・マンフォード様　ニューヨーク州　アメニア

親愛なるマンフォード様

あなたからお手紙を頂戴して以来、あなたのご覧に入れるため、ブロードエーカー・シティの資料を集めて参りました。ここに一括してお送りいたします。模型写真を添えてお送りいたしますが、こちらにつきましては御用済み後、すみやかにご返却くださいますように。

写真に付属しております文章は、私たちが発行している雑誌「タリアセン」の次号に掲載される予定のものです。[*1] ブロードエーカー・シティについて、ほぼ完璧な調査の末にできあがったものですので、これをあなたに差し上げ、プロジェクト全体の背後にあったことを、よりよく通覧していただきたいとの、ライト氏のご希望です。

ライト氏とともに――タリアセンの者たちとともに――ごきげんよう、

あなたの誠実な、

ユージン・マッセリンク

フランク・ロイド・ライト秘書

ウィスコンシン州　スプリンググリーン　タリアセン

一九三七年十月二日

[cc ts flwa]

1　「タリアセン」は、タリアセン・フェローシップの私家出版物であり、ライトが編集に携わった。本文で触れられているのは、一九四〇年十月に発行された、第一巻第一号である。

マンフォード
ニューヨーク州　アメニア
一九三七年十月四日

親愛なるマッセリンク様
ご助力感謝いたします。お送りいただいた資料を、喜びを新たに読み終えました。写真につきましては、製版業者から戻され次第、ご返却いたします。
感謝とともに、ごきげんよう、

あなたの忠実な、
［署名］
ルイス・マンフォード

[ms ftwa]

ルイス・マンフォード様　ニューヨーク州　アメニア

親愛なるルイス

例の純密造酒についての君のニューヨーカーの記事は、我々がまだ亡んでいないことを見せつけるものだ。[*1] ぜひ続けたまえ。

君がここにいてくれたならば…

フランク・ロイド・ライト

一九三九年八月十日

[cc ts flwa]

1　マンフォード「ザ・スカイライン――フラッシングにて――純密造酒」"The Sky Line in Flushing: Genuine Bootleg," *New Yorker* 15 (29 July 1939): 38-41.

1941年

Frank Lloyd Wright & Lewis Mumford

一九四一年

一九四〇年から一九四一年にかけての冬、ニューヨーク近代美術館で、ライトを題材とする大規模な展覧会が開かれ、引き続いて「建築について」が出版される。これまで手紙の中では背景に退いていた政治的立場が前面にあらわれ、六月には激しいやり取りがかわされる。マンフォードはライトの反戦的態度に憤り、ライトとの友人関係を放棄するに至る。ライトの返信は絶交を決定的にする。以後十年におよび、手紙の交換は途絶える。

ルイス・マンフォード
ニューヨーク州　アメニア
一九四一年四月二日

親愛なるフランク・ロイド・ライト

シカゴ神学校が、ロビー邸を取り壊すつもりだと知って、私は衝撃を受けました。[*1] これは、まぎれもなく、芸術に対する破壊的蛮行の一例であり、オーディトリアム・ビルをぶち抜いて大通りを通そうという提案と同質のものです。[*2] 私はシカゴ神学校の校長にあてて、抗議の手紙を送ろうとしているところです。他の人々にもこの行動に加わるように、誘ってみるつもりです。

最後にお会いしてから何年にもなるようです。確かにそうなのでしょう。こんな田舎に住んでいることの代償は、あなたがニューヨークを通り過ぎている時、すぐに捕まえることができないことです。近代美術館の展覧会で示された最近のあなたの溢れ出る創造力、そのすべての顕れから、あなたが健康そのものであり、すべての活力を調和を保ちつつ湧き出させていらっしゃるものと拝察します。[*3]

おそらくご存じのことと思いますが、私はここ二、三年間、この国を目覚めさせ、ヒトラーを攻撃する必要を認識させるための努力に、かなりの時間を割いてきました。彼が世界を奴隷化する計画を少しでも進める機会を握る、それより前に目覚めがやって来なければ、と思ったのです。今となっては誰もがこの危険に、少なくとも半ばほどは目覚め始めたようです。ヒトラーとの交渉が成り立つ、あるいは、専ら防衛の限度内でヒトラー主義から自らを守り得る、などという愚かな幻想は捨てられつつあります。ですから私は、著書の第三部の執筆に復帰しようとしているところです。*4

どうか、ごきげんよう。早い機会にお会いできることを、

常にあなたの、
［署名］
ルイス

[ts ffwa]

1 ライト、フレデリック・C・ロビー邸 Frederick C. Robie Residence, Chicago, 1908.
2 アドラー・アンド・サリヴァン、オーディトリアム・ビルディング、Adler and Sullivan, Auditorium Building, Chicago, 1887-1890.
3 ふたりの偉大なアメリカ人——フランク・ロイド・ライトとD・W・グリフィス展 *Two Great Americans: Frank Lloyd Wright and D.W.Griffith,* ニューヨーク近代美術館、一九四〇年十一月十三日から一九四一年一月五日。
4 マンフォード「人間の条件」*The Condition of Man* (New York: Harcourt, Brace and Company, 1944)，生の復興シリーズの第三巻。

［支持者に対して送付された定型の手紙の一葉］

親愛なるルイス
君の助力に感謝する。来る夏、君に親しくお目にかかりたい――どのようにしたものか。タリアセンではいかがかね？

誠実に、
フランク・ロイド・ライト
一九四一年四月十四日

[cc ts ffwa]

ルイス・マンフォード
ニューヨーク州　アメニア
一九四一年四月二十日

親愛なるFLW
ぜひ、あなたをタリアセンに訪問したいと思っています。もしあなたが六月にご在宅ならば、カリフォルニアから戻る途中に立ち寄れると思います。しかし、その時までにあなたの政治的な視点が、あなたの建築と同じ水準にまで達してほしいと思います。もちろん戦争は、ヒトラーへの解毒剤ではありません。しかし今、彼との戦いに必要な胆力と知性を持たない限り、私たちは解毒剤をつくり出す機会すら手にできないのです。あなたは、まだネビル・チェンバレンの時代に留まっているのですか？*訳注1 ひとときの政治は、ひとときの建築と同じくらい醜悪なものです。

常にあなたの、
[署名]
ルイス

[ms flwa]

訳注1　アーサー・ネビル・チェンバレン、Arthur Neville Chamberlain (1869-1940)，イギリスの政治家、首相。当初ナチス・ドイツに宥和政策をとるが、一九三九年に対独宣戦。

ルイス・マンフォード様
ニューヨーク州　アメニア

親愛なるルイス
この夏に君に会えると聞いて皆喜んでいる。気の向くまま、我が家に立ち寄りたまえ。
我々の間に意見の相違を認めるのは、私にとって本当に辛いことだ。私は政治には疎い。私が抱いている意見は、自ら把握している原則に由来するものだ。だから、当座どんな方策を講ずるべきかという問題を除けば、我々の間に対立はないものと確信している。

いつも通り忠実に、
フランク・ロイド・ライト
一九四一年四月二十九日

[cc ts fiwa]

ニューヨーク州　アメニア
一九四一年五月三十日

私の親愛なるフランク・ロイド・ライト

数日前、あなたとあなたの作品に対する、短い賛辞の校正刷りを直しました。この文章は、グートハイム編のあなたの著述集に対する批評として、次週のニューヨーカー誌に掲載されることになっています。[*1] この言葉を書いたことをうれしく思っています。なぜなら、私が長く尊敬し、またこれからも尊敬していくであろうひとりの男の作品と精神が、私の心の中に呼び起こした言葉だからです。

ところが、昨日、私は側面からの一斉攻撃を受けたのです。その末尾にはあなたの名前が記されていました。[*2] その文章に盛られた言葉を、高まっていく驚きとともに何度も読み返したのです。その愚かさに対する驚愕、その無分別に対する懐疑、その恥ずべき敗北主義に対する怒り、そしてその倫理感覚なき冷淡さに対する憤りを感じながら。あなたが本当にこの側面攻撃を書き記したのですか？——あるいはあなたの最悪の敵が書いたのですか？

この奇妙な饒舌の中で、あなたは「ならず者」という言葉を使っています。しかもその言葉は、ヒトラーやその追随者たちを形容するために用いられているのではありません。ヒトラーの「新秩序」の達成を目にするくらいなら、たとえそれが地球のどの一部分であろうと、あえて死を賭して戦おうとする者たち、彼らを断罪するために用いられているのです。あなたは、帝国の政治体制に対して、非難を投げ付けています。ここで言われているのは大英帝国、正義と自由と平和にその領域を広げた帝国のことだけです。その一方で、ドイツが、廃虚の上に、現在の国境のはるか彼方に打ち立てようとしている奴隷帝国に対して、あなたは言うべき言葉ひとつ発そうとはしないのです。

わかりやすく言えば、全体主義のもたらす堕落と奴隷制とテロリズムの上に築かれる世界秩序を、あなたは受け入れる用意ができているということです。それどころか、そのような世界において、アメリカ国民が平和と安全を購い得るための唯一の条件について、堂々と言明できぬほど、あなたには男らしさが欠けていたのです――いわばそれは、積極的な協力ということでしかありません。多分、あなたは、そのような協力を信じてしまっているのでしょう？　あなたの文章には、このことの暗示以上のものが見られるのですから。

あらためて考えてみれば、あなたの敗北主義を、あなたの倫理的無感覚を、そして「私は英国を愛する」と言い抜ける、あなたの鼻持ちならぬ偽善すらを、私が驚愕をもって受け止めねばならない理由はありません。そこには私が称賛し続ける生きたフランク・ロイド・ライトの片鱗すらありません。そこにあるのは死んだ男のしるしです。その言葉は死臭を運んできます。墓場から流れ来たに違いない腐敗作用の証しです。

肉体的な死によって友人を失うのは辛いことです。しかし、精神的な死によって友人を失うことは、さらに辛いことです。何にも増して、今この時期にあたり、フランク・ロイド・ライトは、自由への戦いの指導者として、民主主義の防衛者として期待されていたのです。自由に対する脅威がどこで起ころうとも、人々が人間性の理想に忠実である限りどんな国であろうとも、きっと立ち上がるだろうと。この期待に反し、あなたは奴隷の安寧と臆病者の退却を唱導したのです。

なんという見せ物なのでしょう！　あなたは自己中心的自我《エゴ》に閉じこもり、アメリカがそれに続くよう促しているのです。征服された者たちの、途方に暮れる人々の、屈辱を受けた者たちの、受難にある人々の恐ろしい運命を、進んで見捨てようとしているのです。あなたは、わずかな言及の内にも、ナチの権力者たちに対する憤りをあらわさないよう細心の注意を払っています。すでに心の中で、あなたはリンドバーグと同様、勝利の果実をナチスにやすやすと明け渡してしまっているのです。[*3] 短く言えば、あなたは生ける屍になり果ててしまったのです。おそろしい腐敗をまき散らす者になってしまったのです。あなたは一度は称揚したこの世すべての寛大な魂を誇ったのです。沈黙せよ！ あなた自身にさらなる恥を塗り重ねないように。

［署名］
ルイス・マンフォード

フランク・ロイド・ライト様
ウィスコンシン州
スプリンググリーン
タリアセン

[ts&ms flwa] [*4]

1　マンフォード「ザ・スカイライン——力の建築」"The Sky Line: The Architecture of Power," *New Yorker* 17 (7 June 1941): 58-60; フレデリック・グートハイム。

2 ライト「タリアセンの方眼紙――我々の民主的少数者からの非政治的な声」"A Taliesin Square-Paper: A Nonpolitical Voice from our Democratic Minority," 私家版、1941;「隠すところなき大艦隊に何の使い道があろう?」"Of What Use is a Great Navy with No Place to Hide?" として再出版、*Frank Lloyd Wright: Collected Writings, Volume 4, 1939-1949*, edited by Bruce Brooks Pfeiffer with an introduction by Kenneth Frampton, (New York: Rizzori in association with the Frank Lloyd Wright Foundation, 1994), 73-77.

3 チャールズ・A・リンドバーグ Charles A. Lindbergh (1902-1974), アメリカの飛行家、政治活動家。

4 マンフォード「フランク・ロイド・ライトの敗北主義は奴隷帝国を利する――マンフォード」"Frank Lloyd Wright's Defeatism Aids Slave Empire-Mumford," *New Leader* 24 (14 June 1941): 8, として出版公表。

私の親愛なるルイス

感覚と判断が異なるからと言って、君の誠実を信頼し、君の能力を尊敬し、君を男の中の男として称賛してきた人物を、恥知らずにも、これほどまで侮辱できるとは一体どうしたことだ。そう、ルイス、君の苦悶と復讐心を理解することはできる。――しかし、この国の繁栄が危機に瀕しているこの時と場合において、君のしているような反動が、信頼に足るものではないことは確かなのだ。私はこの国の繁栄を信じており、君もそう信じていると言っている。

恥を知るのだ、ルイス。いつの日か――時間はかかるだろうが。私は、この愛すべき国の文化に奉仕する草の根の民だ。私は君に時間を与えることができる。

私は、折衷主義と反動を嫌うのと同じ理由で、君の戦争と帝国に対する態度を軽蔑する。望ましい帝国などというものはないし、無垢の戦争というものもないのだ。私は今や君の態度を軽蔑する。「ルネサンス」と呼ばれた「ヨーロッパ全土が夜明けだと勘違いした落日」を軽蔑したように。

もしも戦争に参加するというのが君の取るべき道だとするならば、君は自らのために何も解決してこなかった、これからも他の誰のためにも解決などできないだろうということなのだ。君は猫の屍骸を裏庭の柵越しに四方八方へと投げ込むような、破れかぶれの心持ちに陥っているのだ。

君が言うような意味で「私は英国を愛する」と言ったのではない。私は、私の英国を愛しているのだ。君は、君の英国を愛している。私は王様が君臨する帝国も、奴隷で溢れる帝国も嫌う。だから、私の英国は君の英国ではない。私はこれをありがたいことだと思っている。

ルイス、君は文化について軽々しく喋る。有機的特質というものは、文化の真の偉大さの基盤であり、あらゆる個人、あらゆる国家の真の偉大さの基盤である。戦争とは、これらの潜在的可能性すべての否認である。今も、かっても、そして永遠に。君はそれを知っている。それでいながら、合衆国を戦いに備えさせるために忙しかったが、満足すべき結果に達しつつあるので、机に戻って新しい本を書き始めるつもりだと、ぬけぬけと私に書き送って来たのだ。

何と言うことだ！ ルイス、君に、君自身の偽善が目に入らないなどということがあり得るのか？私に対する非難の言葉の背後に、なぜ隠れようとするのだ？

真実と美とを、正しき心で真直ぐに信ずる者は、君がなしたと言うことを行うことはできない。歴史は君が脱走者であると断ずることだろう。君は、かつて称揚した戦場で、自らを復讐心に燃える思い上がった著作家として見い出したあげく、反逆者となったのだ。理想から逃げ出した著作家がまたひとりというわけだ。中国人は見事に言いあらわしている「理想から逃走した者が、最初の一撃を放つものだ」と。

君は、恐れをなした群集とともに立ちつくす、時代に呪われた便宜主義者だ！ 何という失望だろう。しかし、私はこれら君のすべてを寛容で受け止めることができた。なぜなら、君はまだ若いのだし、君の苦悶と復讐心の中に誠実を信じるのであれば、君の友人であり続けることだってできた。しかし、君の方はそうではない。

君が「踏みにじられた民主主義」や「奴隷たちの防衛」についてお喋りするのは、君自身の憤怒と不能を正当化するためだ。なぜ正直に、君自身の心を根底から問い直さないのだ？ 君がそこで見い出すことになるのは、私へ投げ付けられた告発そのもの…偽善だ。

ルイス、私の若き友よ、かの素晴らしき都会に着いた時は、いつでも呼び出し、語り合うことを喜びとした者よ、君もまた奇妙な、しかし古くから連綿と続く魂の病気に蝕まれ、黄ばんでしまったのか。

力と力の対峙が、文明という文明を滅ぼしてきた、その病気だ。力と力の対峙が、今の君の唯一の見方なのか？　そうだとするなら、私は君を悲しく思う——君は文化をちらつかせる素人随筆家に過ぎない。私は、事態をそのように狭く見ない。私は——ひとりの建設者として——この世界には、まだ民主主義の可能性が存在し、この大陸の上に民主主義が確かにあることを見る。なぜなら我々の文化の指導者たちが、歯をむき出してがなりたてているルイス・マンフォードのような人物で占められているわけではないからだ。

さようなら、ルイス。私は恥をもって、ニューヨーカー誌で君の「短文」を読むことにする。それを読み、君の本当の意見には価値がないことを知るだろう。君が何を書いたにせよ。

君の誠実な、
［署名］
フランク・ロイド・ライト
ウィスコンシン州
スプリンググリーン
タリアセン
一九四一年六月三日

[pc ts lmp]

フランク・ロイド・ライトによって改装されたニューヨークのプラザホテルの室内，1954 年.
Photograph © Pedro E. Guerrero. Frank Lloyd Wright Archives, 5532.0003.

「近代建築―国際展」ニューヨーク近代美術館，1932 年 2 月から 3 月。
フランク・ロイド・ライトの作品展示。メサの上の家設計案，コロラド州デンバー，
1931 年が見える.
Museum of Modern Art Archives.

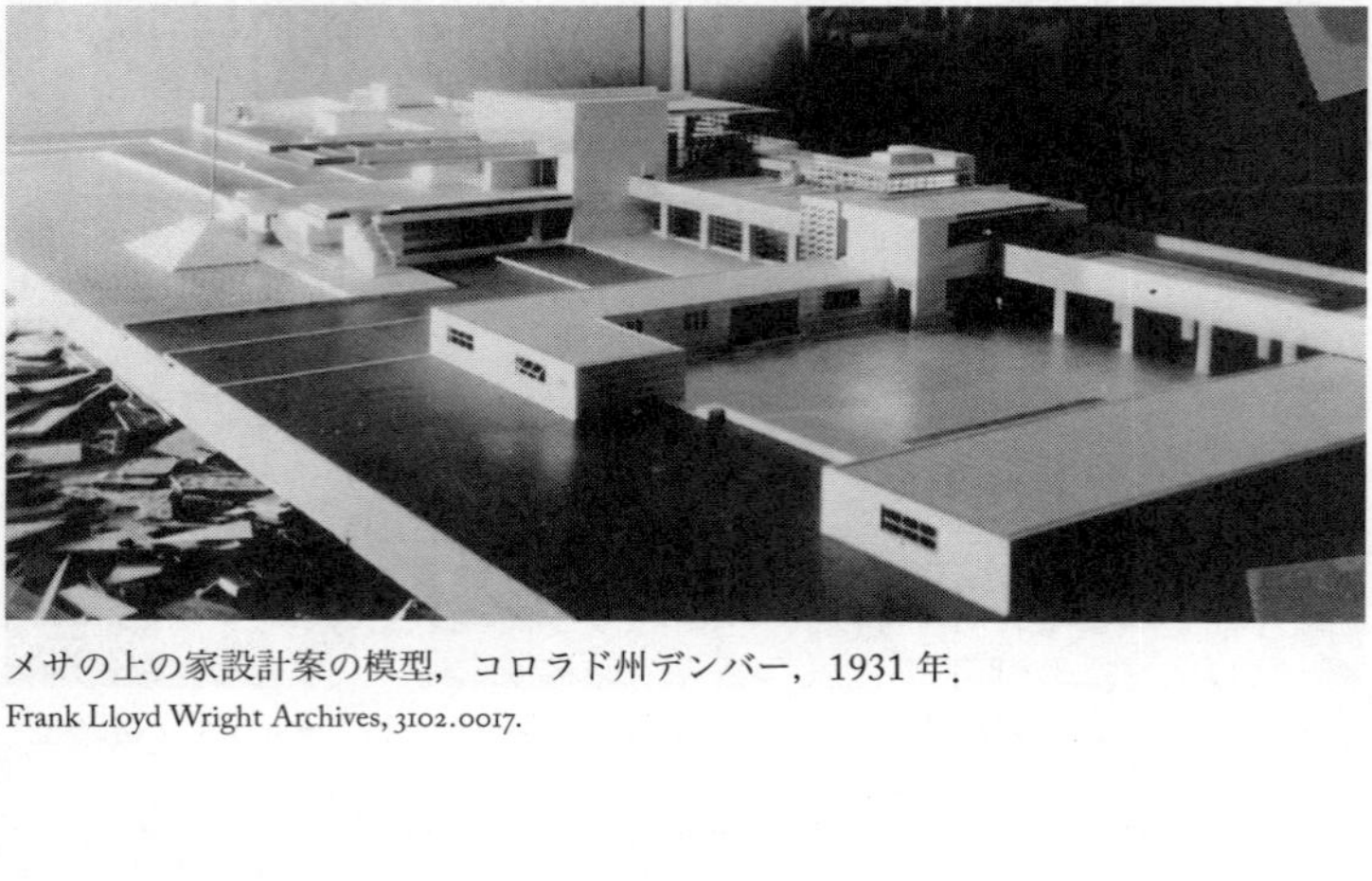

メサの上の家設計案の模型，コロラド州デンバー，1931 年.
Frank Lloyd Wright Archives, 3102.0017.

ブロードエーカー・シティ計画案の模型，1934 年.

Photograph by Skot Weidemann, 1994. Frank Lloyd Wright Archives, 3402.0090. © 1994 Frank Lloyd Wright Foundation.

「生きる建築の 60 年」展，ソロモン・R・グッゲンハイム美術館建設予定地の仮設展示館で開催，1953 年 11 月.

Photograph © Pedro E. Guerrero. Frank Lloyd Wright Archives, 5314.0018.

ジーン，ポール・ハンナ邸（ハニカム・ハウス），カリフォルニア州パロ・アルト，1935 年．居間を見る．

Sturtevant photographs. Frank Lloyd Wright Archives, 3701.0277.

ロイド・ルイス邸，イリノイ州リバティヴィル，1939 年．居間を見る．

Photograph by Hedrich-Blessing. Chicago Historical Society; Frank Lloyd Wright Archives, 4008.0016.

歌川広重，神田明神境内雪晴之図，19 世紀中ごろ．フランク・ロイド・ライトによってルイス・マンフォードあての献辞が記入された浮世絵．
Estate of Lewis and Sophia Mumford.

タリアセン，ウィスコンシン州スプリンググリーン，1925 年．居間を見る，1937 年．
Photograph by Hedrich-Blessing. Chicago Historical Society; Frank Lloyd Wright Archives, 2501.0234.

タリアセン・ウエスト，アリゾナ州スコッツデール，1937 年．製図室を見る，1946 年．
Photograph by Maynard Parker. Frank Lloyd Wright Archives, 3803.0040.

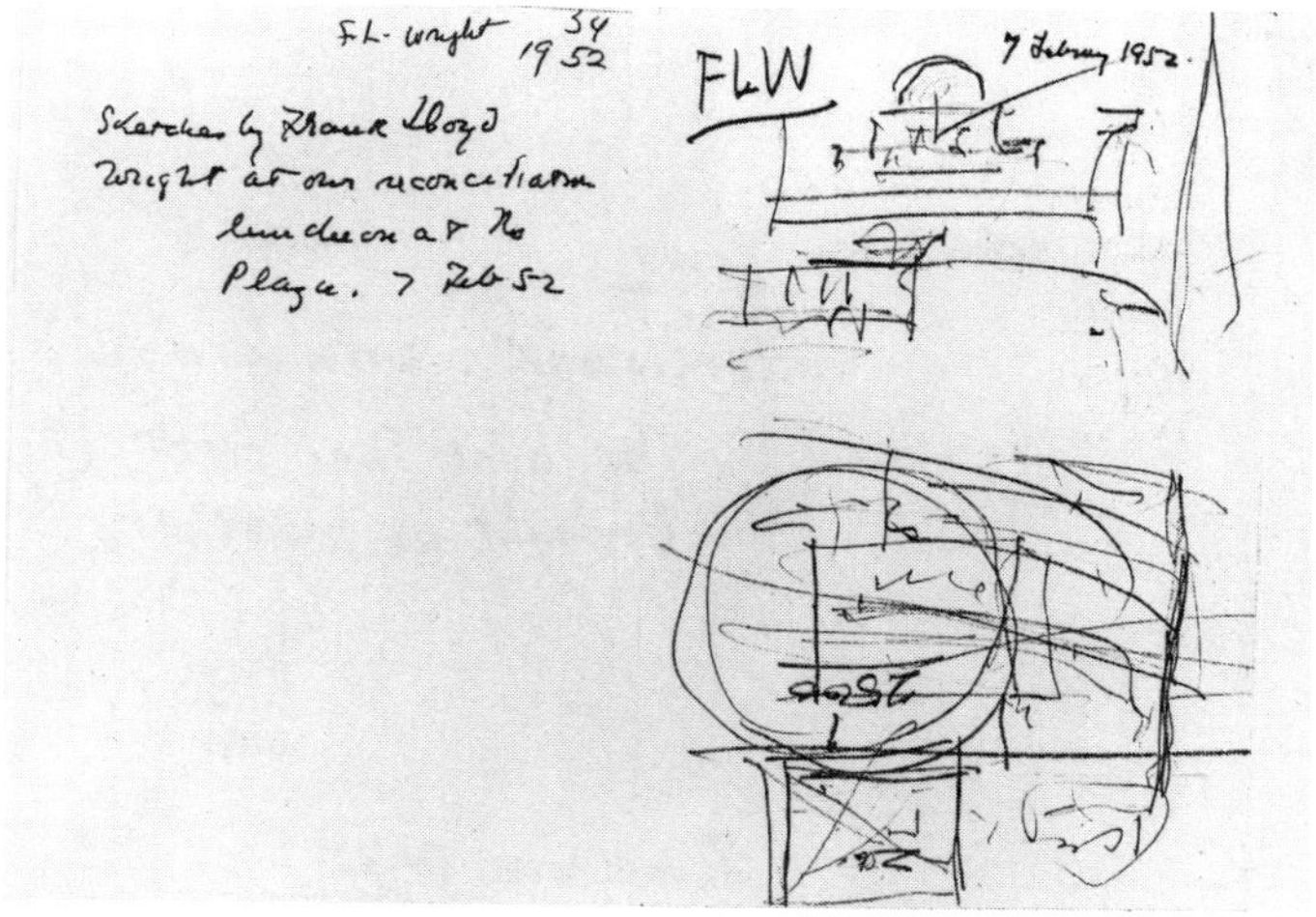

フランク・ロイド・ライト，ウェインライトの墓のスケッチ，1952年2月7日.
Lewis Mumford Papers, Annenberg Rare Book and Manuscript Library, University of Pennsylvania.

ルイス・H・サリヴァンとフランク・ロイド・ライト，ウェインライトの墓，ミズーリ州セントルイス　ベルフォンテーン墓地，1892年.
Frank Lloyd Wright Archives, 7116.0077.

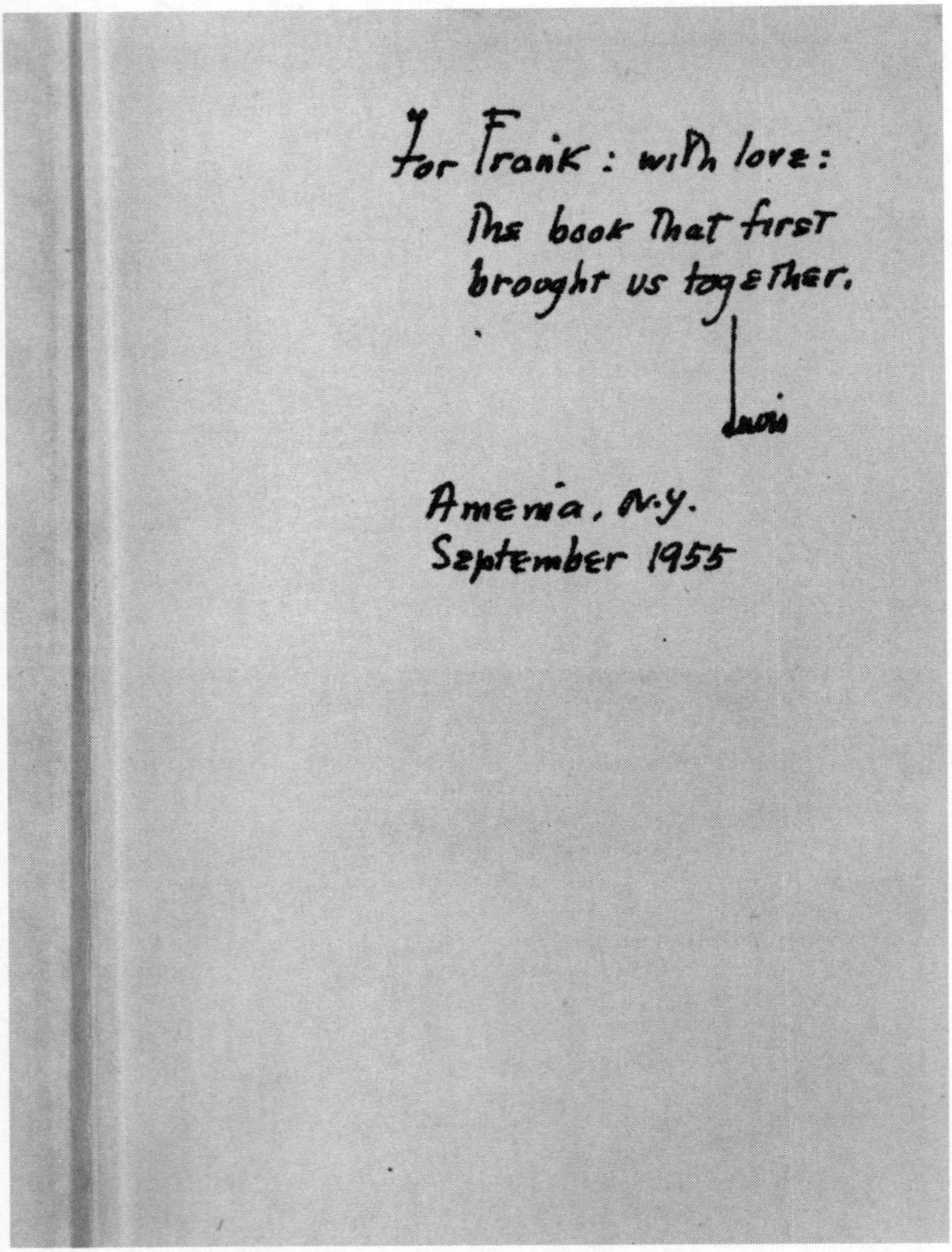
for Frank : with love :
the book that first
brought us together.
Lewis
Amenia, N.Y.
September 1955

ルイス・マンフォード，スティックス・アンド・ストーンズ改訂版に記された献辞，ドーバー出版社，1955 年 9 月．
Frank Lloyd Wright Archives, 1156.207.

1946年

Frank Lloyd Wright & Lewis Mumford

一九四六年

ライトとマンフォードが最後に手紙を交わしてから、すでに五年が過ぎたが、彼らのきずなが完全に途切れたわけではない。詩人であり作家であるジョン・グールド・フレッチャーにあてたマンフォードの手紙は、この往復書簡集における幕間の間奏曲である。この手紙の中でマンフォードは、揺れ動く感情を交えながら、ライトに対する気持ちと、不幸な別離を招いた意見の相違について総括している。

ニューハンプシャー州　ハノーバー　カレッジ通り　四六番地　一九四六年四月十日

親愛なるジョン・グールド・フレッチャー[*1]

届いた封筒にあなたの筆跡を見つけただけで、私の心は喜びに満ち溢れました。こう申せば、あなたの非常に寛大なお言葉に、私がいかに深く感じ入ったかお察しくださることでしょう。息子への追憶を六週間かけて短い原稿にまとめた後、「紳士諸君：君たちは血迷っている」と書く気力をようやく取り戻しました。ほとんど誕生の瞬間から暗い影に付きまとわれた、息子の短く悲劇的な人生をたどりなおすことで、私たち家族全員を苦しめた麻痺状態を克服するための強さを、彼が与えてくれたのだと思います。[*2] 信じてください、私たちは感情の面では孤独ではありません。原子爆弾に対して行動しているからです。私たち国民は等しく心かき乱し、ここ一ヶ月ほど、その声は力と確信を増して来ています。ソフィアと私は、この六週間のほとんどを費やして、この広がりゆく抗議に、同封した請願書に記したような、もっと明確な目標を与えようと試みて来ました。私は千五百通ほどの請願書を配りました。私たちはこの運動をあえて自発的で分散的なものにしようと決めていたので、どれほど成功しているのか見当がつきません。しかし、おそらくいかなる統一行動といえども、この場合には十分ではないでしょう。それぞれが発する一滴一滴の言葉は無力なものにしか見えなくとも、最終的には河の流れとなって、政治の地平へと流れ込んで行くことでしょう。

あなたがフランク・ロイド・ライトについて挙げられた疑問は、私にとってとりわけ興味深いものです。まだ、答えをきちんとした文章にして印刷してはいませんが、このことについては長く考えて来ました。評価すべき面として言っておかねばならないのは、彼が私たちの時代の、偉大な建築の天才のひとりであるということです。私たちの時代のみならず、すべての時代を通じて、と言うべきでしょう。これほど豊かな建築的想像力は、いかなる時代においても、ほとんど見い出し得ないほどのものです。この種の天才を歴史に求めようとすれば、ロマネスクから盛期ゴシックへの転換を主導した才能にまで遡らねばならないでしょう。彼の小さな指先には、同時代の建築家たちの全身全霊の努力を上回るほどの想像力が宿っているのです。彼の内なる詩人と技術者の融合はまれなことです。たとえ、彼の中の詩人が時折気まぐれを起こし、彼の中の技術者が偉大な才能を離れ業の中で示そうとするにせよ。（付言すれば、彼は工学部で一年間しか勉強していません。ですから、ここでの彼の技量は、きちんとした技術教育に裏づけられたものではなく、むしろ、素材や建築技術を直接考えることのできる想像力の産物なのであり、専門家の助力を仰いで達成されるものではないのです。）ライトほど広範囲に建築の形態を刷新した人物は、どこにも見当たりません。彼は一九三〇年以来一貫して、たいへん優れた独立した建物を完成させて来ました。私には、同時代人のほとんどの作品をも凌駕する、光輝溢れるものに映りました。一九三七年あるいは一九三八年に竣工したミネアポリスのウィレイ邸は、この一例に数えられるでしょう。*3

しかし、この偉大な天才は、同じく大きな弱点を持っています。彼の人格にも、彼の作品にも、この弱点が全体にわたって見られます。彼の最大の弱点は、その恐るべき自我《エゴ》です。彼は民主主義を語りますが、一方でルネサンスの王子様のような振る舞いと信条を有しています。彼の中身は専制君主なのです。彼の暴君ぶりは、依頼者の存在そのものすら忌み嫌うほど徹底しています。彼は、パロ・アルトの私の友人、ハンナ一家を叱り飛ばしたことがあります。フロアランプを置き、ラマの敷物を二、三ソファにかけておくというささやかな行為のために。「諸君はこの住宅をまったく台なしにしてしまった。これはもはやフランク・ロイド・ライトの住宅ではない。ポール・ハンナの家だ！」と言って。[*4] 彼は身長六フィート以上の人が頭を打つよう、わざと戸口を低く設計します。自分の背が低いからです！　すべての部屋は、それがいかに私的な空間であろうとも、常に視覚的につながっていなければならないと主張します。住人は、ひとときたりとも建築家の存在を忘れることができないのです。

さらに、別の弱点も見られます。彼の作品を十分に吟味しなければほとんど気づかないのですが、私は数年前、ニューヨーク近代美術館の展覧会の折に検討したのです。その時に思ったのは、驚くべき独創的刷新にもかかわらず、実際には彼は形式主義者なのであり、六角形や円形のような自分の先入観から出発し、必要条件とか機能を考えることなしに、それをすべての細部にまで推し進めていくということです。ファサードの窓割りの均整のために、内部空間を情け容赦なく犠牲にする、古典主義建築家を髣髴とさせるほどです。六角形のパターンで設計されたハンナ邸では、ひとつひとつの家具まで変形されています。実際、ベッドすら斜めに歪み、シーツをかぶせるには輪郭に合わせて裁ち落とさなければなりません。最優先されるのは、このように機械的に達成される統一性であり、そのために彼は、はるかに重要な質さえ犠牲に供そうとしているのです。美的なパターンが全体的統合を妨げるようなことは、建築において深刻な欠点と言えるでしょう。ライトの作品の多くで同じことが起きています。しかし彼は、現在でも過去においても、外も内もすべての建築要素を完全な全体としてまとめ上げることに成功しています。この点において、彼の右に出るものはいません。すべての時代を通じて、敷地と周辺環境に対する感受性を、これほどまでに発露させた者は、彼を措いて他にありません。この点で彼は、最も地域的であるというまさにその特質によって、私たちの建築家の中で最も普遍的な人物となったのです。

さらに次の点。ライトは個別の建物の創造者です。周辺の風景との感応を除けば、彼には全体に対する感受性が欠けています。ですから彼のブロードエーカー・シティは、一エーカーごとに区切られた敷地に建つ、個別の建物の集積になってしまうのです。言い換えればそれは、上空から眺めてさえ、もはや都市の姿と呼べるものではありません。言葉のあらゆる意味において、彼は孤立主義者なのです。彼とは絶交しました。一九四一年——あるいは一九四〇年の終わりごろ——アメリカが参戦すべきだと主張した私のような者たちを、彼が公然とならず者呼ばわりした時に。その時書いた手紙で、私の方から、友人関係を完全に終わらせました。彼の方は時折慈善家ぶった挨拶状で、私に対する好意を示しますが、その中で彼は、彼に何もしてやれぬ者に対する慈悲深さを示しているのです。ところが最近、ブルーノ・ゼヴィというイタリアの若者が、一週間にわたってライトにインタビューし、私について話し合ったそうです。[*5] ライトは私のことを散々けなしたそうです。しばらく経って、新しい建築雑誌の発刊の可能性について話し合っている際、ゼヴィは彼に聞いてみたそうです。「ライトさん、あなたは、このような雑誌の編集者として適格な人物が、ただひとりしかいないことをわきまえておいでですか?」ライトは答えました「もちろん、ルイス・マンフォードだ」。

この逸話には、彼一流の悪戯小僧ぶりが最高に良く出ています。傲慢で、乱暴で、専横で、高飛車で、しかし時折自己批判がきらめきを見せ、突然自己超越的に振る舞って、自らを贖う様子です。これこそ、彼自身が自伝の中で示した性格です。この本で、彼は自分の最も悪い側面を取り上げていますが、敵がそれを利用して良いものか、二の足を踏んでしまうのも頷けます。あなたは、サリヴァンの事務所で彼が若い日本人をどのように殴り倒したか、覚えておいででしょう?[*6]

親愛なるジョン、あなたに与えられた大きな才能が、アメリカ文化の評価へと向かっていくのをうれしく思っています。あなたを迎えて連続講義を開くミルズ・カレッジの見識は、きっと祝福されることでしょう。*7 私は六月にイギリスに行くことにしています。社会学会の昔からの仲間たちの主催により、講義をするのです。戻って来たら若きゲデスの思い出の本を完成させ、大著の最終巻に真剣に取り組もうと思っています。*8 ソフィアとともに、あなたと奥様に暖かい挨拶を送ります。

常にあなたの
[署名]
ルイス

[ts&ms uarlf]

1 ジョン・グールド・フレッチャー John Gould Fletcher (1886-1950)、アメリカの詩人、批評家。
2 マンフォード「紳士諸君——君たちは血迷っている」Lewis Mumford, "Gentlemen: You Are Mad!" *Saturday Review of Literature* 29 (2 March 1946): 5-6; マンフォード、グリーン・メモリーズ *Green Memories: The Story of Geddes Mumford* (New York: Harcourt, Brace and Company, 1947). ゲデス・マンフォード Geddes Mumford, 合衆国陸軍兵士、連合軍イタリア戦線で一九四四年に戦死。
3 ライト、マルコルム・ウィレイ邸、Frank Lloyd Wright, Malcolm Willey House, Minneapolis, 1932-1934.
4 ポール・ハンナ Paul Hanna (1902-1988)、教育者、ライトの依頼主。ジーン／ポール・ハンナ邸 Jean and Paul Hanna Residence, Palo Alto, 1935. 一九四〇年代初め、マンフォードがスタンフォード大学教授在任であった短い間、マンフォード一家はハンナ邸に住んだ。
5 ブルーノ・ゼヴィ Bruno Zevi (1918-2000)、イタリアの著述家、教育者、建築史家。

6　ライト自伝の記述によると（p.124）彼は一八九三年ごろ——彼のシカゴの事務所で——仕事上の不始末により以前解雇した日本人のドラフトマンに暴行した。

7　ミルズ・カレッジ Mills College, Oakland, California, 一九四六年夏、ジョン・グールド・フレッチャーはここで講演を行った。

8　マンフォード、「生活の智慧」*The Conduct of Life* (New York: Harcourt, Brace and Company, 1951). 生の復興シリーズの第四巻。

1951年

Frank Lloyd Wright & Lewis Mumford

一九五一年

好調な戦後経済にあって、ライトとフェローシップは、幅広い依頼にこれまでになく忙しい。ニューヨークのソロモン・G・グッゲンハイム美術館もそのひとつである。マンフォードは生の復興シリーズの執筆を終え、教育と研究へと活動の方向を移す。一九五一年六月ごろ、ライトの主導で手紙のやり取りが再開される。マンフォードは、過去の緊張がよみがえる危険を承知の上で、戦死した息子ゲデスの思い出をまとめた伝記「グリーン・メモリーズ」をライトに献呈する。ライトは再びマンフォードをタリアセンに招待するが、仕事の疲れと病気が実現を阻む。

［一九五一年五月から六月ごろ］
［「個人の尊厳」に記された献辞　ルイス・マンフォード「人生からの素描」に転載］*1

すべてを乗り越えて――

君の年老いたF・Ll・W

1　ライト「個人の尊厳――建築のために」*The Sovereignty of the Individual: In the Cause of Architecture*, 私家版、1951; ヴァスムート版作品集 *Ausgeführte Bauten und Entwürfe von Frank Lloyd Wright* の序文の再版。

ニューヨーク州　アメニア

一九五一年六月二十八日

親愛なるF・L・W

ベルリンとフィレンツェでの展覧会の序文をお送りくださり、ありがとうございました。[*1] この文章は、書かれた当時と同様、今日にあっても新鮮で意義深いものです。加えて、あなたが記されたご恵贈の言葉に盛られたご寛容に、深く感じ入りました。このあなたのお心を我がものとして、この秋に出版予定の私の大著の最終巻「生活の智慧」の一部をお送りいたします。[*2] この本には愛に関する一章があり、愛なく死を指向する現代文明を救うのは、唯一愛の力であると論じています。私自身が、この本でささやかながら論じたこの特質を、私たちの友人関係において十全に発揮させる時は、今をおいてないでしょう。あなたのことが、念頭を去ったことはありません。あなたの作品を常に称賛し、多くの講演で実例として取り上げて来ました。あなたから序文が届くかなり以前に、コロンビア大学で行ったバンプトン記念講演も、その一例です。[*3] ですから、私たちは、間に横たわっていた距離を互いに中ほどまで歩みより、ついに出会ったのです。過去を忘れ、互いを許しあいながら。そうであることを望んでいます。

私たちが別れてから、たくさんのことが起きました。あなたは若返り、私は老け込みました。田舎育ちの少年、わなや銃で動物をしとめるのがうまかった息子ゲデスは、機転と勇気を示す機会すら満足に与えられないまま、十九歳にしてイタリア戦線で戦死しました。（私は彼の生涯を小さな本にまとめました。私たち一家や近隣の人々が、どのように働き、日々を過ごしたか語られています。あなたがまだご覧になっていなければ、喜んでお送りします。一握りの人々が、私もその一員なのですが、この本を私の最上の作品と考えています。読んだ人もわずかなのですが。)[*4]私たちには十六歳の娘アリソンが残されました。大いなる精神と才能に加え、鋭い心と優れた洞察力を兼ね備えた娘です。彼女に必要なのは大都会の刺激であり、その厳しささえも糧になると考えて、冬の間ニューヨークで暮らすことにして来ました。あと一年これを続け、その後は再びこちらに定住するつもりです。

聖書の香柏の木のような勢いで、あなたがご清栄を続ける様は、私にとって無上の喜びです。あなたの膝の上にまさに押し寄せている数々の栄誉は、遅きに失したものではありますが、少なくとも私たちすべてに残されたあなたの刻印を推し量るものだとは言えるでしょう。後世の人々を手中におさめるのはむしろ容易です。独創的な心を持つ者にとっての困難は、同時代の人々の中に何らかのとっかかりをつけねばならないところにあります。あなたはこの問題をすでに克服されたのです。あまりに近くにあったあなたに対し、正しい評価を下すことのできなかった人々の間を、あなたは見事に生き延びて来られたのですから。私について言えば「生活の智慧《コンダクト・オブ・ライフ》」をもって、ここ二十一年の人生をかけて取り組んで来た一連の著作を完結させました。私は次の段階へと進んで行かねばなりません。そこから出発し、むしろできることなら、それを乗り越えるような仕事にです。あなたはこの最終巻の表題にエマソンを思い起こされるでしょう。この題は、クローチェの著書にも使われています。[*5]この題名を採ったのは、底流に潜むつながりを強調しようと考えてのことです。個人的気質や哲学のあらゆる相違を貫いて伏在する——そう、親愛なるＦＬＷ、あなたが最初に気付かれた相違です。一九四六年にイギリスを旅した時、エマソンの「英国の印象《イングリッシュ・トレイツ》」を持って行きました。マンチェスター市長閣下がご招待くださった晩餐会の時、九十九年前、時の重大な危機のただ中で開かれた会食の席での、エマソンの演説を思い出したのです。「英国は臆病者の場所ではない」。この言葉は、私の本のほとんど冒頭に記されています。英国を全世界と言い換えて。

あなたがニューヨークにいらっしゃる折には、またお会いいたしましょう。あなたが私をこの地でご覧くださったことがないということに気付き、悲しみを覚えます。しかしその悲しみは、私がタリアセンであなたを見ずに終わっていることの悲しみよりも、おそらく浅いものなのでしょう。

常にあなたの
［署名］
ルイス

[ts flwa]

1 ライト「個人の尊厳」。この小論は展覧会、ライト——生きる建築の六十年展 *Frank Lloyd Wright: Sixty Years of Living Architecture* の序文として用いられた。この展覧会はフィラデルフィアで内覧の後、一九五一年六月フィレンツェのパラッツォ・ストロッツィで開幕。その後いくつかのヨーロッパおよびアメリカの都市を巡回した。

2 マンフォード「解釈者としての人間」*Man as Interpreter* (New York: Harcourt, Brace and Company, 1950).

3 マンフォード「芸術と技術」*Art and Technics* (New York: Columbia University Press, 1952). The Bampton Lectures in America, No.4, Columbia University, New York.

4 マンフォード「グリーン・メモリーズ」。
5 ベネディット・クローチェ Benedetto Croce (1866-1952), イタリアの哲学者。

親愛なるルイス

君の手紙は、我らが庭に生い茂ったわだかまりの雑草を取り除き、春の雨上がりのように、みずみずしく美しい花を咲かせるものだ。雑草は取り除かれた。根こそぎに。

ルイス、君を失って寂しい思いをして来た。君はエマソン主義者の魂を持ちながら、君自身の言葉で語っている。エマソンは何と素晴らしい人物であり、今、いかに彼のような人物が必要とされていることか！　君の小さな本はすでに読んだ。[*1]何かって？　君は本当の男だ。私は決して忘れることはないだろう、初めての評価と支援を君から授かったことを。それを記した時、君は本当の勇気を必要としたはずだ。あれこそ「私の膝に転がり込んだ」本当の名誉のひとつだと思っている。他のものについては（めったにないが）なにがしか似た効果を持つ場合は歓迎だ。イタリアからもらったのはそうしたもので、我々をイタリアの魂に導いてくれた。まだ戻って来たばかりだ。ゼヴィは君のことを好意的に話してくれ、君との断絶を残念がっていた。[*2]彼には、もう終わったと請け合っておいた。

さて、君は細君と娘さんを連れて、いつこちらに来られる――来るつもりになるのかね？　中西部のタリアセンで我々とともに一週間を過ごしに。

我々は、丘の緑にたたずむ心地よいゲストハウスを、君のために用意している。車を駆って（あるいは飛行機に乗り込んで）飛び出して来るのだ。いつになるか言いたまえ！

君に会いたい。我々一同そう思っている。我々がここでどのように働いているのか見てもらいたい――あますところなく。私だけでなく、ここの誰もが諸手を挙げて歓迎する。君が都会の束縛から逃れ、私たちの田舎家に一週間来られるのはいつになる？

（息子さんへの追憶の書を送ってくれたまえ。）

以前と変わらぬ愛情を
［署名］
フランク
フランク・ロイド・ライト
一九五一年七月十日

[pc ts&ms lmp]

1 マンフォード「解釈者としての人間」。
2 ブルーノ・ゼヴィ。

ルイス・マンフォード
ニューヨーク州　アメニア
一九五一年八月三日

親愛なるフランク

寛大なお手紙ありがとうございました。もっと早くお返事すべきでしたが、私たちは十日ものあいだ不安な日々を過ごさなければならなかったのです。地元のくそまじめな医者が、ソフィーが即座に手術を受けねばならないと申し渡したのです。本当に緊急なのだろうと思って、ニューヨークの医者の診察を受けさせたところ、彼はソフィーに、家に戻ってこのことは全部忘れてしまえ、と言ったのです。彼女は、自らの仕事を十分にわきまえた医者によって、完全に無罪放免となったのです。もちろん私たちはほっと胸をなでおろしました。それどころか歓喜に溢れかえりました。ソフィーは、私たちの愛すべき田舎医師に、もうすぐ手術台の上に横たわらねばならないぞと、あれほど言い含められていたのですから。しかし彼女には、激しく苛まれた冬から立ち直るために、長い休みが必要です。タリアセンへのご招待にすぐにも応じたいと、ふたりして心から思っているのですが、今のソフィーに長い旅行は無理なのです。ですから待つことにせざるを得ません。いつか実現するはずの訪問を想うだけで私たちは幸せなのです。私にとっては、ここ七年ぶりの完全な休みでした。思う存分楽しみました。今では私たちふたり、とても穏やかな心持ちで、満ち足りた動物のように庭でくつろぎ、時が過ぎゆくのをゆっくりと眺めています。朝のうちにグリーン・メモリーズを一冊お送りします。私たちの再開があまり遠い将来ではないことを祈りつつ…。

愛情を込めて
［署名］
ルイス

[ts ftwa]

親愛なるルイス

ソフィーの退院帰還を喜んでいる。（いつものことだが）十中八、九手術にはならないものだ。彼女は活動的で強い——良い心持ちで、きっと良くなる——賭けてもいい。

ささやかな記念の品をあなた方おふたりに贈ろう。私の「コレクション」からだ（そう、まだ残っているんだよ）。[*1] 君がいつも見てくれと頼まれているものよりは、少しばかり月並みなものかもしれぬが。とはいえ——休暇と同じようにすがすがしい気持ちになるだろう？

愛情を、早く来たまえ！

［署名］フランク

フランク・ロイド・ライト

一九五一年八月六日

[pc ts&ms lmp]

1　神田明神境内雪晴之図、歌川広重（1797-1858）による浮世絵木版画。ライトが蒐集した大規模な浮世絵コレクションの一部であったもの。

［歌川広重の浮世絵への記入、一九五一年八月ごろ］

雪の神田明神　広重
江戸時代――約百年前に刷られたもの――「東都名所」シリーズ
この神社は現存している。

［署名］
F・LL・W

［ms ルイス、ソフィア・マンフォード家蔵］

一九五一年八月二十一日

親愛なるF・L・W

二週間ほど海辺で過ごし、今戻ってみたら、あなたからの美しい贈物が待っていました。特別素晴らしい広重の浮世絵、私たちのつつましいコレクションの筆頭に加えさせていただきます。（ついでに言えば、私の本が新たに日本語に翻訳されることになり、訳者と緊密に連絡を取りあってきました。彼は最近こちらにも来たのです。）

ハーコート出版社が、あなたに「生活の智慧」を送るところです。引用できる推薦文句を依頼されるでしょうが、聞き流しておいてください。あなたは私関係の義務免除者一覧に載っているのですから。

不必要な手術の悪夢は塩の海で洗い流され、私たちは、皆幸せに浸っています。

この上なく暖かい感謝を込めて、

常にあなたの、

［署名］

ルイス

[ms ffwa]

よし、ルイス、素晴らしい批評という以上のできばえだ。[1] 望むらくは、建築の意義が「生きてはいるが、真に生きてはいない人々」にも、読み取られんことを。そうすれば連中だって、ヒトラー主義やスターリン主義が跋扈し、その高価な木枠の中に自由が梱包されて、破滅に向けて輸送中であることがわかるだろうに。嫌悪が必須とされ、恐怖が教えられ、互いの非難が公の美徳とされる、そういう場所に向かって。

感謝と愛情を込めて、

フランク・ロイド・ライト

一九五一年九月十四日

[cc ts flwa]

1 マンフォードの国連本部ビルについての批評についての間接的な言及。マンフォード「ザ・スカイライン——鏡の魔術——I」"The Sky Line: Magic with Mirrors-I," *New Yorker* 27 (15 September 1951): 84-93; マンフォード「ザ・スカイライン——鏡の魔術——II」"The Sky Line: Magic with Mirrors-II," *New Yorker* 27 (22 September 1951): 99-106 を参照。

1952年

Frank Lloyd Wright & Lewis Mumford

一九五二年

アメリカ建築論集の編纂に携わっているマンフォードは、ライトに小論三編の転載許可を求める。ライトは要請に応じながらも、最近の摩天楼に関する歴史的研究に不満を述べ、さらに広く歴史家や批評家が、勢力を拡げつつある国際様式に偏向していると、いらだちを見せる。グッゲンハイム美術館の仕事のため、ライトが二月にニューヨークを訪れるのを機会に、ふたりは再会を果たすべく熱心に話し合う。昼食を交えたプラザホテルでの十年ぶりの再会は大成功に終わる。ライトは――サリヴァン事務所時代を含む――初期の作品の粗いスケッチをいくつか描いて見せ、マンフォードはそれらを持ち帰る。

ルイス・マンフォード
ニューヨーク州　ニューヨーク市
西八二丁目　一五三番地
一九五二年一月四日

親愛なるF・L・W
あけましておめでとうございます！　あなたもご家族もご清栄のことと思います。
あなたの有名な機械に対する宣言（プリンストンでの講演の時のもの）と、ワイオミングとアリゾナについてのエッセイを、私が編纂中のアメリカ近代建築史についての選集で再版する許可をいただきたく、お便り申し上げます。[*1]
ソローやグリーノウから、将来への展望を含んだ、豊かで多様な内容をと思っております。何より、ご自身の御著を掲げるに足るものと自負しております。[*2]

暖かく
［署名］
ルイス

[ms flwa]

1 ライト「機械の美術と工芸」"The Art and Craft of the Machine," *Modern Architecture*, 7-23, "Machinery, Materials and Men"として再版。ライト「悪い土地」"The Bad Lands," letter to the editor, *The [Huron, South Dakota] Evening Huronite* (28 September 1935)、フレデリック・グートハイム解説・編集の「建築について」*Frank Lloyd Wright on Architecture: Selected Writings, 1894-1940* (New York: Duell, Sloan and Pearce 1941)、191-196で再版。ライト「アリゾナへ」"To Arizona," *Arizona Highways* 16 (May 1940): 8-13, *Frank Lloyd Wright on Architecture: Selected Writings*, 196-199. で再版。マンフォードがこの掲載許可を求めた時、地理的誤りを犯したようである。結局彼は「機械の美術と工芸」だけを掲載した。マンフォード解説・編集の「現代アメリカ建築の源流——十九世紀中葉から現在に至るまでの三十七編の論文集」*Roots of Contemporary American Architecture: A Series of Thirty-Seven Essays Dating from the Mid-Nineteenth Century to the Present* (New York: Reinhold Publishing Company, 1952)、169-185を参照。

2 ホレイショ・グリーノウ Horatio Greenough (1805-1852)、アメリカの彫刻家、著作家。

親愛なるルイス

ありがたいことに出版社が君の本を送って来てくれてから、ずっと君にお便りせねばと思ってきた。しかし、本を読むのが遅れてしまった。重い気管支炎にやられ、日課のほとんどすべてが幾週にもわたってできなくなってしまったのだ。それに加えて、両方のタリアセンを改築して来世紀あたりまで持ちこたえるようにする仕事で、寝る時間しか残らないほどだった。しかし、今では、思い通りのことがそこそこ満足いく程度にできるようになった。

知っての通り、私は君の作品が好きだ。正直で予言的だと思っている――どちらも今となっては貴重な資質だ。知遇を得られずに終わった青年（ご子息）に捧げられた言葉に、私は深く共感した。[*1] しかし君は、戦争に付きまとう犠牲について私がどのように感じているか、知っているだろう。私は理念の世界の外で行われる戦争について行くことはできない。理念の世界においてさえ、人間の利益を救いこそすれ、殺すことなど思いもよらぬのだ。君と同じだ。わかっている。だから、私たちの間の相違については忘れることにしよう。さほど重要なことではないのだから。

君が取り組もうとしている新しい仕事は、まさに君がなすべき仕事だ。君だけが、まっすぐに、正しい理解に基づいて、なし得るものだ。だから、今、君がそれを成し遂げねばならぬ。

シカゴ大学出版会から「摩天楼の隆興」という本が届いたところだ。[*2] 精神における事実と誤りがない混ぜになっている。切れ味の悪い刃物で料理しているのだ。少なくとも私には明瞭にわかる。出版会は（帯の宣伝文句に使うために）私がどう思ったか書いてくれと言う。

私は言った。「この研究を見るに、私が当事者として内側から見た事態はまったく異なっていると思う。どうも歴史というものは正直な人間をつくり出すのが不得手なようだ」。

彼らはこの文句を使わずに、「民主主義が建設する時」という表題をカバーの裏側に載せた。[*3] 君もきっとこの本に目を通すだろう。モリソン著のサリヴァンについての本と同様、この本はすべてを貫く精神からかけ離れている。[*4] 私は、歴史というものは——せいぜい——自分の視点からしか眺めることのできない歴史家によってでっち上げられるものなのだという風に感じ始めている。悪くすれば誤りに陥ってしまうのだ。この「隆興」を、私は五十九年にもわたって活発に仕事しながら、内側から逐一見て来たのだ。私が読んだ歴史書（ギーディオンの書いたような）その他諸々の筆者の記した歴史は、もっともらしく見せ掛けの知識を並べたものに過ぎない——吐き気を催すほどだ。[*5] 大義や真実に何ら触れるところなく、すべてあれやこれや粉飾され、あるいは縁もゆかりもない「効果」が重ね合わされる。その結果読者が眼にするのは、行ごとに垂れ流される無分別な流出だけだ。誰のシャツ——誰のズボン——が誰のものか？　歴史家は本当にはわかっておらず、座しながら流れを眺め、思い付きのレッテル貼りをしているのだ。

歴史だって？　検死解剖としか言いようのないものだ。それが当然のことなのだ。しかし、それが個人の先入観に沿わねばならぬ理由があろうか？　あるいは本が売れるように細工する必要が？　セールスマン根性以外に、この国のどこに本当の「編集方針」があるというのか？　新聞や雑誌、本を売るものは一体何だと言うのだ。編集の志士たちは皆死に絶え、その座に「世間の興味」が君臨している。

もし、君の著作が正直なものであるならば、それは現在の若い世代にのみ売れるだろう。我々の世代は憤りを感ずるに違いない。我々の次の世代は、それをあからさまだと思って背を向けるだろう。今、実権を握っている連中は、実力のあるやつも、非力なやつも、もうけが回収できるまで、非難を始めることはないだろう。

全体に通底する真実は、バウハウスやら、ニューヨーク近代美術館やら、ヒッチコックとジョンソンやら、ありがたがって外国から輸入したものやら、もともとのアイデアの商業化やらによって、うまいこと隠されてしまった。それゆえ、すべての筆者（君のように経験から事情に通じている者を除けば）のすべての検死解剖は全部偽物であり、いんちきなのだ。

軍楽隊の行進は、商売の側溝の中で、寄り集まってきた取るに足らぬ着外馬たちの重みで詰まり、溢れ出している。「図面工場」こそ彼らの側溝だ。

いずれにせよ、ルイス、君は来なければならぬ——近いうちに——タリアセン・ウエストに。君とソフィーに、ここで会いたいのだ。まさにこの冬、一、二週間ほど。これをどう取りはからえば良いのだ、そしていつ？

私はニューヨークに（グッゲンハイムのことで）二月四日に滞在することになっている。[*6] プラザホテルに泊まる。[*7] そこで会って、砂漠への旅について話し合おう。そのまま、君たちを連れて帰ってしまってはいけないか？

愛情を、
［署名］
F・LL・W
フランク・ロイド・ライト
一九五二年一月十日

注　私が持っているものは、君が使いたいと思えば、なんなりと自由に使ってくれたまえ。ゼヴィは私の（カラー版）大作品集をイタリアで出そうと取り組んでいる。君は彼を気に入っている。彼は君を気に入っている。［署名］ＦＬＬＷ

[pc ts&ms lmp]

1 マンフォード「グリーン・メモリーズ」。

2 カール・W・コンディット「摩天楼の隆興」Carl W. Condit, *The Rise of the Skyscraper* (Chicago: University of Chicago Press, 1952).

3 ライト「民主主義が建設する時」*When Democracy Builds* (Chicago: University of Chicago Press, [1945]).

4 ヒュー・モリソン「ルイス・サリヴァン——近代建築の予言者」Hugh Morrison, *Louis Sullivan: Prophet of Modern Architecture* (New York: Norton, 1935).

5 ジークフリート・ギーディオン「空間・時間・建築」Sigfried Giedion, *Space, Time and Architecture: The Growth of a New Tradition* (Cambridge, Massachusetts: Harvard University Press, 1941)；ジークフリート・ギーディオン Sigfried Giedion (1888-1968)，スイスの建築史家、著作家、批評家。

6 ライト、ソロモン・R・グッゲンハイム美術館 Solomon R. Guggenheim Museum, New York, 1943-1959.

7 プラザホテル Plaza Hotel はライトのニューヨークでの常宿であった。一九五四年、グッゲンハイム美術館の実務期間中、同ホテルのスイート・ルームを改装し、ニューヨークの事務所兼住宅として利用した。

一九五二年一月二十一日

親愛なるF・L・W

お手紙ありがとうございました。何より四日にこちらでお目にかかれるとのこと、大変うれしく思います。いまいましい気管支炎からは、もう全快されたものと思います。ふだん健康な人ほど、こうした病気にかかると、本当に気分が悪くなってしまうものです。寛大なお招きとご許可をくださり、ありがとうございました。後者はよろこんでお言葉に甘えさせていただきます。しかし前者は！　いろいろと約束があって、どうしても無理なのです。

すべての熱望とともに、

常にあなたの
[署名]
ルイス

[ms flwa]

［一九五二年一月ごろ］

私の親愛なるルイス

タリアセンに助力をと望む私の心からの招待を断られ、私はかつて愛したルイス《Lewis》に再び会いまみえることは、もはやないのではなかろうかと、莫とした恐れに満たされている——人が何と言おうと、愛と理解に基づいて生き、書き記した君——勇敢で活力に満ち、自らに忠実な、マンフォード家の出、ルイス《Lewis》に。*1 訳注1 *

君は想像以上にすれてしまったらしい。だから私がお目にかかるのは、広く受け入れられた分狡猾になったプロの売文家なのだろう？　ごまかしや言い訳や決まり文句を並べ、名声のためにその場をとり繕い、日銭稼ぎに汲々とするような。私は恐れるのだ。私のルイス《Lewis》であれば、何があろうと「約束」などと言い訳するはずはないではないか。近代建築の中心地へと来たれと愛に満ちて呼びかけ、愛とともに経験を共有し、かつて君が称賛を惜しまなかった作品を（そう我々がタリアセンと名付けたアメリカの中のささやかなアメリカを）味わってはどうかと誘っているのだ。今だ見ぬ根本的な作品を前にして、そこで彼は自ら愛したものとともにおのずと和み、本当の故郷に帰ったような気持ちになることだろう。

そして、ルイス《Lewis》——タリアセンの面々が、この太陽の谷にある建築に、君とソフィーをどんなに豊かに快適にもてなすことになるか——君たちふたりを、ここの小さなコテージに泊め（二週間我が家のように使ってくれて構わない）——ただ頼むことと言えば、日曜の朝食の時に、学生たちに講話をし、懇談して、日曜の夕べに再び質問に答えてやってもらうことだけなのだ。六十人もの学生が世界中からやって来ている。
自ら運転してアリゾナの自然を堪能したければ、ＭＧを使いたまえ。運転が面倒ならば、運転手付きのクライスラーがある。そうした折々に、かつてのように心赴くまま語りあおうではないか。さらに君の望みとあらば、シスコ経由で、モリス商会などなどを巡って、お宅までお送りしよう。[*2] 君の「湾岸地域」ではないか！[*3]
これらの最近作を、まだ君は見ていないのだぞ。
多分君は、このような物言いに私の傲慢さを認めることだろう。私が誘っている素晴らしい滞在から君を遠ざけるに値する「約束」などありはしないと思っているのだから。若き私の足元を支えた大地と、私が目標と仰いだ星を真実と認めたルイス《Lewis》、君にはわかるはずだ。私が率直な傲慢と偽善的な謙遜のどちらかを選択せねばならなかったことを。
こうして世界は、私が率直な傲慢を選んだことを知ることになった。後悔はしていないし、正当化するつもりもない。君はそれをものともしなかったではないか？　今は気にしている――そう書き送ってきたではないか。
だからこそ私は恐れるのだ。私の若者ルイス《Lewis》が、もはや消え去ってしまったのではないかと。決して破ることのできない約束に縛られた、成功したプロの批評家が、かつての彼にすり替わってしまったのではないかと、突然恐れるようになったのだ。Ｅ・Ｍ・フォスターの言う「批評家」に。（まだ読んでいないならば、彼の最近著「民主主義へのふたつの賛歌」と、彼の記事「批評の存在理由」を読めば）私の言おうとしていることがわかるだろう。[*4]
君は私の初期の作品が指し示す先にある創造的作品を、実際、何ら経験してもいないのだ。君が染料の色を確かめるためにそれを飲み下すような愚かな男だとは思わない。——しかし——我々の間に愛と理解とがあったればこそ、我々の別離はあれほどまで激しいものとなったのではなかったか。ルイス《Llewis》が今どのような存在に変貌してしまったとしても、二月一日ごろ、ニューヨークで君に会うことにする。かつてのような友情の深みに達することは、もうできぬかもしれぬが、何か貴重な落穂を拾うこともできよう？

どちらにせよ、向こう見ずな愛とも言うべき、ロマンティックな友誼の誠に餓えた男のように、私は君を喜び、楽しく受けとめるだろう。君がいかに変わっていようとも、君が私に与えるところいかに少なくとも。

ルイス《Llewis》——こうして私が求める「約束」は、君にとってそれほどにも無慈悲な拘束と感じられるのかね？ 我々は、束縛からまたちょっとぬけ出して、遊びに出て行ってしまってもよい年ごろを過ぎてしまったのかね？

わかったろう？——私は依然として傲慢だ——前と同じ愛を持ち、それに新たな郷愁を加えている。

[署名]

フランク

Frank Ll…

注　ところで君は、私が先祖伝来の二重Lで、君の名前を綴るのを忍んでくれるだろうか？ 君自身は決して使わない条件で。

[署名]

[pc ts&ms lmp]

1　Lewisの名をLlewisと綴るのは、ロイド（Lloyd）家の出身地、ウェールズの綴り方になぞらえたもの。
2　ライト、モリス商会 V.C.Morris Gift Shop, San Francisco, 1948.
3　北部カリフォルニアの湾岸地域スタイルに対する言及。マンフォードが国際様式に代わるものとして、好意的にとらえた地域的デザインの一例。マンフォード「ザ・スカイライン――現状」"The Sky Line: Status Quo," *New Yorker* 23 (11 October 1947): 104-106 参照。
4　E・M・フォスター「民主主義へのふたつの賛歌」E. M. Foster, *Two Cheers for Democracy* (New York: Harcourt, Brace and Company, 1951); フォスター「批評の存在理由」"Raison d'etre of Criticism," *Horizon* 18 (December 1948): 397-411.

訳注1　「Llewis」の綴りがあてられた部分はルビで表記する。「私の本当のルイス」「我が同胞たるルイス」の含意があるように訳者には思われる。代名詞では時として「彼」があてられる。このレトリックは以後繰り返し用いられる。

ルイス・マンフォード
ニューヨーク州　二四　ニューヨーク市
西八二丁目　一五三番地
TR三―七七八三

一九五二年二月二日

親愛なるF・Ll・W

ニューヨークへようこそ！　あなたと奥様を、昼食か夕食に御招待できれば、――あるいは私たちの方からあなたのところに伺った方がよいのかもしれませんが？　こちらにあなた方御夫妻をお迎えできればうれしいのですが。――私たちの家ではなく、私たちの冬のキャンプに！

言うことを聞かぬ私の手がLlyod［誤り］などと綴らせたのは、何としたことでしょう！　ご存じのように、この癖はまだ私を悩ませています。何か深い心理学的理由があるのかもしれない――きっとそうに違いない――タイプライターで書いている時は、絶対に間違えないのに！　こんなことでは、私のことをLouisと綴って寄こす連中とまったく選ぶところがない。許してください！

私の変化について言えば――むしろ逆で、以前からの講義の約束を取り消さないで、ついでにこの冬あなたを訪問しようと思っているのです。このパターンは馴染みのものですね。何と進歩のない！

このことを残念に思いながら生き続けてきたのです。

しかし、あなたと出会い、いろいろなことがあってから一ダースもの年月になります。ですから、あまりショックを受けないようにしてください。

愛情を込めて
［署名］
ルイス

［ms ffwa］

［フランク・ロイド・ライトのスケッチへの書き手不詳の記入］

ＦＬＷ――イギリスでは――
貴族主義が
特権を手に入れたことはなかった。
アメリカでは
特権にふさわしからざる者たちに
特権を授けてきた。
その結末ははるかに悪い。

一九五二年二月七日［ルイス・マンフォード所有］

[pc lmp]

親愛なるルイス《Llewis》――！　誤り！

君と再会し、昔ながらの活力あふれるルイス《Llewis》と身も心もご一緒できたのは、本当に言葉にし尽くせない喜びだった。この驚きは、かつて友情を結んだ時のことと同じように、まだ生き生きとした印象を残している。ルイス《Llewis》――君はもはや批評家の域を超え、創造的な著作家となり、文化の大義のための闘士へと変貌したのだ。愛想のいい我らが時流評論家たちは、大義のために何もなし得ない。彼らの及ぼす害毒は、良き者あるいは高貴なる者に対するに多く、邪悪なやつらに対するに少ない。なぜなら、ラジオや新聞や出版業界の連中が、窓ガラスに止まった蝿のように、やつらと一緒になって蠢いているからだ。

だから、我々のすべては冗漫ながら、多くを産むことなく進行している。民主主義を支えるには、我々はあまりにも巨大になり過ぎているのだ。このようなある種淀んだ渦の中、我々自身のために、我々自身の風をつくり出さない限り、我々は国際主義と凡庸へと向かう急流に呑み込まれ、押し流されてしまうのだ。

・・・・・・・

奇妙なことが起こった。ニューヨークの雑誌から、千ドル払うから、何でもうまく書けそうなテーマを自由に選んで、二千語の原稿を書いてくれという依頼を受けた。家に戻ってみると、レコード誌の編集者から手紙が届いていて、私自身の作品について何か書いてくれと頼まれたのだ。レコード誌上で私が参照され続けたからだという。稿料は五百ドルだそうだ。私は懐かしきミケレセン博士から受けた好意を今だにありがたく思っている（一九二七年、私がニューヨークの社会をようやく垣間見始めたころだ）。[*1]　レコード誌に七千五百ドル（当時の金額で）で七本の記事を連載するようにと言ってくれたのだ。「テーマは君が選びたまえ」と言って。私は「素材の本性」を書いた。このテーマについて勉強しようと思った当時には、何の文献もなかった。これが追憶だ。うれしい思い出だ。損失を埋め合わせ、幸せを感ずることができる。

こうして私は、ふたりの出版人に忠誠を尽くすことになったわけだ——ひとりはハワード・メイヤース、もうひとりはミケレセン博士だ。*2 どちらの編集者も今は亡き人の数だが、あの雑誌はあのころとあまり変わってはいないだろう？　広告のページ以外は。

記事の原稿の控えを同封する。*3 よかったら、読んでくれたまえ。ジーンは一部しか控えを取らなかったので、都合のよい時に返却してくれたまえ。*4

君と、美しいソフィーに最上の挨拶を。来る三月、我々がパリへ行く途中で、四人皆打ち揃って夕食をともにしよう——二十九日はどうだろう。パリのボザールでの展覧会は四月三日に開幕だ。*5

常なる愛情を、

［署名］

F・Ll・W　Frank!

フランク・ロイド・ライト

一九五二年二月二十日

[ts jscl]

1　H・H・ミケレセンH. H. Mikklesen，アーキテクチュラル・レコード誌の編集者。ライトのレコード誌の連続記事「建築のために」"In the Cause of Architecture" (1927-1928) を参照。
2　ハワード・メイヤースHoward Myers (-1947)，アーキテクチュラル・フォーラム誌の編集者。一九三八年一月号、一九四八年一月号の、ライトの二つの記事の担当者。
3　ライト「有機的建築が近代建築を見つめる」"Organic Architecture Looks at Modern Architecture," *Architectural Record* III (May 1952): 148-154.
4　ユージン・マッセリンク。
5　フランク・ロイド・ライト――生きる建築の六十年展。

ルイス・マンフォード
ニューヨーク州　二四　ニューヨーク市、
西八二丁目　一五三番地
一九五二年二月二十七日

親愛なるF・LL・W

あなたは、私を出し抜いて、先に郵便ポストに到達されたようです。私の方は数週間出歩いていて、ようやく今、再会で得られた幸せな団結と、理解と、それに伴う甘い思い出を胸に、顔に幸せな笑みを浮かべて戻って来たところです。私たちの関係にしっかりした岩盤がある限りは、その上に何かの拍子で砂利が重くのしかかろうと、問題ではありません。表面にいかに多くの相違があろうとも、むしろそれは共通の基盤の強さを示すのです。あなたも私も、互いの間に一定の相違が存在していること、これからも存在し続けることを知っています。しかしどちらも、このような違いにひるみはしないのです――この国を強迫的な画一性のもとに統制しようという人々とは違って。私たちは、そんな相違などひとまたぎで越えてしまうことができます。あなたにお会いするのはうれしく、あなたのお話をお聞きするのは楽しく、再会の握手は喜びに他なりませんでした。オルギヴァンナにお会いできたこともうれしく思いました。病いの時でさえ、痛みを抱えてさえ、品格を失われない方です。再会というものは、あたりまえと思われがちな団結よりも、人々を取り結ぶのが何であるか、より鋭く示します。それゆえ、私たちを再び出会わせた別離を、祝福してよい気にさえなるのです。こうした物言いが、やけに調子のいいバプチストのように響きさえしなければ、本当にそうしかねないところです。「近代」についての素晴らしく痛烈な批判演説をお送りいただき、ありがとうございました。*1 別送にてご返却いたします。私がまとめている論集は、あなたをさらに後押しすることになるはずです。有機性が、昔も今も、いかに深く、私たちの骨の髄までしみ込んでいるのか、一九二〇年以降の近代が、いかに表面的であったかを明らかにするのですから。*2 国連ビルについて言えば、あの作品は、それを自動性と官僚主義の中に鋳込んでしまったのです。生への関心の中で占めるべき二次的な位置から外れてしまった、機械的機能《ファンクション》と機械的行政《ファンクショナリ》の双子こそ、私たちの時代の本当の危うさを形作っているように、私には思われるのです。私は国際主義を恐れはしません。私たちの根が深ければこそ、私たちは他からの影響を吸収し、自らのものにつくりかえることができるのですし、彼らの方でも同様に、私たちからの影響を吸収するでしょう。私たち皆、今起こりつつあり、また将来さらに進むであろうこうした混合・交配を受け入れて、進歩していかねばなりません。例の建物（国連）は転倒した世界、機械が人間の働きを乗っ取り、人間を無価値に貶めてしまう世界の、まさに完璧な戯画なのです。

…アーキテクチュラル・レコード誌のエピソードは、私もたいへんよく覚えています。あなたに出会った年――まさに初めて会ったその時のことですから。出版された記事に興奮したこともよく覚えています。なぜあれをまとめて本になさらなかったのかと思います。文献の中にあのようなものは見当たりませんし、グートハイムが本で抜粋した部分だけでは、十分ではありません。*3 やはり全文が必要なのです。ぜひあなたの出版社に、この企画を取り上げるよう言ってください。きっと前向きに取り組んでくれると思います。何にしても、著述の対価というのはわからないものです――支払う編集者によって全然違いますから。レコード誌に書いた記事に、ゴーブルが一九二九年当時の金額の倍払うといった時、その額では生活すら立ち行かないと言ってやりました。*4 私の二十年間の進歩の価値を、彼はまったく認めなかったのです！

二十九日、あなたとオルギヴァンナがいらっしゃった時お目にかかるのを、私たちは心待ちにしています。予定はすっかり空けておきます。愛情を込めた挨拶を、あなたがたおふたりに。

［署名］
ルイス

[ts&ms flwa]

1　ライト「有機的建築が近代建築を見つめる」。
2　マンフォード編「現代アメリカ建築の源流」。
3　グートハイム編「建築について」。
4　エマソン・ゴーブル Emerson Goble (1901-1969)，アーキテクチュラル・レコード誌の編集長。

［写真同封の手紙］

親愛なるF・L・W

これが私の「田舎での顔」です――そう、あなたが決してお目にかかったことのなかったやつです！　母なる土の上での姿です。確かに私もあなたを、あなたの土の上では見てはいないのですね。しかし、人格というのは土を通じてでき上がる、そうではありませんか？　私たちの根っこは、その中で出会うのです…。

［署名］
ルイス
一九五二年四月二十六日

[ms flwa]

一九五二年四月二十七日
日曜日

…奇妙なことです、親愛なるフランク、昨日この写真を封筒に入れ、封をしました。そして今朝、あなた方の――私たちの――ヒルサイド・スクールの損失について、呆然としながら読んだのです。[*1] しかし私は知っています、あなたがどのようにして損失を次なる好機に転ずるかということを…。

[署名]
ルイス

[ms ffwa]

1　ヒルサイド・ホーム・スクールは火災で大破し、その後再建された。

ハークネス病棟[*1]
ニューヨーク州　三二　ニューヨーク市
フォート・ワシントン街　一八〇番地
一九五二年八月十四日

親愛なるフランクとオルギヴァンナ

噂がまだあなたがたの所まで届いていなければ、私がヨーロッパを飛び回っていると思っておいででしょう。ところが実際には、五月の初めに舞い戻ってきたのです。赤痢にかかってしまい（ローリーでうつったのです！）合併症を引き起こし、ついでに前立腺肥大の兆候まで明るみに出て、いつどこで膀胱が閉鎖するかわからぬ危険な容態だということがわかったのです。[*2] 一ヶ月間「治療」を試みましたが、手術は避けられぬということになりました。こうして私がここにいるという次第なのです。手術が済んで十三日になります。諺に言う通り、ペテンにかけられたような復調ぶりです。ここに来る前三週間、ソフィーと一緒に、田舎で美しく静かな時を過ごしました。ヨガのような離脱状態のうちに「試練」に直面し、そのすべての瞬間を楽しみました。というのもこの試練には、内面の平和と精神の平穏が伴っていたからなのです。

あなたがたおふたりが、元気でお幸せであることをお祈り申し上げます。月曜日にアメニアに戻ります。もう子供をつくれる体ではありませんが、精神的にはまだ多産です！

愛情を込めて

〔署名〕
ルイス

[ms flwa]

1 コロンビア＝プレスビテリアン病院 Columbia-Presbyterian Medical Center, New York.

2 マンフォードは一九四八年から一九五二年にかけてローリー Raleigh のノースカロライナ州立大学 North Carolina State College の客員教授であった。

私の親愛なるルイス

君は、この夏イタリアで愉快に過ごしているのだろうと思いながら、メキシコから戻って見ると、何とずっとニューヨークの病院にいたと言うではないか。我々は衝撃を受けた。無事に終わったことを神に感謝しよう。君がアメニアに戻り、安らぎの中、心静かに快癒されたと聞き、喜んでいる。少なくとも、家族皆打ち揃い、愛する我が家におられるのだろう。「我が家が一番」というのは、私がボストン流の幼稚園時代に、目打ちされた厚紙の上に色毛糸で「刺繍した」モットーだ。[*1] この昔からの洞察は一片の真理を含んでいるのだと今になって思う。

私たちは、君たち皆を、ここタリアセンのゲストハウスにお迎えしたいと思っている。九月ないし十月、あるいは、そのうち君が来たいと思う期間、いつだってよい。

我らの愛を、君と君のソフィーに、そして愛らしいマンフォード嬢にも。彼女は快活なイオヴァンナを気に入ってくれるだろう。[*2]

愛と信頼を寄せて——

［署名］

フランクとオルギヴァンナ

一九五二年八月三十日

[pc ts&ms lmp]

1 ライトが母親から受けた、フリードリッヒ・フレーベルの教育法 Friedrich Froebel's Kindergarten method に基づいた幼児教育についての言及。

2 イオヴァンナ・ロイド・ライト Iovanna Lloyd Wright (1925-)，ライトとオルギヴァンナ・ロイド・ライトの娘。

親愛なるルイス
しばしば君について語り合っている。我々の心深くにあって、心配の種となっている。「復活」はどんな具合かね？

全快して、かつてのような最高の元気を取り戻したかね？

一言でも良いから知らせてくれたまえ。

十一月八日ごろ、ニューヨークのいつものところ（プラザホテル）に滞在する予定だ。

愛情を、
フランク・ロイド・ライト
一九五二年十月十五日

[cc ts flwa]

ルイス・マンフォード
ニューヨーク州　アメニア
一九五二年十月十九日

親愛なるフランク

あなたからの最初のお手紙を九月に、二通目を——何とちょうど私の誕生日（今日）に受け取り、本当にうれしく思っています！　もっと早くご連絡すれば良かったのですが、ペンシルベニア大学の——予定よりも増えて——三つの講義に、全力を注いでいたのです。[*1] 私はきっと、昔ながらの醸造屋のように、健康で恰幅良く見えることでしょう。実際完全に快癒しました。しかし、身体の方は手術の傷を覚えているようで、余分な負担に耐えるほどのエネルギーは出て来ません。それでも日々良くなって来ており、このような大きな手術を受けた人たちは、これで普通なのだと言います。

あなたがニューヨークにいらっしゃる週末、私はボストンにいる予定ですが、フィラデルフィアに戻る途中で、あなたを捕まえるつもりでいます。（私の住所は、二一　フィラデルフィア　ドレークホテル、です）

おふたりに愛情を込めたご挨拶を
［署名］
ルイス

[ms flwa]

1
マンフォードは一九五一年から一九五六年、一九五九年から一九六一年までの間、フィラデルフィアのペンシルベニア大学University of Pennsylvaniaの客員教授であった。

1953年

Frank Lloyd Wright & Lewis Mumford

一九五三年

ライトの「機械の美術と工芸」の改訂稿を掲載したマンフォード編の「現代アメリカ建築の源流」が出版される。国際様式、ヒッチコックとジョンソンが及ぼす影響の話題が再論される。マンフォードがニューヨーカー誌に書いた、国連ビルに対する辛辣とも言うべき評価を、ライトは称賛する。マンフォードは、建築批評家としての任務について、自らの考えを返信する。

十一月、ライトの回顧展「生きる建築の六十年」が、グッゲンハイム美術館の建設予定地に設けられた仮設展示館で開幕する。ライトの案内で観覧を終えた後、マンフォードはニューヨーカー誌に展覧会の批評を二編連載で発表する。これらはライトの人生と作品の広汎な全体像を捉え、厳しく検証するものである。

親愛なるルイス《Llewis》？　ロイドと同じように綴ってみたが――

マンフォード家の諸君とは、長いことお会いしておらず、またお便りも頂戴していない。病がぶりかえしてでもいるのではないかと、不安に思っている。そうでないことを望んでいる。

休暇が、君とご家族にふさわしい豊かな幸福をもたらしたことを疑わない。こちらの方はと言うと、あまり良好な健康状態とは言えず、だから却って君のことを心配するようになったのかもしれぬ。

今年の砂漠はとりわけ魅力的だ。君たち皆ぜひ見ておくべきだ。君の気さえ向けば、我々の暮らすこの場所はよい滞在場所になるだろう。最後に会ってから、話すべきこと語りあうべきことがたくさん積もってしまった。にもかかわらず離れ離れになり過ぎて、会うことも手紙を交わすこともなくなってしまっているのだ。勝手ながら、昨年秋アメリカ建築家協会の青年部会で行った講演の録音盤をお送りする。[*1]　レコードは我々の事業の新局面だ。大向こうには受けているようだ。でもこの一枚は、きっと君の興味を引くものと思う。

できるならば、また会えるよう、近いところの君の方の予定と活動の様子を知らせてくれないか？

ソフィーと愛らしいマンフォード嬢に愛を。君たち皆に対する我らの愛情と希望をわかってくれたまえ、

［署名］

フランク

フランク・ロイド・ライト

一九五三年一月五日

[pc ts lmp]

1 ライト「アメリカ建築家協会ニューヨーク市支部青年部会での講演」"Talk Given to the Junior American Institute of Architects of New York City," Waldorf-Astoria Hotel, New York, Private Pressing, Columbia Records, July 1952.

ザ・ドレーク
二　フィラデルフィア
スプルース通り―一五番通り西
一九五三年一月十日

…お手紙ありがとうございました、親愛なるフランク。私の体調についてのあなたの直感が、何と鋭かったことか。私たちの休暇は幸せな時でした。いとしき田舎家に家族三人再び揃ったのです。撫でつけられた人形のようにすり切れた我が家に、使い古したグローブのようにぴったりと馴染みました。でも、この休暇の最中、歯茎が腫れ上がってしまい、ひどい思いをしました――かなり前から続いていたのですが、快方に向かっているようです。秋の間中、気分を鈍らせ、眠気を誘い、どうも仕事に集中できなかった原因は、手術の後遺症ではなく、この歯痛だったのです。手術のことがあって、私も医者も歯の治療のことを忘れてしまっていたのです。二十年前同じような経験をしていたことを思い出すべきでした。来る春にしようと思っていた計画は、延び延びになっていたあなたのお宅への訪問も含め、すべてだめになってしまいました。運悪く、痛んでいるのは前歯で、抜歯に伴い再建術に長い手間がかかるのです。素晴らしい年賀のご挨拶への返信に、このような尾籠な話を長々と記し、申し訳ありません。あなたとオルギヴァンナのご調子があまりよろしくないと伺い、むしろそちらの方を心配しています。砂漠にやってくる早春の息吹が、おふたりをすぐに回復させるものと信じます。この春、私は歯の治療のためアメニアとニューヨークの間を行ったり来たりすることになりそうです。その合間に、五月の渡欧までにしておくはずだった書きものをいくらかすることになるでしょう。

私が編纂した「現代アメリカ建築の源流」をあなたがお手に取られたかどうか。自分が書いた小伝をあなたに気に入っていただけるか、作品の選択を適切だと感じていただけるか、おそらく私の方が気になっているのでしょう。[*1] どちらかのタリアセンでお持ちでないならば、すぐに出版社に言って、もう一冊送らせます。娘のアリソンは大変生き生きとした大学生活を送っています。幾人かの洞察力ある刺激的な教授に恵まれたようで、自らの心がまるで朝顔の花のように広がっていくのを大変喜んでいます。彼女の直感はしばしば知性より確かで、まだ十分に扱うことのできないはずの考えを、鋭く予期し、把握してしまうのです。彼女のすべてに、私たちは大きな希望——そして常なる喜び——を抱いています。

お送りいただいたレコードで、あなたのお声を聴くのを楽しみにしています。アメニアで私たちが戻るのを待っていることでしょう——今考えている予定通り事が運べば、一月最後の週には帰ります。ソフィーとともにおふたりに暖かい抱擁を。

愛情を込めて

[署名]

ルイス

[ts flwa]

1 「フランク・ロイド・ライト（1869-）」「現代アメリカ建築の源流」435-436.

親愛なるルイス

何と悲しいことだ！　なおも我々の間に雲が垂れ込め、日の光を隠すのか？　だが、いつか雲は去り、再び光が射すことだろう。だから我々は進んで行くのだ。永遠に…。

いや、——君の本はまだ目にしていない。一冊送ってくれたまえ。お手並を拝見することにしよう。君はすべてその目で見続けてきたのだから。

アメニアのお宅に私の愛を——おそらく、我々夫婦は、いつかそこで君たちに会えるだろう。君ら家族三人分の往復航空券を取るくらい何でもない。ここに来て学生たちと一緒に数日、あるいは好きなだけ滞在してはどうだ。君の健康にとっても、良い休養となるのではないかね？——この太陽のもとで。

愛情を、

［署名］

フランク

フランク・ロイド・ライト

一九五三年一月十二日

[pc ts&ms lmp]

ルイス・マンフォード　ニューヨーク州　アメニア

一九五三年二月二十八日

…ありがとうございます、親愛なるフランク、寛大なお招きと、暖かい慰めのお言葉に対して。この春、お招きにあずかる見込みは薄いので、慰めのお言葉の方を、心よりありがたく頂戴いたします。私の歯医者は、可哀想にウイルス性の肺炎にかかってしまい、いまいましい歯の治療は、少々中ぶらりんになってしまいました。この遅れのおかげで、クーパーユニオンの百周年記念で、一回余分に講演することができました。国民の間に広がっている恐怖と疑惑、そして毒々しい憎悪と非合理性についての挑戦的考察をたくさん盛り込みました。でも一語たりとも新聞には載りません。新聞には一種の冷徹な検閲が働いており、冷戦とそれを支えてきた冷たく凍った心理の誤りを、是認し支持しているのです。ビルト・イン・USA展は、ほんの一目見ただけですが、ご作品がいかなる人物たちの隣に陳列されているかお知りになったら、きっとあなたは激怒なさるだろうと思います。[*1] ヒッチコックは善意の人ではありますが、実際の建築作品の中で、何が本当に起こっているのか、根本的に無感覚なのです。しかし、資料や文献から得られることについては、抽象的にではありますが、大変博学で有能です。ですから、彼が、このような仕事に必要な一種の完璧主義と根気よさをもって、あなたの作品についてのデータを順序よくならべたのならば、まあ善しとしましょう。しかし彼の有用さはここで終わるのです。一方のジョンソンは、悪意を持った狡猾な人間です。ヒューイ・ロングやナチスを称賛した時と、本当はまだ同じなのです。[*訳注1] 今では口達者に民主主義の専門家のように振る舞ってごまかしていますが…。この春、もし歯医者が十分に自由時間を与えてくれれば、私は愛と結婚に関する小さな本を書きたいと思っています。長く暖めてきたテーマで、その内容の一部は「生活の智慧」の一章として考えていたのですが、結局やめてしまっていたものです。

あなたとオルギヴァンナおふたりに愛情を込めたご挨拶を

［署名］
ルイス

[ts&ms flwa]

1　ビルト・イン・USA——戦後の建築 *Built in U.S.A.: Postwar Architecture*, exhibition, Museum of Modern Art, New York, 一九五三年一月二十日から一九五三年三月十五日。

訳注1　ヒューイ・ロング Huey P. Long (1893-1935)，アメリカの弁護士、政治家、ルイジアナ州知事。

親愛なるルイス

この「新しい」批評は、すべて適切だ——この「復活」は、本物の復活だ。なぜなら、我が国の批評家たちはバウハウスに取り憑かれ、この変節を天の啓示と誤解しているのだ。君はこんなことに騙されない唯一の人物だった。

でも、君からは頃合よく手紙をもらっていない。

ご機嫌はいかがかね、ルイス。

愛情を、

フランク・ロイド・ライト

一九五三年三月十八日

[cc ts flwa]

ルイスへ――（マンフォード家の）

…かつてなく素晴らしい！　君の「スカイライン」の――国連総会議場についての――結論（最後の一言）は、まさに予言的な批評だ。[*1] この一言で、君は永遠に記憶されることだろう。勇敢なる確信、私が最初から君に備わっていると認め、称賛を惜しまなかったものだ。

ニューヨーカー万歳！　このような勇気を、他のどの雑誌が持っていよう？　といえども、宮廷の道化師は、他の廷臣たちが決して言おうとしないことを言うものだ。

エマソンが君の肩に手をおいて、こう言うのではないかね？――「我が息子よ」と。

愛情を、
[署名]
フランク
フランク・ロイド・ライト
一九五三年三月二十一日

[pc ts&rms lmp]

1　マンフォード「ザ・スカイライン――国際連合総会議場」"The Sky Line: United Nations Assembly," *New Yorker* 29 (14 March 1953): 72-81.

ルイス・マンフォード　ニューヨーク州　アメニア
一九五三年三月二十六日

…親愛なるフランク、あなたのご感想は、いかなる春の息吹にも増して素晴らしいものでした。称賛は頻繁にやって来るものではありません。尊敬する人からの称賛は極めてまれなことです。ですから国連を批評したスカイラインの記事へのお言葉は、本当に心に沁みました。ニューヨーカー誌上では、これまでもこの作品に対する反逆を試みてきましたが、これまでのところ、この題材自体、まじめに取り扱うのは、時間の無駄かと思っていたのです。しかし、明解さと真実のみに意識を向け、明瞭かつ直截的に論ずることのできる場所が、他にほとんど残されていない中、ここでこの仕事をなすことが、他ならぬ私の公的な義務であると考えるに至ったのです。親愛なるフランク、現代の建築批評を覆うすべての誤謬と見せかけについて、あなたにお伝えしたいという誘惑にかられます。彼らがあなたの創造的な作品から、五分たりとも離れないようにしておくべきです。長い目で見れば、これらの過ちは、自ずと論駁されていくでしょう。そうでないにしても、そう、私が相手になって闘いますので、あなたはうっちゃっておいてください。さらに私たちの後に連なる若者たちがいるのです！　あなたの新しい作品はすべて、それ自体が論駁なのです。

この春は私にとって奇妙な中断の時となりました。しかし、ある意味で得るところもありました。私の歯医者がウイルス性肺炎にかかり、一ヶ月間休診してしまいました。彼が復帰してみると、ちょうど私の感染症にうまく合う、新しい抗生物質の報告を目にしたのです。今これを毎週一回、歯の間に投与しています。彼はこの治療には可能性がある、かなり良い見込みがある、この薬のおかげで、普通は数年間かかる再建術を省くことができるかもしれない、と言っています。

今、ソフィーと私は、二ヶ月間ここで牧歌的な時を過ごしています。楓の赤い葉の最初のそよぎから始まり、待雪草、トリカブト、スチラへと続いていく春の到来を見つめながら。一九四一年以来、私たちがあらゆる変貌をくぐり抜けて以来初めての冬です。あなたとオルギヴァンナが、砂漠の地で私たちと同じ喜びの時をお過ごしのことと、信じております。

愛情を込めて

［署名］

ルイス

[ts&ms flwa]

[「建築のために—国際様式について」に記された献辞][*1]

ルイス《Llewis》に——

闘いの「火蓋は切られた」——

[署名]

フランク——

タリアセン・ウエスト——四月二十日

五三年

[pc ms lmp]

1　ライト「建築のために——国際様式について」"In the Cause of Architecture: The 'International Style,'" 私家版、Taliesin, February 1953.

ルイス・マンフォード
ニューヨーク州　アメニア
一九五三年五月四日

親愛なるフランク
この春は、最初から終わりまで、うちひしがれた時となりました。終いにはソフィーが三週間にもわたって病気になってしまったのです。しかし、やっとのことで明後日、ヨーロッパへと出港することになりました。あなたがくださった様々な資料――あなたのお話のレコード、凛々しいお写真、エッセイ――に対して、出発前に少なくとも一言、愛情を込めた感謝のご挨拶を申し上げなければと思ったのです。何よりもまず感謝申し上げたいのは、これらを他ならぬ私にお送りくださった、そのお気持ちに対してです。秋にお目にかかるのを楽しみにしております。今は、すべての祝福をおふたりに。

愛情を込めて、
［署名］
ルイス

追伸　ソフィーとアリソンとは六月に合流する予定です。

[ms flwa]

親愛なるルイス

今頃はもう、悪くなった歯は抜いてしまって、痛みからは解放されたことと思う。バウハウス・ギャラリーの双子君たちについて、君が言っていることはまったく正しい。[*1] 君の側から離れないようにするため、ここに最新の記事を同封する。[*2]

イタリアの称賛記事も同封する。[*3] なぜウィスカーは、このような記事を書くことができなかったのだろう。[*4] おそらく、ジャンカルロ・デ・カルロに伍する人物ではなかったからだろう。[*5]

ソフィーと愛らしいお嬢さんに、私の挨拶を。

愛情を、

フランク・ロイド・ライト

九月十二日

一九五三年

注　君が愛と結婚について本を書こうとしているのならば、ママー・ボートン・ボースウィックがタリアセンで書き上げ、エレン・ケイが翻訳した本を覗いてみてくれたまえ。[*6] 彼女はこの本を書き上げたすぐ後に亡くなったのだ。

[cc ts flwa]

1 ヘンリー＝ラッセル・ヒッチコック・ジュニアとフィリップ・ジョンソンを指す。

2 おそらく、ライト「『国際様式』からの孫引き」"Excerpts from the 'International Style,'" *Architectural Record* 113 (June 1953): 12, 332. のこと。

3 ジャンカルロ・デ・カルロ「ライトとヨーロッパ」Giancarlo de Carlo, "Wright and Europe," 原著 "Wright e l'Europa," *Sele Arte* 1 (September-October 1952): 17-24. Giovanni del Dargo 訳による抜刷り。

4 ヘンリー＝ラッセル・ヒッチコックのあだ名。

5 ジャンカルロ・デ・カルロ Giancarlo de Carlo (1919-), イタリアの建築批評家。

6 エレン・ケイ「女性の倫理——論文集、ママー・ボートン・ボースウィックによるスウェーデン語からの翻訳」、Ellen Key, *The Morality of Woman and Other Essays*, translated from the Swedish by Namah Bouton Bothwick [*sic*] (Chicago: Ralph Fletcher Seymour Co., 1911); ママー・ボートン・ボースウィック Mamah Bouton Borthwick (1869-1914), アメリカの著作家、ライトの愛人。

[ジャンカルロ・デ・カルロの「ライトとヨーロッパ」の冒頭への記入]

ルイス、

このことはヨーロッパによって言われねばならなかった——我が国には真実を語るものは誰もおらぬのか——?

[署名]

フランク

[pc ms lmp]

ルイス・マンフォード
ニューヨーク州　アメニア
一九五三年十月二十六日

親愛なるフランク
荷物をまとめたりほどいたりしながらどたばたしている最中、電話であなたの暖かいお声をお聞きして、いかにうれしい思いをしたことか。あなたにこの気持ちをお伝えしようと思いながら、一ヶ月ほどが過ぎてしまいました。これから秋の間家を留守にしようとしていた週末、あなたからお便りをいただき、ご近況と、あなたの展覧会が来週から内覧されるという、うれしいニュースを知りました。[*1] 実際のところ、私たちは二十二日木曜日の午後遅く、ニューヨークに着く予定です。同日の五時以降、あるいは金曜日の午後五時までであれば、いつでもあなたとお会いできます。どちらの日でもかまいませんから、お忙しい時間の隙間に、私たちを割り込ませていただければ、と思います。私は六十年展の大きな成果について、ぜひ深く検討したいと熱望しております。身も心もまもなく再会できることでしょう。
愛情を込めたご挨拶を、あなたとオルギヴァンナのおふたりに、

常にあなたの
［署名］
ルイス

追伸　私は再びペンシルベニア大学で教えています。住所は　二　フィラデルフィア　ドレーク・ホテルです。

[ts&ms flwa]

1　行方不明の手紙。「フランク・ロイド・ライト：生きる建築の六十年展」*Frank Lloyd Wright: Sixty Years of Living Architecture*, exhibition, New York, 一九五三年十一月。

ザ・ドレーク
二　フィラデルフィア
一九五三年十一月二十三日

親愛なるフランク

昨日、これまで企てた中で最も難しい仕事を終えたところです。あなたの建築における人生と作品の批評のことです。この記事の前編は、今週のニューヨーカー誌に掲載されます。[*1] 後編は多分次号に載るでしょう。[*2] 称賛の言葉だけを書き連ねるつもりだったならば、事はもっと簡単だったでしょう。しかし私は、この時代が、もっと包括的で、もっと鋭い洞察を備えた、もっと分別ある記事を要請しているのではないかと思ったのです。ですから、怖れに打ち震えながら、同時に称賛と愛を感じながら、私は、あなたの作品についてのこの記事を、これまであなたの友人も敵も試みようとしなかったほど、あえて直截に書いたのです。私はこの試みを、あなたへの義務であると同時に、来る世代への義務であると自負しています。もしも、私たちの間の真の相違を明らかにしないまま、語るべきと感じたすべてを書き切ることができなかったとしても、私はまだ私たちの友情の堅固さを信頼しており、一時的動揺を吸収してくれるものと思っています。いつもの通り「最良の言葉は言われずに残る」ということです。しかし、あなたはすべての段落にその気配を察知なさることでしょう。

時を重ねた友情のもとに、

［署名］

[ms flwa]

1 マンフォード「ザ・スカイライン——稀代の不死鳥」"The Sky Line: A Phoenix Too Infrequent," *New Yorker* 29 (28 November 1953): 133-139.

2 マンフォード「ザ・スカイライン——稀代の不死鳥——II」"The Sky Line: A Phoenix Too Infrequent—II," *New Yorker* 29 (12 December 1953): 116-127.

［電報］
PA五九〇LA〇六九
L・PFA　一五八DL　PD＝アリゾナ州　フェニックス市局　二十九日　午前十一時
四十五分＝一九五三年十一月二十九日　午後二時四十一分

ルイス・マンフォード　サマ＝
フィラデルフィア　ドレーク・ホテル＝

親愛ナル　ルイス
マダ記事ヲミテハイナイガ　ヨロコンデイル」君ハ真ノ質ヲソナエタ唯一ノ批評家ダ」イイコロア
イダ」君ノ記事ハ　タブン私ノ墓碑銘トシテ刻マレルノダロウ」

愛情ヲ＝

フランク・ロイド・ライト＝

［pc lmp］

［一九五三年十一月から十二月ごろ］

ザ・プラザ
ニューヨーク
五番街　五九丁目

親愛なるルイス――

昨夜こちらに来る飛行機の中で、君の「評価」を読んだ――喜びと怒りをこもごもに感じながら――。*1

読んだ？　私の依頼主と私自身を侮辱したのだ。――私は自惚れが強いかもしれないが、愚か者ではない――私の依頼主も同様だ。

彼は、個人が家を手に入れるためには、「様式」のもとを尋ねなければならないという考えに立ち戻っている。優れた建築家の客となるよりも「様式」の客となった方が良いと言っているのだ――そうだろう？

民主主義に対抗する共産主義者にとっては得になる論点だ。

彼は私の依頼者たちの話を聞くべきだ。そう、君はひとりとは話をしていたな――ポール・ハンナと。君は彼から誤った印象を受け取っている――少なくとも彼はそう言い、私もそう言う。

たったひとつの言葉がすげ替わってしまったのだ。生活における隠喩の混同を難ずるに際して、「私の」という言葉は、本当は「あなたの」であったのだ。文章を書く者として、同じくらい責められるべき混同だろう。君の家と私は言い、私の家と君は言う。

そう、私はニューヨーカーの記事に、この誤った引用を見たのだ——実際にこの目で。

さてルイス、君は、人々が自らの個性が薄らぐことのないよう、熟達者《マスター》を避けて、下僕を雇い入れるべきだと唱えるのか？

だとすれば「国際主義」万歳だ——共産主義者が民主主義者に勝利しただと？　いや、君はそういうことを言っているのではない——君が言っているのは、熟達者は自分の作品の力について自惚れが強いので、彼の依頼者は名人芸に捧げられる生け贄になるということだ。

この答えは、依頼者自身から来るべきものだ。

彼らは、人々から聞かれるだろう。なぜならば、ハーバート・リード卿経由での君の非難は、彼ら全員を怒りに震えさせるだろうからだ。*2 彼らの（そして私の）知性に対する不条理な侮辱なのだ。

しかしながら、変わらず同じ愛を君に。君はもっとよく学んでいくだろう——

尽きることない愛情を

［署名］

フランク

[pc ms lmp]

1　マンフォード「ザ・スカイライン——稀代の不死鳥」。

2　ハーバート・リード卿 Sir Herbert Read (1893-1968)、イギリスの詩人、批評家。

ザ・ドレーク
二　フィラデルフィア
スプルース通り――一五番通り西
一九五三年十二月三日

親愛なるフランク
私のニューヨーカーの批評を、あなたがそんなにも悪くとられているのを、悲しく思います。人の作品に対する最上の称賛は、質の検討を省くようなものではなくて、すべての質の検討を終えた後に控えているものだと思うからです。この記事の与えた動揺をあなたが乗り越えたなら――私は記事の中で、あなた自身の人生と作品を、息子についてそうしたのと同じく、愛すべきものと感じつつ厳しく取り扱ったのです――いつの日か私の記事に満足され、おそらくこれまで以上の最高の批評的栄誉として受け止めていただけるだろうと信じています。私は二週間前に後編を書き終え、あなたからのお手紙を受け取る前に、校正を済ませてしまいました。次週、発行されます。これは、ある意味では、あなたのお手紙に対する返答となるでしょう。私たちの人生哲学の本質的相違を表に出した、予想通りの答えです。もし、後編の記事があなたをより深く傷つけ、さらなる痛みを与えるのだとすれば、それと同じくらい称賛も高まってゆくのです。ただ一点だけ、あなたのお考えを正しておきたいと思います。あなたへのポールの確固とした忠誠を認めていただきたいのです。あなたの作品についての私の判断は、ハンナが私に言ったことにも、ハンナの家が実際に私の暮らした唯一のあなたの作品であるということにも、あまり大きく影響されていないのです。この判断は、ポール以外の依頼主たちの報告に基づくものであり、また何より、あなたの作品そのものに備わっている証拠に基づいているのです。あなたが作品の中で表現していることは、どんな話にも増して、あるいはあなたの考え抜かれた文章にも増して、誤りようのないものなのです。深い尊敬と、変わらぬ暖かい愛情とともに、ひとりの熟達者《マスター》から、もうひとりの熟達者へ――

［署名］
ルイス

[ts flwa]

［一九五三年十二月ごろ］

親愛なるルイス

以前と変わらず君に愛情を寄せている。悪くとっているだと？　思い違いをしないでもらいたい。私は栄光とともにこの罰を受け入れ、額ににじむわずかの血は、私の愛の完全性《インテグリティ》をいささかも傷つけることはない。スティックス・アンド・ストーンズを著した若者に対する愛情をだ。彼は私の関心の中央に位置し続けている。

依頼主の能力をあまりにも超越してしまったようなわずかな家のひとつに、よりによって君が住むことになったのは、何と不幸な偶然だろう。私は、六角形のモジュールが（移動を容易にさせるという点で）大工が好む慣用的直交グリッドよりも、人間の生活にもっと適するのではないかというアイデアに熱中していたのだ。ポールの知性は、ポールと私の両方を馬鹿にしてしまったのだ。

住み手が自らふさわしいと認める住宅はたくさんある――九割がたはそうだと言ってよいだろう。ロイド・ルイス邸は完璧な一例だ。*1　その他、その他、そう、まだ他にも。

住宅における進歩の道筋が正しいとしても――（本質的に）――芸術作品というものは、当然のことながら、口あたりのよいものではあり得ないし、それを残念がるようなものでもないのだ。君はこのことをわからなければならぬ。しかし、私はこうした仕事に従事しているのだし、君だって同じことだ。君が気付いているにせよ、いないにせよ。ソフィーだって同じだし、アリソンだってそうなるだろう。我らが愛を君たち皆に、君が来て、その目で見るべき場所から届けよう。

愛情を、

[署名]
フランク
フランク・ロイド・ライト

F・Ll・W

しかし、あのファンズワース邸と比べれば、ハンナ邸は何と慈悲深いことか![*2]

[pc ts&ms lmp]

注

1 ロイド・ルイス邸 Lloyd Lewis Residence, Libertyville, Illinois, 1939.

2 ルートヴィッヒ・ミース・ファン・デル・ローエ、エディス・ファンズワース邸、Ludwig Mies van der Rohe, Edith Farnsworth Residence, Plano, Illinois, 1945-1950. すべての壁面がガラスのカーテンウォールでできたファンズワース邸は、プライバシーの欠如について広く批判された。

［送付されず］

親愛なるルイス

オルギヴァンナが、君のニューヨーカーの称賛の言葉を読み聞かせてくれたところだ。[*1] ルイス――私は今初めて理解した。なぜ君が東西どちらのタリアセンにも来なかったのか、そして、古い傷跡が君の心の中で今も疼き続けているということを。我々の間の宿命的相違は、誰にでもある凡庸なことのように見える。しかしそれは、生来の発想力を発揮して乗り越えていくべき、皆のための凡庸ではないのだ。

共産主義対民主主義、量よりも質だと？　君は疑いなくすべての人々を祝福した、ただ君の犠牲者だけを除いて。かの批評家が、自らの神聖な義務とはいかぬまでも、己の特権と考えて差し出した生け贄なのだ。国際様式は勝利した。国際主義は君の中に友人を見い出したようだ。しかし私が本当にびっくりしたのは、君が荷車を馬の面前に付けたことだ――ヨーロッパに先例作品を求めたことで。本当の功績は私たちにあるのに。なぜなら、私の作品は一九一〇年に（十一年も前に）ヨーロッパで出版されているのだ。[*2] このことはなぜか君の興味を引かなかったようだ。

人間性というまさにその点において、ブロードエーカー・シティをもう一度よく検討してくれたまえ。そして――タリアセン・フェローシップに実際来て、その目でよく観察してもらいたい。人間的な刺激が私の仕事の中に含まれているかどうか、そんなに気になるのであれば。

実際のところ、君の批評に逐一記されている見解とは裏腹に、人間性は死滅してしまっている。このことはいつか、さらに明白になるだろうと信ずる。

そう、昔の諍いが再び表面に浮かびあがったのだ。何と悲しいことだろう。批評の能力の発露は、ある種の先入観を必要とするのだろうか？　君が、建築家としての私の本当の意義について、これほどまでに「腑に落ちて」いなかったということを、今初めて詳らかに知ったのだ。私の作品における――私自身にとっての、私の時代にとっての、君にとっての、そして君の者たちにとっての、私の意義について。

にもかかわらず、私の挨拶をソフィー、アリソン、そして君自身に。

いつものように愛情を、民主主義者から、今や…社会主義者となった者に。

[署名]

フランク

フランク・ロイド・ライト

一九五三年十二月十八日

ルイス《Llewis》！　私が傷つく本当のわけは、君が――希望と愛を持って見守ってきた君が――私の作品を正反対に理解すべきだということを知るからだ。

[署名]

F

[ts&ms flwa]

1 マンフォード「ザ・スカイライン——稀代の不死鳥——II」。

2 ライト、ヴァスムート版作品集。

親愛なるルイス

文芸は人間に何が起こるかを語る。しかし、建築はそれを表現《リプレゼント》し、具現《プレゼント》する。

愛情を、

フランク・ロイド・ライト

一九五三年十二月十八日

[cc ts flwa]

［変種］

親愛なるルイス

文芸は人間に何が起こるかを語る。しかし建築は彼に具現する。

注　君は、著作家たちの帽子かけの金具の列に、引っ掛かってしまったのだ。

愛情を、

フランク・ロイド・ライト

一九五三年十二月十八日

[cc ts ﬂwa]

1954-1958 年

Frank Lloyd Wright & Lewis Mumford

一九五四—一九五八年

一九五四年の初め、マンフォードはライトとの友情の傷を修復しようと試みる。数ヶ月後、マンフォードはニューヨーク・タイムズ紙に冷戦に対する抗議の手紙を書き、ライトがそれを称賛する。ソフィア・マンフォードとオルギヴァンナ・ライトは、春と秋に手紙を交換し、それぞれの家族の近況を伝え合う。

一九五五年、ライトは八十八歳の誕生日を迎えるが、再び病がマンフォードのライト家への訪問を阻む。マンフォードは「私たちを最初に引き合わせた書」「スティックス・アンド・ストーンズ」の改訂に取り組んでいることを伝える。同年終わりに出版されると、ライトはそれを「称賛すべき」「勇気溢れる」書と呼ぶ。オルギヴァンナ・ライトは自らの個人的哲学を「思索随想」という本にまとめ、出版する。一九五六年十月、ライトはシカゴ市から表彰される。マンフォードは記念晩餐会の司会を務めるようライトから依頼されるが、日程の調整がつかないとして断る。しかし本当はライトの新しい計画案「一マイル高の摩天楼」に疑念を抱くためである。

一九五七年から一九五八年にかけて、手紙のやり取りは非常にわずかになる。ライトはヘンリー＝ラッセル・ヒッチコック・ジュニアの書いた記事を不愉快に思う。マンフォードは、ライトについての小冊子など、自らの企画について書き送り、マサチューセッツ工科大学からの招聘や、冷戦の不安についての懸念にも触れる。ライトは、ルイス・サリヴァンとともに過ごした時期に再検討を加えた自伝の改訂章をマンフォードに送る。

ザ・ドレーク
二　フィラデルフィア
スプルース通り——一五番通り西
一九五四年一月四日

…最高のクリスマスプレゼントが、昨日やっと届きました。アメニアで家族一緒に休暇を過ごし、こちらに戻ってきたところです。親愛なるフランク、あなたからの二通の手紙は、転送されなかった手紙の大きな束の中にありました。これ以上の新年の挨拶を望むことなどできません。あなたのご作品についてては、わたしがそれについて何を書こうと、文章よりずっと長く生き続け、それ自身証言し続けることでしょう。これこそあるべき姿なのです。「最良のことは言いあらわすことはできない——それは言われずに残っていることだ」。幸いなことに、私の批評記事はすべてあまりにも短いので、あなたの作品について言われるべく残されたことを、詳らかに証言するのは容易でしょう——特に、私が自分の目で見ることのなかった、ここ数年間の絶頂期の作品に備わる美と栄光について。

今この時、すべての力と光をあなたに、そして新しい年のすべての祝福をあなたとご家族に。ソフィーからもくれぐれもよろしくとのことです。

おおらかなお心に対する感謝とともに
常にあなたの
[署名]

ルイス

[ms ftwa]

オルギヴァンナ・ロイド・ライト

一九五四年四月二日

親愛なるソフィー

あの日、ニューヨークに留まってお昼をご一緒できず、申し訳ありませんでした。イオヴァンナから急ぎの電話があり、私の助けを求めておりましたので、出立せねばならなかったのです。もしかしたら、彼女がシカゴのグッドマン劇場でダンスの公演に出たのをご存じかもしれませんね。[*1]出演した若者たちは、新聞の悪評にさらされましたが、観客の方々は心より彼らに味方なさっておいででした。

再びご一緒できることを、いつも楽しみにしております。ルイスとフランクにどんな考えの違いがあろうとも、それは彼らの間のこととして、家族同士のおつきあいを続けて参りましょう。あなたがたご家族三人、私たち家族三人、そしてお互い失ったふたりの子供の思い出を抱きつつ。[*2]

あなたがたお三方に、私の愛と私の望みをお届けいたします。人生の良きものが、あなたがたにあますところなく恩寵をお恵みくださいますように。

［署名］
オルギヴァンナ

[pc ms lmp]

1 *Music, Ritual Exercises and Temple Dance by Georges Gurdjieff,* ライトの紹介と、タリアセン・フェローシップのメンバーの出演による公演。シカゴ美術館が主催。Goodman Theater, Chicago, 一九五三年十一月三日。

2 ゲデス・マンフォードとスヴェトラーナ・ライト・ピータース Svetlana Wright Peters (1917-1946) を指す。スヴェトラーナはオルギヴァンナ・ロイド・ライトの娘で、ライトの養女。ウィリアム・ウェスリー・ピータースの妻であった。スヴェトラーナは息子ダニエルとともに、一九四六年ウィスコンシン州スプリンググリーン近郊で自動車事故のため死亡した。

親愛なるルイス
タイムズへの手紙は、君らしく、君がなすにふさわしい筋道に、君が復したことを示すものだ。*1
権力者たちのあらゆる愚かしさに対する、立派で勇敢な告発だ。

愛情を、
［署名］
フランク
フランク・ロイド・ライト
一九五四年四月五日

[ts lmp]

1　マンフォード「試された水爆実験の政策」“Policy on［Hydrogen］Bomb Examined,” *New York Times*, section IV (28 March 1954): 10.

ルイス・マンフォード夫人　ニューヨーク州　アメニア
一九五四年四月十二日

親愛なるオルギヴァンナ
あなたのお手紙は私たち三人の心を暖めました。転出したニューヨークからお手紙が転送されてきた時、アリソンも春休みで家にいたのです。ペンシルベニア大学の秋学期以外は、この愛しい我が家で暮らしております。もちろん私の方も、あの日お会いできず大変残念に存じます。けれども、お嬢様があなたを必要となさったあの時、あなたが他のすべてを顧みず、ただひたすらお嬢様のもとに駆けつけられたことを、うれしく思いました。私たちの間にまた別のきずなが結ばれたと感じたのです。私もあなたとまったく同じように感じております。私たちのつれあいふたりとも、お互いの質を認めているのですから、彼らの間でどんな言葉が取り交わされようとも、きっと意見の相違を乗り越えることでしょう。
私たち、あなたと私自身のことについて申し上げれば、いつの日か、せかせかと落ち着かぬ昼食の席より、もっとじっくりお話しする機会あるものと、まだ望みを抱き続けております。ご一緒した後は、いつも深い泉に触れたような気がいたしまして、心よりお目にかかって良かったと感ずるのです。このような出会いが、もっと頻繁に、またもっと長く続いてくれればと祈っております。おそらくいつの日か、あなたがたがタリアセンにご在宅の折、ルイスと私で西に赴き、お訪ねすることもやと思うのです。まだ望みを捨ててはおりません。

それまでのところは、暖かい挨拶を、家から家へ。

[ms ftwa]

［署名］
ソフィア

ザ・ドレーク
二　フィラデルフィア
スプルース通り―一五番通り西
一九五四年十月十八日

親愛なるオルギヴァンナ

ルイスの講義の日程のためフィラデルフィアに留まらねばならず、先週の歓迎パーティに参加できずに申し訳ありませんでした。ご招待の中に私たちを含めてくださったことをうれしく思っております。おふたりのお姿を垣間見る格好の機会ともなりましたのにと、残念でなりません。

私は木曜日、所用でニューヨークへ短い一泊旅行に参りました。パーティの埋め合わせに、電話口であなたと一言でもお話しできはしないかと思い、プラザホテルにかけてみたのですが、何とも運悪くご不在とのことでした。

この春タリアセンで、あなたがたにお目にかかれないかとの思いを抱き続けております。でも、ルイスは、昨春始めた本の原稿を書き直し終わるまで、アメニアに留まらなければならないのです。[*1] この仕事のために、彼は西への旅を取り消してしまいました。もし私が生まれつき楽天的でなかったら、あなたにお会いする望みを絶たねばならないところでしょう。お互い心ゆくまでお話しできるよう、ちゃんとしたところでゆっくりお会いしたいことですのに。でも最後には忍耐が勝ることでしょう。

皆様すべてにわたり順調でいらっしゃること、イオヴァンナがお仕事から喜びを享けられていることを望んでおります。二年間の中断の後、今年になってアリソンはまた絵を描き始めました。彼女には才能があり、私たちは仕事の再開を喜んでおります。
暖かな挨拶を、家から家へ。

常に
[署名]
ソフィア

[ms ftwa]

1　おそらく、マンフォード「変貌する人間」*The Transformations of Man* (New York: Harper and Brothers, 1956).

ニューヨーク州　アメニアにて
一九五五年一月二日

親愛なるF・Ll・W

新年の手紙を、私たちふたりからあなたとオルギヴァンナへの愛を込めたご挨拶から始めたいと思います！　この二ヶ月というもの、あなたにお手紙を書く静かな時間を待ってきました。しかし、アメニアでの休暇中でさえ——私はフィラデルフィアでこれを書いており、二月までこちらにいることになっているのですが——そうした時間がなかなか見つかりませんでした。あなたは本当に東にいらっしゃり、お暮らしになるおつもりでしょうか？　こちらにいる私たちにとっては幸運なことですが、しかしあなたがご家庭を後にされることを悲しむのです——アメニアを去る時の私自身の心残りを、強烈に思い返しながら。私にとってアメニアは、たかだか私一代のものに過ぎませんが。「マクレガーのあるところ主人の席あり」という言葉は、スコットランドの一族よりも、あなたに一層よくあてはまることでしょう。あなたの中のウィスコンシンは、あなたが後にされるウィスコンシンよりも、もっと生き生きとしたものであるに違いありません。

ニューヨークに再びお出かけの際には、ぜひお知らせください。私たちふたり、ぜひお目にかかりたいと思います。今は、私たちの暖かい抱擁を。

常にあなたの、

［署名］

[ms flwa]

ルイス・マンフォード
ニューヨーク州　アメニア
一九五五年六月一日

親愛なるオルギヴァンナ
今朝、あなたからの電報を受け取りうれしく思いました。[*1] あなたのお招きを承れるなら、その喜びはいかばかりでしょう。この春、人生が私たちにとって心安くあるならば、お招きにあずかるに最良の時となったことでしょう。今ごろは、取り組んでいた本は完成していなければならず、どんな重圧からも解放されて、今年初めての休息の時となるはずでした。[*2] しかし、何と悲しいことでしょう！
五週間前、ソフィーがめずらしいウイルスに感染し、三週間入院したのです。十二日間にもわたった高熱が引いた後も、体力が消耗してしまって、家に戻ってからもずっとベッドで寝込んでいます。医者は完治には夏の終わりぐらいまでかかるのではないかと疑っています。今度の病気は、彼女の人生の中で最も重い――命にかかわるほどのものでした。運悪くアリソンは、六月十日まで家を守らねばならず、こちらに来るという訳にもいきません。ですから、私がひとりでウィスコンシンに行くことはできないのです。これまで延期に延期を重ねてきて、ようやく巡ってきたこの機会を逃したくない気持ちは山々なのですが――たとえ私の本がまだ完成には程遠いにせよ。私たちはこうした事情をかえすがえす悲しく思っております。なぜなら、私たち二人ともに、あなたからのお言葉が照らし出す愛と理解に対して、何より身をもって返礼したいと望んでいるからです。

深い友情において、
[署名]
ルイス

追伸　同封のものは、フランクに——お誕生日の贈り物として。

[ms flwa]

1　行方不明の電報。
2　おそらく、マンフォード「変貌する人間」。

ルイス・マンフォード
ニューヨーク州　アメニア
一九五五年六月一日

親愛なるフランク

まず最初に、あなたのお誕生日の抱擁をお送りします。ソフィーとともに愛情を込めて抱きしめましょう。あなたのもとに行くことができず、私たちは寂しい思いをしています。この日、あなたを祝福する歌声の中に身をおいて、ともに高らかに歌うことができたなら、幸せこの上ないことでしょう。あなたのように不死を達成されてしまった方にとっては、誕生日という無益な人生の区切りなど、どうでもいいことなのでしょう。あなたのもとへ雲を越え飛んで行くことができなかった私たちこそが、このようなほこりにまみれた里程標を確かめ数えるのです。私は「現代アメリカ建築の源流」の中で、あなたのことを「アメリカ建築における富士山《フジヤマ》」と呼びました。活火山のように尽きせぬ創造力が、あなたを聖なる人神に変え、あなたの作品とあなたの存在を堂々と屹立させ、慈愛に満ちた活力を私たち皆に垂れるのです。あなたが想像され建設されたものすべてを味わい尽くすことができるほど、私たちが長く生きられるならよいのですが…。私たちを最初に結び付けた本——スティックス・アンド・ストーンズ——の改訂で最も重要な任務とは、ふさわしい部分に補足を加えることだとわかりました——あなたのお名前を！[*1]

すべての祝福を、あなたの素晴らしい人生に、そして、それをお祝いする日に。

愛と友情において、

[署名]

ルイス・マンフォード

[ms ftwa]

1　マンフォード「スティックス・アンド・ストーンズ、改訂版」*Sticks and Stones: A Study of American Architecture and Civilization*, rev. ed. (New York: Dover Publications, 1955).

オルギヴァンナ・ロイド・ライト
一九五五年六月二十日

親愛なるルイス
フランクと私ともども、ここタリアセンにあなたとソフィア、アリソンをお迎えできず、寂しく存じます。ご病気がご来臨を妨げている由、大変お気の毒なこととお見舞い申し上げます。ソフィアの強い心性が、きっとお医者様のお見立てよりも早くウイルスに打ち勝つに違いありません。お医者様が常に正しい訳ではございませんもの！

フランクは誕生日にあなたからの美しいお手紙をいただいて喜んでおりました。私たちは、ともどもあなたの新しいご本を楽しみにしております。殊にスティックス・アンド・ストーンズが再版されるとのこと、とりわけ喜ばしく存じます。このご本はあなたとフランクのきずなの礎となったものです。夫が支えを必要としていた時に、この本があらわれ、他ならぬあなたがまっ先にお支えくださったのですから。

私が取り組んで参りました本が、十月に出版の運びとなります。[*1] 哲学的な随想を集めたもの——観念の世界での私の探求、考察、そして経験の成果をまとめたものでございます。

あなたとソフィアが、私の記しました内容に共感を見い出してくださるなら、幸いに存じます。ともあれ、私ども常日ごろより、お慕いする方々からご理解お寄せいただければと、切に願っております。

あなたに私の愛を寄せて、

［署名］
オルギヴァンナ

[pc ms lmp]

1　オルギヴァンナ・ロイド・ライト「思索随想」Olgivanna Lloyd Wright, *The Struggle Within* (New York: Horizon Press, 1955).

［スティックス・アンド・ストーンズの改訂版に記された献辞］

フランクに　愛を込めて　私たちを最初に結び付けた本を。

[ms ﬂwa]

［署名］
ルイス
ニューヨーク州　アメニア
一九五五年九月

ルイス・マンフォード様
ニューヨーク州
アメニア

私の親愛なるルイス

小さな重要な本を見ることができ、本当に幸せに思っている。確かに我々を結び付けた本だ。称賛すべき（当時にあっては）勇気溢れる書だ。この本が、我々をかつてきずなを結びあったところに引き寄せたまわんことを。君と一緒する機会はあまりにも少なかった。ルイス――だから今度またプラザホテルの住まいに行く折には、皆集まって、昔のように議論に花を咲かせよう。

我々は、君と君のソフィー、娘さんが幸せであるように祈っている。君が私のことを祈ってくれたのと同じように。

いつも通りの愛情を、
フランク・ロイド・ライト
一九五五年十月十九日

注　なぜ君は「ふたつのタリアセン」、あるいはそれに並ぶ作品を見ようとはしないのだ？

[cc ts flwa]

ルイス・マンフォード夫人
ニューヨーク州　アメニア
一九五六年一月一日

親愛なるオルギヴァンナ

休暇に入り、我が家に戻ってみると、あなたのご本が私たちを待っていて、帰宅の喜びを一層大きくしてくれました。私たちは我が家にアリソンと婚約者ロブ・カウリー、新婚の私の姪夫婦を迎えるため、ぎりぎりになって戻って参りました。*1 あれこれ計画したり、話し合ったり、若い情熱に触れたり——愛すべきものですが、少々時間を食い過ぎます——ようやく一段落したところです。今では、家は半分がらんとしてしまって、残りは半ば眠ったかのようです。こうした平和と静寂の中から、あなたに感謝の言葉をお伝えしたいと存じます。「思索随想」をお送りくださったことへのお礼だけではなく、そこに記された智にあふれる洞察へのお礼も。いつかあなたと静かな時をご一緒したいと、長いこと願い続けて参りました——今、ある程度この願いは叶えられたのです。このご本を二重の意味でありがたく思います。と申しますのは、ここを訪れた幾人かの若者の挙げた疑問に、このご本が連なっているからです。この洞察は彼らとも共有できますでしょう。まだ完全には読み通してはおりません——このご本は、何度も読み返しながら、ゆっくりと吸収すべきものです——人生の智が、数多く盛り込まれております。文章の要領もよく、恩恵にあずかる人々にとって読みやすいことでしょう。

親愛なるオルギヴァンナ、ご著書のご執筆、ご恵贈につきまして、重ねて感謝申し上げます。

私たちの愛をあなたがたおふたりに。
［署名］
ソフィア

[ms ftwa]

1　ロバート・カウリー Robert W. Cowley (1934-)，アメリカの著作家、編集者。

ルイス・マンフォード
ニューヨーク州　アメニア
一九五六年五月十七日

親愛なるオルギヴァンナ・ライト

フランクのお誕生日にタリアセンにお邪魔できれば良いのですが！——私たちにとってこれ以上の喜びはありません——しかし、アリソンのラドクリフの卒業式が重なってしまい、伺うことができないのです。再びご招待いただきありがとうございます。その勇気溢れる日、私たちの想いは、あなたがたおふたりとともにあります。

愛情を込めたご挨拶を
［署名］
ルイス

[ms ftwa]

ルイス・マンフォード
ニューヨーク州　アメニア
一九五六年十月七日

親愛なるフランク

十七日の素晴らしい機会に、すぐさま承諾のお返事をしたいこの気持ちを、お会いしたばかりのあなたならばおわかりのことでしょう。[*1] しかし、お申し出の役を私が務めるには、三日ほど時間を割かねばならず、十一月に国を離れるまでに仕上げておかねばならない、フランス版のあなたの作品集の序文を、書くことができなくなってしまうのです。[*2] ですから私は決めました――悲しみを伴う決断ですが――司会を務めることよりも、序文を書くことの方が重要なのだと。もし、もっと早くこの機会のことを知っていれば、他のやりようもあったのかもしれません。

…どんなに良い気分でしょう。あなたがきちんと称賛されるのを見届けられれば――少々皮肉を込めて言うのですが――ついにあなた自身の国において！

愛情を込めたご挨拶を
常にあなたの
［署名］
ルイス

[ms flwa]

1　リチャード・デイリー市長 Mayor Richard Daley は一九五六年十月十七日を「シカゴのフランク・ロイド・ライトの日」と宣言した。ここでマンフォードは、ホテル・シャーマンで開かれた晩餐会について言及している。

2　マンフォードはこの序文を執筆していないようである。

親愛なるルイス

ソフィーが正しい。

シカゴでのフランク・ロイド・ライトの日の大晩餐会の司会を君に頼んですぐ、専門の批評家たる君の立場を保つため、君に頼んではならぬことに気がついた。

だから、君が断るだろうと踏んで、私はラッド・スピヴェイ博士をお招きした。[*1] 南フロリダ大学の学長だ。彼はすべてよくわきまえており、妥協したり妥協されたりする恐れなしに、自由に司会を務めることができる。彼は有能で技量にも恵まれている。この機会にあたり、私がなぜ君の司会を望んだか、その意を汲んでくれたまえ。純粋な友愛の気持ちからだ。

君のソフィーに対する私の尊敬の念を伝えてくれたまえ、この折に私からの称賛を。

忠実に、

フランク・ロイド・ライト

一九五六年十月十日

[cc ts fiwa]

1　ラッド・M・スピヴェイ Ludd M. Spivey (1886-1962), ライト、南フロリダ大学 Florida Southern College, Lakeland, Florida, 1938-57.

ルイス・マンフォード様
ニューヨーク州
アメニア

親愛なるルイス
「ひとりの熟達者《マスター》から、もうひとりの熟達者へ」——一言だけ。私の著書を国際主義者に批評させるのは、「山上の垂訓」を無神論者に批評させるようなものではないか?
娘のイオヴァンナは、詩才ある物書きに成長してきているのだが、タイムズに載ったヒッチコックの書評を見て言った。*1 「お父さん、これは、はなっから、いやな臭いがするわ」。

愛情を、
フランク・ロイド・ライト
一九五七年十一月二十日

[cc ts flwa]

1 ヘンリー゠ラッセル・ヒッチコック・ジュニア「建築と建築家」Henry-Russell Hitchcock, Jr., "Architecture and the Architect,"「ライトの遺言」についての書評、*New York Times Book Review* (17 November 1957): 44.

マサチューセッツ州　三八　ケンブリッジ
フランシス街　一四番地
一九五七年十二月五日

…親愛なるフランク、あなたのお手紙は、私がここ二週間ほど心の中で書き続けていた手紙と行き違いました。流感を治したり、あれやこれやで書けずに終わった手紙です。ヒッチコックにあまり失望してはいけません。彼は「建築についてすべてを知る者」ではありますが、残念ながら、彼には建築を感じ理解する能力が欠けているのです。このことは、特にあなたの作品を扱う際、重大な欠点となってあらわれます。そしてこれは今、すべての芸術領域に腐敗病のように蔓延している、学問的病気なのです。

私があなたにお便りしようと思った特別な理由は、次の通りです。私のイタリアの友人マリオ・ラボは、私の「都市の文化」の訳者なのですが、彼が建築についての小さな本のシリーズを編集しているのです。[*1] 図版がほとんどで、文章はほんの数ページです。彼はあなたの巻の執筆者として、私はどうかと考えているのです。かねてからの予定の隙間にうまく押し込むのは、容易ではないのですが、名誉でもありよい機会でもあるこの申し出を、無下に断る訳にもいきません。でもまだ承諾もしておりません。明らかなことは、あなたの後押しなしではこの仕事に取り組む気がしないということです。加えて写真や図面を六十から八十枚ほどお願いしなければならず、あなたのご助力をあてにしなければならないのです。この仕事に誰か別の人物をお望みであれば、ぜひご遠慮なくおっしゃってください。彼らは序文の執筆者としてアメリカ人を望んでおり、そうでなければ、疑いなくゼヴィに声をかけたことでしょう。しかし、もしもあなたがマンソンに書かせたいとお考えならば、喜んでその名をお伝えしましょう。[*2] あるいはあなたがご希望になれば誰であろうと、ラボに取り次ぎます。

ソフィーと私は、一月の終わりまでこちらケンブリッジに滞在し、その後アメニアに戻ります。すべてうまくいけば、アメニアで新しい本に着手したいと思います。[*3] MITの客員教授として、私は尊敬を持って扱われています。[*4] 第一級の数学者や物理学者ほどの待遇です。週二時間のセミナーの他には何の義務もなく、思う通りのことができます。このような幸せな時を過ごしながらも、一方で、ワシントンの我らが指導者たちが、人間絶滅の低劣な策謀をもてあそび、国家の自殺を画策しているのだという確信を深めるのです。今や私たちの生命は細い一筋の糸にぶる下がっているに過ぎないのです。オマール・ブラッドレイや私のような少数派を除けば、誰もこの事実を理解していないように思われます。[*5] 私たちが不吉な殺人兵器の武装を解くまで、そして人類を破滅から救おうと私たち自身が本気で取りかかるまで、たぶんこうした危うい状況が続くのでしょう。しかし、冷戦から身を引くには、胆力と頭脳を働かせなければなりません。倫理的かつ技術的に優れているのは我が方だという欺瞞にも打ち勝たねばならないのです。政策決定の場には胆力と頭脳が欠けています。ワシントンで彼らはまったく逆のことをしでかそうとしているのです。実際に見て知ったのですが、こうした危険を本当によく理解している人々こそ、公には一言たりとも声をあげようとはしようとしないのです。

ソフィーとともに、愛情のこもった抱擁を、オルギヴァンナとあなたに——

常にあなたの

[署名]

[ts&ms flwa]

1 マリオ・ラボ Mario Labo（1884-1961），イタリアの著作家、編集者。マンフォードは明らかにこの序文を書いていない。

2 グラント・カーペンター・マンソン Grant Carpenter Manson（1904-1997），アメリカの建築史家。

3 おそらく、マンフォード「歴史の都市 明日の都市」*The City in History: Its Origins, Its Transformations, and Its Prospects* (New York: Harcourt, Brace and Company, 1961).

4 マンフォードは、一九五七年と一九六一年、マサチューセッツ工科大学 Massachusetts Institute of Technology の客員教授であった。

5 オマール・ブラッドレイ Omar Bradley（1893-1981），合衆国陸軍大将。

［一九五七年十二月ごろ］

親愛なるルイス《Llewis》

良いニュースだ。合意点はすべて書かれている。君が元の軌道に復することほど――通りすがりの君でなく、その上を歩む君を見ることほど――うれしいことはない。スティックス・アンド・ストーンズは、この重大な時にあって、実に予言的な書だ。定式に堕してしまったこの四半世紀を、今一度救うことになるかもしれぬ。――服従がいや増すにつれ、定式は有機的完全性《インテグリティ》に割り入ってくるよう運命づけられているようだ。

我々の国から、自由な世界の自由な指導者という特質が失われていっていることについて、君が感じていることは真実だ。今やここが「最前線《フロンティア》」なのだ。タリアセンに収蔵されている大量の資料なら、何でも君の思い通り利用してくれたまえ。いずれ君がタリアセンに来て、近代建築を超える物語を紡ぐ一貫した流れをつかむため、私と一緒に資料を通覧してみようではないか。

君がいつ、この任務にあげて服するつもりか言いたまえ。有機的建築の測量者すべてのうちで、君は「自然」と「有機性」の意味を最もよく知り――そこからの逸脱を克服し、元の軌道に復した者なのだから。

君とご家族に、ルイス《Llewis》――

愛情を――

フランク・ロイド・ライト

注　自伝の一部について、最近書きなおした数枚の原稿を君に送ることにする。内容はＬＨＳとＦＬＷとの関係のことで、批評家の君の興味を引くのではないかと思われるので。[*1]

[cc ts flwa]

1　ルイス・ヘンリー・サリヴァン Louis Henry Sullivan を指す。ライト、出版されなかった自伝の改訂原稿 unpublished revisions to *An Autobiography*, flwa, AV#2401.384.

親愛なるルイス《Llewis》

これが、私が言っていた原稿だ。[*1] どうか一読し、返却願えるかね？

これが言わねばならぬと思い続けてきたことのすべてだ。できる限り真実を書いたつもりだ。

君とご家族に、クリスマスのお祝いを——

そして愛情を、

フランク・ロイド・ライト

一九五七年十二月二十四日

[cc ts flwa]

1　前の手紙の注1参照。

ニューヨーク州　アメニアにて
一九五八年一月一日
（二月一日以降）

…親愛なるフランク、これまで感謝のお返事を申し上げておりませんでした。あなたの遺言に対して、そしてそこに記されたご恵贈のお言葉に対して。[1] ですから新年を、これら感謝の言葉と、愛情を込めた抱擁から始めたいと思っています。新しい年があなたを健康に保ち、あなたの作品すべてをより豊かな達成へと導きますように。私が取り組んでいる、あなたの小さなイタリア版作品集に祝福をお寄せいただき、本当にうれしく思います。そして、もしすべてが許されれば、写真を撮りにタリアセンへと飛び出してゆき、もっと深く見て回ろうと思っております。今のところは、ソフィーとともに、あなたとオルギヴァンナに、暖かいご挨拶を申し上げます。

［署名］
ルイス

［ms ﬂwa］

1　ライト「ライトの遺言」*A Testament* (New York: Horizon Press, [1957])；献辞は行方不明。

ニューヨーク州　アメニアにて
一九五八年一月三日

親愛なるフランク

郵便配達員から受け取るや否や、すぐ、ご原稿を読みました。一言たりとも付け加えたり取り除いたりできないほど完璧だと思います。公正でありながら慈悲深く、また評価しながらも批判を疎んじていません。まさに現代の世代がサリヴァンについて知る必要のあることです。サリヴァンが自分の失敗をどう解釈したのか、詳細な説明を通じて、多くの人々が理解することでしょう。私は、彼の「幼稚園のおしゃべり」を読んだことがありますが、そこに書かれていることが、全体的真実から懸け離れたものであることがわかりました。[*1] たぶん、晩年のあなたとの交流を除けば、彼には愛の能力が欠けていたのではないでしょうか。彼のドラフトマンに対する軽蔑は「幼稚園」に登場する架空の生徒にまで及んでいます。これはおそらく、よく知られた心理学的逃避だったのだと思います。自己嫌悪から逃れるために、彼自身の才能を裏切り、女遊びと飲酒にのめり込んだのです。あなたは感受性を備えた読者に対し、必要十分な手がかりを与えるよう、節度を保ってお書きになられています。サリヴァンが造形に粘土を用いたことについてのあなたの分析は、古典的と呼ぶにふさわしいものです。この彼の限界こそ、何にも増して、彼とあなたとを分かつ根本的な相違なのです。

ご原稿を拝見する機会をくださいましたことに感謝申し上げます。

重ねて年賀のご挨拶を！

愛情を込めて
[署名]
ルイス

[ms flwa]

1 ルイス・サリヴァン「幼稚園のおしゃべり」Louis H. Sullivan, *Kindergarten Chats* (Lawrence, Kansas: Scarab Fraternity Press, 1934).

親愛なるルイス

マンフォード一家が、どちらのタリアセンにも——いかなる形でも——決してご来臨になられないという事実について、オルギヴァンナとしばしば話してきた。なぜそうなのだ？　私には答えが見つからない。実際、説明できるような——あるいは倫理的な理由などありはしない——そうだとすればモラルの問題ということなのか？　娘さんも結婚し、ソフィーも回復したのだから、君だって以前よりは少々出歩く自由を手にしているはずだ——昔ながらの我が家に数日滞在し、我らタリアセンがこの谷にどのように根付いてきたか、目の当たりにする経験をすべく、計画しようではないか——ウィスコンシン南部のとっておきの風景と言えば、谷沿いの道には電柱も電線もなく、確かな建物が、確かな人々のために、確かな場所に建っている姿…これらすべていかに豊かさに溢れ、生得の権利を備えた人間性の域にまで達していることか。

君はまったく思うまま過ごしてよい。君のしたいと望む仕事なら何だってできる。魂の命ずるがまま、長くあるいは短く滞在すればよい。

どんな出費だって我々が支払おう。タリアセンに住む人懐こい若者たちに、一、二回講話をしてもらう償いに。——話は君が決めればよい。ただ単に気がついたことを気がついた時に話してもらえばよいし、あるいはまったく話さなくたってよいのだ。

我々の痛みはいや増し、ひどく膨れ上がってしまっている。私の意志が創りあげつつあるこの若い建築学校について、君の見解が得られるならば、今この時、それこそ何よりもありがたいのだ。

私の挨拶を君たちおふた方に、愛情と称賛を込めて、

［署名］

フランク

フランク・ロイド・ライト

一九五八年五月二十二日

[pc ts lmp]

［「人間性への脱出口」に記された献辞］*1

フランクとオルギヴァンナに
友情において

［署名］
ルイス
ニューヨーク州　アメニア
一九五八年五月二十九日

［ms fiwa］

1　マンフォード「人間性への脱出口」*The Human Way Out* (Wallingford, Pennsylvania: Pendle Hill, 1958).

［送付されず］

「愛すべきルイス《Lieber Llewis》」

おい――君は植物状態になってしまったのか！　こう言いながら今度はその「攻撃」がはねかえってくる側にいる自分に気付くのだ。ルイス《Llewis》――私も君も「若さ」については何ともしようがない（植物状態のように）。しかし若々しさとは性質であり、三十六歳であろうと六十歳であろうと――あるいは九十でも百でも有効なのだ。そうでなければ文明は滅びるだろう。若々しさとは精神なのだ！もし君が正々堂々と天命の通りに生きてきたのならば、若くして死ぬことなく、ますます――若々しく生き続け、ついに不死の価値に至るのではないか？　そう、創造の精神こそ価値を定めてきたのだ！信じてくれ、私には以前よりもうまくできなくなったことは何一つない。――むしろ日増しに少なくなっているのだ。私はいつだって十分な力を発揮することはできなかったのだから、今となっては、心から楽しみ尽くしたい、あるいはやりたくないと思うようなことは、それほど多く残ってはいないようだ。君も同じであることを望んでいる。あの「若き」日々の我が友よ。

ルイス《Llewis》、生来の気質と訓育によって育まれた社会主義者よ――君はアメリカの個人主義者に対抗し、アメリカの個人主義者は「個人の尊厳」を重んじ、「個人の尊厳」は仲間の創造者、アメリカの社会主義者に味方する――

ルイス《Llewis》、頑固爺になってしまってはいけない――私は君が私のことを恐れているのではないかと感じ始めている。構え、好み、愛情、人類に授けられた哲学といった大切な信仰のなにがしかを、喪失してしまったのではないかと恐れるのだ。君の内心を詳らかにして、侵されたり、詮索されたりするのはいやかね？

しかし、この喪失には、まだ別の理由もあるはずだ――それほど利己的でなく、また無益でもない理由が。私の理解するところでは、人は名誉ぬきで仕事に没頭することで、自らの存在そのものを通じて旧友に名誉を授ける。しかし、私が恐れる君の喪失には別の理由があるのだ。その理由を「掘り出」さないようにうまく振る舞うこともできる。そうできるとして、それでは私はどう振る舞えばよいのか？

親愛なるルイス《Llewis》に敬礼！　君の心は大切な秘密のまま残るだろう――お忍びのまま――我々の友情が続く限り。

アリソン《Allison》のことで悲しむのは止めるのだ。*訳注1 十分間に合ううちに、本当のことを「見い出した」彼女は幸運なのだから。*1 若きアリソン《Allison》の前途には、思慮も不思慮も数えきれぬほど待ち受けているのだ。私たちのイオヴァンナと同じように。

いささかもぐらつくことなき挨拶を、君の美しく知性ある細君、ソフィーに。君に対しても、愛すべきルイス《lieber Llewis》――妙な才覚が、君の天才に取り憑き、巣くわないように気をつけるのだ。

愛情を、

フランク・ロイド・ライト

一九五八年六月四日

注

北斎は九十七歳にしてあと三年の命を乞い願った――願いが叶うなら「すべての点、すべての線は生命を宿すだろう」と言って。*2 広重は七十幾歳。偉大な老哲学者たちは、皆へそに届くほどの白髭を蓄えた、今や私も順当に「材木に打ちつけられた」ところだろう——十字架に。——三度《たび》——。こんな田園地帯でも、わずかながらとられている統計——その数字に投げ込まれることになるのだろう。バーナード・ショウは百歳まで生き、リンゴの木から落ちて死んだ——などなど。*訳注2 若々しさとは性質だ、若さは末節に過ぎない。

[ts&ms flwa]

1　ライトはアリソン・ジェーン・マンフォードのロバート・カウリーとの婚約破談について言及している。
2　葛飾北斎(1760-1849)、日本の芸術家。ライトの浮世絵コレクションの大部分は北斎の作品で占められていた。
訳注1　原文ではAllisonと二重Lで綴られている。意図的なもののように思われるのでルビで表記する。
訳注2　バーナード・ショウ Bernard Shaw (1856-1950)、アイルランド生まれのイギリスの作家、劇作家。

親愛なるルイス《Llewis》

頑固爺になってしまってはいけない——私は君が私のことを恐れているのではないかと感じ始めている。構え、好み、愛情、人類に授けられた哲学といった大切な信仰のなにがしかを、喪失してしまったのではないかと恐れるのだ。君の内心を詳らかにして、侵されたり、詮索されたりするのはいやかね？

しかし、この喪失には、まだ別の理由もあるはずだ——それほど利己的でなく、また無益でもない理由が。私の理解するところでは、人は名誉ぬきで仕事に没頭することで、自らの存在そのものを通じて旧友に名誉を授ける。しかし、私が恐れる君の喪失には別の理由があるのだ。その理由を「掘り出」さないようにうまく振る舞うこともできる。そうできるとして、それでは私はどう振る舞えばよいのか？

親愛なるルイス《Llewis》に敬礼！　君の心は大切な秘密のまま残るだろう——お忍びのまま——我々の友情が続く限り。

アリソン《Allison》のことで悲しむのは止めるのだ。十分間に合ううちに、本当のことを「見い出した」彼女は幸運なのだから。若きアリソン《Allison》の前途には、思慮も不思慮も数えきれぬほど待ち受けているのだ。私たちのイオヴァンナと同じように。

いささかもぐらつくことなき挨拶を、君の美しく知性ある細君、ソフィーに。君に対しても、愛すべきルイス《lieber Llewis》——妙な才覚が、君の天才に取り憑き、巣くわないように気をつけるのだ。

愛情を、

［署名］

[pc ts lmp]

フランク

フランク・ロイド・ライト

一九五八年六月四日

［送付されず］

親愛なるルイス　省察を書く！

創造者と職人の間にはひとつの違いがある。創造者は実践の中で育つにつれ、仕事をすればするほどその創造性を増していく。片や職人は経験を重ね、仕事をすればするほど、なすところ少なくなっていくのだ。この理由は人間の精神の本性のうちにある。職人は創造者から活力を得るのだ。創造者は源泉――自然に触発される。彼は限界を知らぬ――その現実性を。年齢は彼に付きまとうが、それは技能にはつながらぬ。その鍛練に応じ、彼の視野は広がり、あるいは狭まるのだ。

愛情を、

［署名］

フランク　FLLW

フランク・ロイド・ライト

一九五八年八月二十七日

[ts&rms flwa]

1959年

Frank Lloyd Wright & Lewis Mumford

一九五九年

四月、フィラデルフィアのペンシルベニア大学の宿舎に滞在中のマンフォード夫妻のもとに、ライトの死の知らせが届く。ソフィアとルイスはそれぞれ哀悼の手紙をオルギヴァンナ・ライトに送る。ルイスは、オルギヴァンナに、夫が最も生産的だった時期に重要な役割を果したことを想い起こさせる。オルギヴァンナは、ライトとマンフォードの間にもっと親しい言葉が交わされていればとの心残りを返信する。

ペンシルベニア州　四　フィラデルフィア
サンソム通り　三四一四番地
一九五九年四月十二日

親愛なるオルギヴァンナ
私はなぜか信じております、この恐ろしい日々、私の心があなたとともにあるのを、きっとご存じだということを。丘を隔て遠くにいる私たち皆が逃れたいと願っているこの瞬間に、今あなたは御身から立ち向かっていらっしゃるに違いありません。しかし、私は存じております。あなたが、その勇気溢れる魂の中に、あなたを導く道を発見なさるであろうことを。長年にわたる活気に満ちたおふたりの生活——おふたりをひとつのものとした生活から、今ひとり残され、おふたり分の人生を引き受けられるのです。世界の被った損失については申しますまい——旦那様の著しいご貢献を、誰が引き継いでいけるというのでしょう？——あなたのために、またあなたとともに深く哀悼いたします。私の心はあなたとともにあります。

常に、
［署名］
ソフィア（マンフォード）

[ms ftwa]

ニューヨーク州　アメニアにて

一九五九年四月十五日

…あなたがまだご自身のお心をしっかり保っておられないこの時、愛と同情を通じて一体何を申し上げられましょうか？　あなたの喪失は、私たちの喪失でもあります。しかしこのふたつを比べることなどできますまい。フランクの人生の素晴らしい時期は、あなたとのご結婚に引き続いてやってきました。それまでの彼の人生は、なるほど見事なものではありましたが、まだ準備段階にあったのです。あなたが彼になし与えたすべてのことをもう一度想い起こされて、慰めとしてください。あなたのご助力が、彼の人生のこの時期を、創造に溢れた思い出深いものとしたのです。このことを、悲しみからあなたを立ちあがらせる力としてください。そのことが、あなたのような近しさにはなかった私たちを立ちあがらせるのですから。

先週の月曜日――私はペンシルベニア大学でこの手紙を書いているのですが――近代建築の講義をする予定がありました。代わりに私はほとんど二時間にわたってフランクについて話しました。学生たちは、ラジオから悲しい知らせが流れ出すと、芸術学部の掲揚台から黒い長旗をたなびかせ、さらに講義の席で哀悼の意をあらわしたのです。これまで一度もなかったことでした。彼らのひとりが語ってくれました。学生たちの心は一晩中彼によって占められていたと。

あなたが東にお出での際には、親愛なるオルギヴァンナ、きっと私たちをお訪ねくださると信じております。その時まで、私たちの心からのお悔やみを。

常にあなたの、
［署名］
ルイス・マンフォード

[ms flwa]

オルギヴァンナ・ロイド・ライト

一九五九年五月九日

親愛なるルイス

お手紙ありがたく頂戴いたしました――素晴らしいお言葉でございました。望むらくは、フランクの存命中に、夫自身に対しまして、もっとそのようなお言葉をおかけいただいておりましたならば――夫はあなたとの関係について心を痛めていたのです。死が、生ける者たちの眼を開かせること、これほど頻繁なのは、悲しいことではないかと思うのです。

あなたとソフィアに親愛を込めて

オルギヴァンナ

［署名］

[pc ms lmp]

〔完〕

訳者のノートから――表象する建築と顕現する人間

芸術作品は世界の摘要あるいは要約にほかならぬ。縮図という形をとった自然の結果あるいは表現だ。……だから「芸術」は、人間という蒸溜器のなかをくぐらせた自然というわけだ。（エマソン「自然」）

◆

書簡は対話である。様々な理念が、単に「語られる」のではなく、諸事情を扱うために「用いられる」。古代の対話篇と同様だ。これが抽象的で学問的な論述と決定的に異なる点であり、むしろそれを決定的に補足するのである。諸事情がどう扱われているのかを眼にすることによってこそ、根柢にある理念の本当の姿が見えてくる…

…というような書き出しでは、僕は彼らに「ノイター」だと断ぜられることになるだろう。必ずしも否定はできないのだが、そうでありたくない気持ちは強い。だから僕自身の表現の試みとして、僕らの時代を舞台にして、彼らの言葉の再解釈――翻訳の翻訳――をしてみることにしたい。

まず「告発者《プロテスタント》」として

巨大機構《メガマシン》を育てる代償として、僕らは人間性を切り分けてしまった。もうずいぶんと前に。人間は就業者と非就業者に分かれ、就業者は経営者と従業員に分かれ、従業員は頭脳労働者と肉体労働者に分かれ、肉体労働者は職種ごとに、頭脳労働者は事務職と総合職と専門職に分かれ、僕らはどこかに所属する。専門職はさらに区分され、学問分野ごとに編成される。それぞれ期待される頭脳の働きは異なる部位に局在する。ある人は左脳側頭葉、ある人は右脳前頭葉といった具合だ。誰ひとり人間全体の働きを期待されない。社会を分断することで自分の居場所を見つけ、任務を切り分けて矛盾を回避し、そうして自らを貧困にするのだ。だから皆が依存的になる。誰に依存すればいいのか。誰が操縦しているのか。実は誰も操縦してやしない。状況が状況を決定するのだ。だから結局、できることは何でも行われる——技術決定論だ。

僕らは、かなりたくさんの茶番を繰り返している。人民の解放を唱え山に籠り結局スターリンさながらの粛清をやらかしたやつら、教育の刷新をお喋りしながら実に投げやりにいじくる人々、民主化を叫びながら心の奥底で復讐と懲罰の快感を感じる制度、表面に浮かぶ個々の事実を追いながら紋切りの鋳型に凍結させる報道、茶番から脱さねばと真理を求めながらミニサイズの茶番に呑まれた信仰。この時代、人間性の諸能力は、それを用いる人々自身によって裏切られる運命にあるかのようだ。大義をものにできず、意志をものにできない。だとすれば、唯一の安全地帯は純粋な消費者になることだ。創造者の対極である。人間は創造によって自己を形作ってきた。だからその人間性自体が不全なのだと診断する以外に何ができる？

建築家は、学者でも技術者でも詩人でも職人でもない。まして人間性など、大きすぎて大きすぎて。それならばまだ良い。構造家、設備設計、積算、都市設計へと分化を重ね、下手をすると遊技場専門の設計事務所、もうしばらくすれば建築家専用のプロモーション事務所が登場することだろう。やりたいと思う人が現れればだが。建築家は、業として意匠設計を行う職能人としての存在なのであり、そのことに「成功」したがっている。こうして僕らは、建築を「建設業」や「職能」のもとに従属させ、「異なった成功」への道を自ら閉ざしてしまうのだ。

こうして僕らは「建築」を失い始めた。建築は、規則に遵《したが》い、経済に操《あやつ》られ、科学で検《ため》され、便利さで測られ、造りやすさで造られ、価格で取引され、免許で証明され、人気で評価されることになった。まるで検死解剖の対象だ。少なくとも「生きたもの」との語らいだとは言えまい。そうして「検死解剖のための死体」がつくり出され始める。その時、実際に造形を支配するのは、猛毒を内蔵した「良き趣味」、従順と服従の印「定式」だ。

さあ、今の僕らの建築が、このような人間性の低落をなんとよく表象していることか！

次に「肯定的に《アファーメーション》」！　告発が美しかったためしはなかったのだから

もう、みんな気づき始めているのだ。建築家たちが人間を遊技場の樋を流れるパチンコ玉のように扱ったことも、家族の生活をコンテナに詰め込む荷物のように扱ったことも、ちっぽけな個人を威圧で戦慄させたことも、対話を不可能にし無意識を可能とする教室をつくったことも。今僕らはバックラッシュの最後の一押しのところにいるのだ。

ほら、見てごらん。安部公房は、設計者の業務効率化を脳手術でやってみたらと想像し、その無様な失敗を予言した。平出隆は、野球を人間性の発露の場に変え、そこに詩の存在を見い出した。萩原遼は、隅々まで統制された都市空間をさまよいながら、政治が抹消した友情の切なさを味わった。内橋克人は、経済競争の煽動が都市環境を食い荒らすさまを目撃した。岩井俊二は、貨幣の支配する国際都市の片隅で、愛に殉じた男の遺骸を千円札の炎で葬送した。相田洋は、人間性の実像を探し出そうと逍遥し、その足跡をファイナル・ロールに刻み続ける。吉岡忍は、教育と消費と生活しかない「生活圏の街」に潜む人間性の危機を見つめている。

ヨーロッパだって気がついている。アンリ・ヴァン・デ・ヴェルデ、ハンス・ゼードルマイヤー、ハーバート・リード、ジョージ・オーウェル、ヘンリー・ムーア、エーリッヒ・フロム、ヴィム・ベンダース…

ある分野から別の分野へ視点を移していく時に僕が感ずるのは、ある種の精神を備えた一握りほどの人々が、それぞれの分野に共通に存在することだ。もし彼らの仕事が他の分野における同じような態度や企て、行いと結合されれば、人間の内面と外面の両方を刷新することになるだろう。

それだけじゃない。まだ僕らは人間性を失ったわけではない。見てみればそこいら中に地上の偉人たちがいる。職人は仕事に没頭し、歌い手は高らかに歌い、教師は学生と語らい、技術者は試作を繰り返し、工員は手を油に濡らして立ち向かい、駅員は電車のテールランプを最後まで見送る。いざとなれば仕事を措いて被災地に赴き、復興に手を伸べさえする。ここに人間性以外のいかなる動力があるだろう。今は、ロボットを導入して人件費を削減したと得意がっている経営者も、結局工員の笑顔に立ち戻ることになるはずだ。皆が持ち場を守り、そこには各々なりの糧と仲間と星がある。その価値をわきまえ、その可能性を感じ、その完成と成就を日々祝っているのだ。草の根の民の誇りは生きている。そこに生き続けたいと思っている。ただ僕らはその誇りの通路を互いに見失っているだけなのだ。雑踏の孤独の中で、孤独の雑踏の中で。

ほら、窓の外を眺めよう。そこに見える山々、島々、樹々。こっちの田圃はM氏のもの、あっちはL氏、向こうの林はG君の家を包み、遥かな山はN君の祖父が植林したものだ。しかし彼らのなかにこの風景の持ち主は誰もいない。あらゆる部分を統合《インテグレイト》できる目の持ち主、つまり詩人以外には、誰ひとり地主のいない土地が地平線のなかにある。この詩人の座として「建築」を創り合おう。

もうひとつの窓も開けよう。そこに見える人々と興味と熟達と仕事。こっちはH氏がうまく、そっちはS女史が経験豊富、あっちはT君が博学だ。しかし彼らのなかにこの文化の持ち主は誰もいない。あらゆる部分を統合《インテグレイト》できる目の持ち主、つまり哲人以外には、誰ひとり耕す者のいない仕事が水平線のなかにある。この哲人の座として「建築学」を創り合おう。

さあ、これからの僕らの「建築」に、いかに素晴らしい人間性の顕現が待たれていることか！

これが彼らの芯棒だったと僕は思う。彼ら自身の自我と職能と状況に邪魔されて、成就されることなく転落した棒切れ、訪れることなく終わった滞在、言い澱《よど》まれた忠告、交わされるはずだった対話、十分に描かれることのなかったユートピア、言われずに残された「最良の言葉」なのだ。

だから彼らが提示するのは、こうした僕らの病気に対する解毒剤《アンチドート》である。人間性と直接接続されるはずだった「建築」の回路、まだ果たされず残された夢の予感であった。

「どんな聖典もそれを書き表わした精神とおなじ精神で解釈されねばならない」、——まさに批評の基本的な法則だ。（ラルフ・ウォルドー・エマソン「自然」一八三六年）

酒本雅之訳　エマソン論文集（上）、岩波文庫、一九七二年より引用および一部転用。

訳者あとがき

本書は Bruce Brooks Pfeiffer, Robert Wojtowicz ed., *Frank Lloyd Wright & Lewis Mumford : Thirty Years of Correspondence*, Princeton Architectural Press, New York, 2001. の全訳である。

この書簡集は、建築家と批評家の対話という範疇を超えて、広く文化、歴史、政治、生活へと連なり、そこから人間性の哲学とその実践へと昇華していくところに特色がある。あれこれの腹蔵ない叙述に笑みを漏らし、傲慢と釈明に辟易しながらも、読者は、彼らの間に横たわり続ける真の意志、スローガンや様式論では片がつかない、近代建築の真実を求めた強靭な念《おも》いの実像に、否応なく打たれることになろう。彼らの念いは、環境に人間性を刻印する意志とでも言うべきだろうか。「人間性」という言葉が、再び建築の世界で取り交わされる日に向けて、この仕事に取り組む世代にこそ、読者を得たいと望んでいる。

手紙文を日本語に翻すにあたり、書き手の個性や立場に合わせ文体を調整した。対話の雰囲気が読者に伝われば、と思う。電報文もカタカナ表記として、主要な熟語だけに漢字をあてた。

原書の注は簡潔で、登場人物、建築物、著作の紹介に止めてある。アメリカ人にとって馴染み深い人物については省略されているようなので、わずかに補うこととした。また訳者がとくに読者に断っておかねばならぬと感じた訳語について、いくつか付言しておいた。

書簡は出版を前提としたものではないから、原文には当然穏当を欠く表現が少なからず含まれる。個人攻撃はさておき、侮蔑や攻撃に用いられた言葉のいくつかは、今日の日本では適切とされないものであるかもしれない。しかし訳者は原典の意味とその表現を保持することをまず第一とし、適訳を心掛けながらも過剰な改変を加えることは避けた。それがこの歴史的文書を正しく理解する上で必要だと考えたからである。このことをご了解いただいた上でお読みいただければと思う。

恩師・香山壽夫先生は、訳者として富岡を指名し、加えて素晴らしい序文をお寄せ下さった。光栄なことと心より感謝申し上げたい。東京工業大学のデイヴィッド・スチュアート先生は、拙訳原稿をご検討下さり、歴史的な背景、解釈の適切さ、文体の雰囲気、文章の裏に潜む隠喩など、多面にわたるご意見を下さった。食事をともにしながら語らったひとときは、思い出に深く刻まれている。また、これらの手紙を肴に、三重大学の我が研究室の諸君、とくにオンベニ・アンドリュー・スワイ君、西川正晃君と議論した思い出も消し難い。鹿島出版会の打海達也氏は、編集に携わられただけでなく、自ら勇躍渡米して関連資料を収集され、さらに下訳原稿を丁寧に校閲して、訳者が犯した誤訳・迷訳・超訳を手際よく摘発され、名訳・直訳、時として別種の誤訳を示すなど、多岐にわたり力を与えて下さった。たぐいまれな情熱で本書を完成に導かれた手腕をここに記して、衷心より深く感謝申し上げる。

二〇〇五年四月
伊勢湾　町屋海岸にて
富岡義人

索　引

〔ア〕

アーキテクチャー誌, *Architecture*, 78, 113
アーキテクチュラル・フォーラム誌, *Architectural Forum*, 37, 41, 347
アーキテクチュラル・レコード誌, *Architectural Record*, 18, 94, 111, 347, 349, 350
アーツ・アンド・クラフツ運動, Arts and Crafts movement, 17
アウト, J・J・P., Oud, J. J. P., 31, 116, 117, 228
明日の庭園都市（ハワード）, *Garden Cities of Tomorrow* (Howard), 20, 52
アドラー, ダンクマー, Adler, Dankmar, 173
アドラー・アンド・サリヴァン, Adler & Sullivan, 16, 171, 173, 284
アパラチア自然歩道, Appalachian Trail, 22
アメリカン・マーキュリー誌, American Mercury, 24
アメリカ建築家協会, American Institute of Architects (AIA), 21, 41, 363, 364
アメリカ装飾工芸家連合, American Union of Decorative Artists and Craftsmen (AUDAC), 41, 157, 169, 237, 238, 239, 241
アメリカ地域計画協会, Regional Planning Association of America, 21, 22, 26, 32, 35, 50, 52
アメリカ文芸アカデミー, American Academy of Arts and Letters, 50
アンダーソン, シャーウッド, Anderson, Sherwood, 24

〔イ〕

イーキンス, トーマス, Eakins, Thomas, 28
インターナショナル・スタイル, 国際様式の項を参照.

〔ウ〕

ヴァイデフェルト, ヘンドリカス・テオドラス, Wijdeveld, Hendricus Theodorus, 23, 34, 110, 111, 113, 116, 193, 204, 223, 224, 226, 227
ウィッテンバーグ, ソフィア, Wittenberg, Sophia, 21, 111. マンフォード, ソフィアの項も参照.
ヴェンディンゲン誌, *Wendingen*, 23, 24, 65, 68
ウォーカー, ラルフ・T, Walker, Ralph T., 130, 131, 159

歌川広重, 43, 324, 325, 326, 437
ウルコット, アレクサンダー, Woollcott, Alexander, 142, 143

〔エ〕

エマソン, ラルフ・ウォルドー, Emerson, Ralph Waldo, 16, 23, 25, 90, 129, 140, 141, 238, 317, 318, 320, 371
エルムスリー, ジョージ, Elmslie, George, 28, 171, 173

〔オ〕

オーウェン, ロバート, Owen, Robert, 38
オルブリッヒ, ヨーゼフ・マリア, Olbrich, Joseph Maria, 123, 124
オルムステッド, フレデリック・ロウ, Olmsted, Frederick Law, 28

〔カ〕

カーン, イーリー＝ジャックス, Kahn, Ely-Jacques, 130, 131
ガウス, ジョン, Gaus, John M., 198, 199
カウリー, ロバート・W, Cowley, Robert W., 416, 417, 437
ガスリー博士, ウィリアム・ノーマン, Guthrie, Dr. William Norman, 135, 136, 139
葛飾北斎, 56, 436, 437

〔キ〕

ギーディオン, ジークフリート, Giedion, Sigfried, 334, 336
共産主義, 48, 187, 206, 228, 229, 384, 385, 390
キンボール, フィスク, Kimball, Fiske, 26, 64, 72, 73, 74, 75, 77, 78

〔ク〕

グートハイム, フレデリック, Gutheim, Frederick, 37, 55, 199, 289, 291, 332, 349, 350
クーンレイ, エイヴリー, Coonley, Avery, 138, 140
クラム博士, ラルフ・アダムス, Cram, Dr. Ralph Adams, 182
クリエイティブ・アート誌, Creative Art, 78, 96, 97, 98, 100, 109
クレ, ポール・フィリップ, Cret, Paul Philippe, 163, 165
グレッセル, チャールズ, Graessel, Charles, 19
グロピウス, ヴァルター, Gropius, Walter, 23, 31, 47, 64, 82, 84, 103, 116, 204

〔ケ〕

ケイ, エレン, Key, Ellen, 376, 377
ゲデス, パトリック, Geddes, Patrick, 20, 21, 25, 37, 38, 52
「建築と民主主義」（ブラッドン）, *Architecture and Democracy* (Bragdon), 21, 52

〔コ〕

ゴーブル, エマソン, Goble, Emerson, 349, 350
コーベット, ハーヴィー・W, Corbett, Harvey W., 130, 131, 159, 160, 183
国際様式, International Style, 15, 31, 33, 34, 44, 51, 169, 196, 206, 209, 211, 227, 228, 330, 341, 362, 374, 377, 390
コッハー, ローレンス, Kocher, Lawrence, 109, 111, 113
コロンビア放送網, Columbia Broadcasting System (CBS), 271, 272, 273

〔サ〕

サニーサイド・ガーデンズ, Sunnyside Gardens (Queens, N.Y.), 22, 35, 265, 266
サリヴァン・ルイス, Sullivan, Louis, 16, 17, 24, 26, 28, 30, 38, 44, 48, 49, 57, 72, 74, 82, 122, 134, 138, 139, 140, 141, 169, 171, 172, 173, 174, 310, 330, 334, 336
　シーダーラピッズの銀行, Cedar Rapids Bank, 169, 171
　「幼稚園のおしゃべり」*Kindergarten Chats*, 430, 431
サンドバーグ, カール, Sandburg, Carl, 24

〔シ〕

ジェファーソン, トーマス, Jefferson, Thomas, 39
ジェンセン, カール・E, Jensen, Karl E., マンフォードへの手紙, 251
シカゴ神学校, Chicago Theological Seminary, 283
シカゴ万国博覧会, World's Fair in Chicago (1933), 30, 31, 122, 130, 131, 154, 156, 157, 158, 159, 160, 161, 162, 163, 166
シカゴ美術館, Art Institute of Chicago, 172, 174, 400
シモンソン, リー, Simonson, Lee, 78, 80, 86, 93, 97
社会科学事典, Encyclopedia of Social Sciences, 105
ジョーンズ, リチャード・ロイド, Jones, Richard Lloyd, 93
ジョンソン, フィリップ, Johnson, Philip, 31, 32, 54, 154, 168, 169, 170, 175, 189, 202, 206, 207, 210, 217, 218, 335, 362, 368, 377
シルスビー, ジョセフ・ライマン, Silsbee, Joseph Lyman, 16
シンドラー, ルドルフ・ミヒャエル, Schindler, Rudolph Michael, 19, 201, 202, 205, 206
進歩の世紀博覧会, Century of Progress Exposition. シカゴ万国博覧会の項を参照.

〔ス〕

スティーグリッツ, アルフレッド, Stieglitz, Alfred, 29
スピヴェイ博士・ラッド・M, Spivey, Dr. Ludd M., 421
スミス, E・ボールドウィン, Smith, E. Baldwin, 177, 178

〔セ〕

ゼヴィ, ブルーノ, Zevi, Bruno, 310, 311, 320, 336, 424

〔ソ〕

「素材の本性のままに」（ヒッチコック）, *In The Nature of Materials* (Hitchcock, Jr.,) 37, 55
ソロー, ヘンリー・デイヴィッド, Thoreau, Henry David, 16, 23, 25, 331

〔タ〕

第二次世界大戦, 39, 40, 47, 52 (289-291)
タイム誌, *Time*, 37, 38
タウト, ブルーノ, Taut, Bruno, 116, 117

〔チ〕

チェニー, ママー・ボースウィック, Cheney, Mamah Borthwick, 18
チャーチル, ヘンリー・S, Churchill, Henry S., 133, 134, 142
チャンドラー博士, アレクサンダー, Chandler, Dr. Alexander, 27, 89, 93

〔ツ〕

土浦亀城・信子, 19, 206

〔テ〕

庭園都市, Garden cities, 20, 21, 35, 52, 57
デイリー市長, リチャード, Daley, Mayor Richard, 420
デ・カルロ, ジャンカルロ, de Carlo, Giancarlo, 376, 377
デュドック, ウィレム・マリヌス, Dudok, Willem Marinus, 116, 117
田園都市, 庭園都市の項を参照.
デンバー美術館, Denver Art Museum, 83

〔ト〕

トウィッチェル, アラン, Twitchell, Allan, 233
ドーズ, ルーファス・カトラー, Dawes, Rufus Cutler, 159, 160, 161, 162, 163
トービン, キャサリン・リー, ライト, キャサリンの項を参照.

〔ナ〕

ナチス・ドイツ, 228, 287, 291, 368

〔ニ〕

ニューヨーク近代美術館, Museum of Modern Art (MoMA), 31, 32, 36, 37, 54,

154, 168, 169, 196, 215, 220, 221, 228, 282, 283, 284, 309, 335
近代建築：国際展, *Modern Architecture: International Exhibition*, 31, 33, 54, 169, 196, 219, 243
ビルト・イン・ＵＳＡ：戦後の建築展, *Built in USA: Postwar Architecture*, exhibition, 368, 369
ふたりの偉大なアメリカ人, 展覧会, *Two Great Americans*, exhibition, 55, 284
ニューヨーク建築連盟, Architectural League, 122, 129, 131, 159, 221

〔ノ〕

ノイトラ, リチャード, Neutra, Richard, 19, 32, 200, 201, 202, 203, 204, 205, 206, 209
ノエル, ミリアム, Noel, Miriam. ライト, ミリアム・ノエルの項を参照.
ノーベル, エリザベス, Nobel, Elizabeth, 201, 206

〔ハ〕

バーン, バリー, Byrne, Barry, 25
ハウ, ジョージ, Howe, George, 208, 210
バウアー, キャサリン, Bauer, Catherine, 26, 32, 33, 184, 186, 187, 190, 191, 192, 198, 199, 230, 247, 248, 256, 265
バウハウス, Bauhaus, 84, 335, 370, 376
ハスケル, ダグラス, Haskell, Douglas, 26, 64, 86, 87, 88, 90, 91, 96, 99, 100, 109, 161, 186, 204
ハワード, エベネザー, Howard, Ebenezer, 20, 21, 38, 52, 57
ハンナ, ポール, Hanna, Paul, 46, 308, 309, 311, 384, 386, 389

〔ヒ〕

ピアソン, ラルフ, Pearson, Ralph, 234, 235
ピータース, ウィリアム・ウェスリー（スヴェトラーナ・ライトの夫), Peters, William Wesley, 400
ヒッチコック・ジュニア, ヘンリー＝ラッセル, Hitchcock, Jr., Henry-Russell, 26, 31, 32, 37, 55, 64, 82, 83, 90, 96, 105, 108, 109, 112, 118, 123, 130, 154, 168, 169, 170, 189, 191, 198, 202, 204, 210, 218, 230, 335, 362, 368, 377, 396
ヒンゼンベルグ, オルギヴァンナ・ラゾヴィッチ, Hinzenberg, Olgivanna Lazovich. ライト, オルギヴァンナの項を参照.

〔フ〕

フォーサイス, ジョージ・ハワード, Forsyth, George Howard, 130, 131
フォスター, E. M., Forster, E. M., 339, 341
フッド, レイモンド, Hood, Raymond, 30, 32, 130, 131, 158, 162, 166, 183, 200, 203, 209, 215, 217

フラー, バックミンスター, Fuller, Buckminster, 123, 124
ブラッドレイ, オマール, Bradley, Omar, 424, 425
ブラッドン, クロード, Bragdon, Claude, 21, 25, 52
フランク, ウォルドー, Frank, Waldo, 132, 134
フランク, グレン, Frank, Glen, 192, 193
フランク・ロイド・ライト財団, Frank Lloyd Wright Foundation, 37
ブルックス, ヴァン・ウィック, Brooks, Van Wyck, 22
フレッチャー, ジョン・グールド, Fletcher, John Gould, 41, 306, 307, 311, 312
分散化（都市の), Decentralization, 34

〔ヘ〕

ペーリー, ウィリアム・S, Paley, William S., 271, 272
ベーレント, ワルター・クルト, Behrendt, Walter Curt, 113, 114, 184, 186, 187, 189, 190, 242, 253, 268
ヘスラー, オットー, Haesler, Otto, 208
ヘリンク, フーゴ, Häring, Hugo, 241, 243
ベルラーヘ, ヘンドリック・ペトラス, Berlage, Hendrik Petrus, 204, 206
ベルリン, 241, 242, 253, 316
ペレー, オーギュスト, Perret, Auguste, 116, 117

〔ホ〕

ホイットニー夫人, ハリー・ペイン（ガートルード・ヴァンダービルト), Whitney, Mrs. Harry Payne (Gertrude Vanderbuilt), 221, 230
ホーウィット, ネイサン, Horwitt, Nathan G., 238
ホーソーン, ナサニエル, Hawthorne, Nathaniel, 23
ホラバード・アンド・ルート, Holabird and Root, 200, 205

〔マ〕

マサチューセッツ工科大学, Massachusetts Institute of Technology (MIT), 44, 396, 425
マッカーサー, アルバート　チェイス, McArthur, Albert Chase, 27, 72, 74, 93
マッキム・ミード・アンド・ホワイト, McKim, Mead and White, 72, 74
マッセリンク, ユージン, Masselink, Eugene, マンフォードとの手紙, 268, 269, 272, 273, 276, 347
マレ＝ステヴァンス, ロベール, Mallet-Stevens, Robert, 117
マンソン, グラント・カーペンター, Manson, Grant Carpenter, 424, 425
マンフォード, アリソン・ジェーン（ルイス・マンフォードの娘), Mumford, Alison Jane, 22, 264, 266, 317, 366, 375, 388, 391, 402, 405, 412, 416, 418, 437
マンフォード, ゲデス（ルイス・マンフォードの息子), Mumford, Geddes, 22, 26, 37, 42, 56, 105, 108, 127, 133, 179, 185, 198, 230, 258, 311, 314, 316, 400

マンフォード, ソフィア（ソフィー, ソフィ）, Mumford, Sophia (Sophie, Sophy), 21, 43, 44, 48, 51, 108, 111, 264, 307, 311, 396, 412, 442, 446
マンフォード, ルイス, 著作
「1932年は文学に何をなしたか？」What Has 1932 Done for Literature?, 53, 248
「生きる信念」*Faith for Living* (1940), 39, 55
「黄金の日」*The Golden Day* (1926), 23, 28, 53, 118, 120
「褐色の三十年」*The Brown Decades* (1931), 23, 28, 29, 30, 43, 53, 54, 56, 128, 134, 143, 179, 182, 184, 185, 191, 197
「技術と文明」*Technics and Civilization* (1934), 37, 38, 55, 231, 250, 254, 257, 259
「グリーン・メモリーズ」*Green Memories* (1947), 42, 56, 311, 314, 319, 322, 336
「現代アメリカ建築の源流」*Roots of Contemporary American Architecture* (1952), 43, 44, 56, 332, 350, 362, 366, 410
「建築における南部」*The South in Architecture* (1941), 39, 40, 55
「ザ・スカイライン：稀代の不死鳥」The Sky Line: A Phoenix Too Infrequent, 57, 382, 385, 392
「ザ・スカイライン：フラッシングにて：純密造酒」The Sky Line in Flushing: Genuine Bootleg, 279
「ザ・スカイライン：ライトの都市とダウンタウンの威厳」The Sky Line: Mr. Wright's City; Down-town Dignity, 54
「社会科学事典」*Encyclopedia of Social Sciences*, 105
「スティックス・アンド・ストーンズ」*Sticks and Stones* (1924), 22, 23, 28, 43, 52, 53, 56, 64, 68, 69, 91, 184, 185, 388, 396, 410, 411, 412, 414, 426
「生活の智慧」*The Conduct of Life* (1951), 42, 56, 312, 316, 317, 326, 369
「生の復興」シリーズ, Renewal of Life series, 37, 42, 128, 231, 246, 266, 284, 312, 314
「都市の文化」*The Culture of Cities* (1938), 38, 55, 266, 270, 274, 423
ニューヨーカー誌, *New Yorker*, 21, 33, 34, 36, 43, 45, 47, 54, 154, 182, 192, 193, 246, 247, 262, 264, 279, 289, 362, 371, 372, 381, 385, 386, 390
ニュー・リーダー誌, *New Leader*, 40
ニュー・リパブリック誌, *New Republic*, 21, 30, 71, 142, 154, 155, 159, 182
「人間――過去・現在・未来」「変貌する人間」の項を参照；
「人間性への脱出口」*The Human Way Out* (1958), 434
「人間の条件」*The Condition of Man* (1944), 42, 56, 284
「ハーマン・メルヴィル」*Herman Melville* (1929), 26, 28, 53, 80, 87, 91, 107, 115, 118, 124, 139, 252
「人は行動すべし」*Men Must Act* (1939), 39, 55
「変貌する人間」*The Transformations of Man* (1956), 43, 405

「ユートピアの系譜」*The Story of Utopia* (1922), 21, 52, 107, 108
「ユートピアの思想史的省察」「ユートピアの系譜」の項を参照；
「良き趣味の毒」The Poison of Good Taste, 24, 53, 64, 66
「歴史の都市・明日の都市」The City in History (1961), 43, 56, 425

〔ミ〕

ミース・ファン・デル・ローエ, ルートヴィヒ, Mies van der Rohe, Ludwig, 31, 200, 205, 389
ミクルジョン, アレクサンダー, Meiklejohn, Alexander, 106, 108, 172, 227, 235
ミケレセン, H・H, Mikklesen, H. H., 345, 346, 347

〔メ〕

メイ, エルンスト, May, Ernst, 23, 69, 70, 266
メルヴィル, ハーマン, Melville, Herman, 23
メンデルゾーン, エーリッヒ, Mendelsohn, Erich, 19, 23, 77, 92, 94, 116, 118, 120, 123, 201, 202, 204

〔モ〕

モーザー, ヴェルナー, Moser, Werner, 19
モリソン, ヒュー, Morrison, Hugh, 49, 57, 334, 336

〔ラ〕

ライス, ノーマン, Rice, Norman N., 206, 223, 224, 225
ライダー, アルフレッド・ピンカム, Ryder, Alfred Pinkham, 29
ライト, アナ・ロイド（フランク・ロイド・ライトの母), Wright, Anna Lloyd, 16, 85
ライト, イオヴァンナ（フランク・ロイド・ライトの娘), Wright, Iovanna, 19, 355, 356, 399, 404, 422, 436, 439
ライト, ウィリアム・ケアリー（フランク・ロイド・ライトの父), Wright, William Carey, 16
ライト, オルギヴァンナ（フランク・ロイド・ライトの3番目の妻), Wright, Olgivanna, 19, 26, 33, 36, 41, 44, 51, 85, 348, 350, 353, 355, 365, 369, 373, 379, 390, 396, 406, 424, 429, 432, 434, 442
「思索随想」*The Struggle Within*, 396, 413, 416
ソフィア・マンフォードとの手紙, 399, 402, 404, 416, 443
ルイス・マンフォードとの手紙, 408, 412, 418, 444, 446
ライト, キャサリン・リー・トービン（フランク・ロイド・ライトの最初の妻), Wright, Catherine Lee Tobin, 17
ライト, スヴェトラーナ（フランク・ロイド・ライトの養女), Wright, Svetlana, 19, 41, 400

ライト, フランク・ロイド, 作品, タリアセンの項も参照；
1マイル高の摩天楼設計案, Mile-High Skyscraper project, 48
アリゾナ・ビルトモア・ホテル, Arizona Biltmore Hotel, 27, 74, 89, 93
ウィレイ邸, Willey House, 308
ウィンスロー邸, Winslow House, 138, 140, 172
ウェインライトの墓, Wainwright Tomb, 48, 49
オコティリャ, Ocotilla, 27, 36
ガラス製品のデザイン, 89
クーンレイ邸, Coonley House, 138, 140
グッゲンハイム美術館, Guggenheim Museum, 41, 45, 49, 50, 314, 330, 335, 336, 362
ジョーンズ邸, Jones House, 93
ジョンソン・アンド・サン本社ビル, S. C. Johnson & Son Headquarters, 36, 246
セント・マークス・タワー・イン・ザ・バワリー, St. Mark's Tower in-the-Bouwerie, 89
チャーンレイ邸, Charnley House, 171, 174
帝国ホテル, Imperial Hotel, 18, 19, 33
鉄筋コンクリートの使用, 17
ハンナ邸, Hanna House, 46, 309, 311, 389
ヒルサイド・ホーム・スクール, Hillside Home School, 94, 101, 194, 221, 352
「プレーリー・スタイル」, prairie style of, 17
ブロードエーカー・シティ, Broadacre City, 34, 35, 38, 47, 246, 262, 263, 264, 265, 269, 271, 274, 276, 310, 390
ミッドウェイ・ガーデンズ, Midway Gardens, 18, 33
メサの上の家, House on the Mesa, 32, 33, 196, 217, 218
ユニティ・テンプル, Unity Temple (Oak Park), 17, 138, 140
ラーキン・ビル, Larkin Building, 17, 76, 77, 138
落水荘, Fallingwater, 36, 246
ローゼンウォルド学校計画, Rosenwald School Project, 89, 93
ロバーツ・コテージ, Roberts Cottage, 253, 254
ロビー邸, Robie House, 17, 39, 283, 284
ライト, フランク・ロイド, 著作；
ヴァスムート版作品集（フランク・ロイド・ライトの建築作品と設計案）, Wasmuth Portfolio (*Ausgeführte Bauten und Entwürfe von Frank Lloyd Wright*, 1910), 17, 19, 94, 95, 99, 315, 392
「消えゆく都市」*The Disappearing City* (1932), 27, 34, 53, 94
「機械の美術と工芸」The Art and Craft of the Machine, 44, 56, 332, 362
「近代建築」（カーン記念講演録, 1931年）*Modern Architecture* (Kahn lectures, 1931), 27, 53, 120, 173

「建築について」（グートハイム編, 1941 年）*Frank Lloyd Wright on Architecture: Selected Writings*（Gutheim, editor, 1941), 37, 52, 55, 56, 282, 332, 350
「建築のために」In the Cause of Architecture, 18, 94, 140, 347
「個人の尊厳：建築のために」*The Sovereignty of the Individual: In the Cause of Architecture*（1951), 315
「自伝」*An Autobiography*（1932）27, 30, 52, 54, 94, 140, 141, 196, 232, 243, 310, 312, 396
ニューヨーク・イブニング・ポスト紙のための, for New York Evening Post, 154
「ノイターに告ぐ」To the Neuter, 204, 206, 211, 225
「表面と量塊――再び！」Surface and Mass,-Again! 94, 117
プリンストン大学での連続講演 , 27, 37, 125, 127
「有機的建築」*An Organic Architecture*（1939), 37
ライト, フランク・ロイド, 展覧会,
生きる建築の 60 年展, *Sixty Years of Living Architecture*, 42, 43, 45, 318, 347, 362, 380
近代建築：国際展, 31, 33, 54, 169, 196, 219, 243
プリンストン大学での, 120, 131, 173, 221
ライト, ミリアム・ノエル（フランク・ロイド・ライトの 2 番目の妻), Wright, Miriam Noel, 18, 180
ライト, ロイド（フランク・ロイド・ライトの息子), Wright, Lloyd, 103, 104, 109
ラボ, マリオ, Labo, Mario, 423, 425

〔リ〕

リーダム・グラスファブリエク社, Leerdam Glassfabriek, 89, 94
リード卿, ハーバート, Read, Sir Herbert, 385
リチャードソン, H・H, Richardson, H. H., 24, 26, 28, 39, 40

〔ル〕

ルイス, ロイド, Lewis, Lloyd, 388, 389
ルート, ジョン・ウェルボーン, Root, John Wellborn, 26, 28, 82, 84, 200, 205
ル・コルビュジエ, Le Corbusier, 24, 31, 32, 64, 73, 74, 82, 83, 103, 112, 116, 138, 187, 189, 200, 201, 202, 208, 228, 242, 269

〔レ〕

冷戦, 43, 368, 396, 424
レスケース, ウィリアム, Lescaze, William, 203, 206, 208, 210

〔ロ〕

ロヴィンスキー, アントン, Rovinsky, Anton, 271, 272

ロヴェット, ロバート・M, Lovett, Robert M., 71
ローチ, エミル, Lorch, Emil, 68, 69
ローブリング, ジョン, Roebling, John, 28
ローブリング, ワシントン, Roebling, Washington, 28
ロサンゼルス・タイムズ紙, *Los Angeles Times*, 81, 93
ロックフェラー・センター（ラジオ・シティ）, Rockefeller Center (Radio City), 34, 154, 180, 181, 182, 183, 246
産業芸術展, Industrial Arts Exposition, 34
ロバーツ, イザベル, Roberts, Isabel, 253, 254

年　譜

フランク・ロイド・ライト

1867年　6月8日、ウィスコンシン州リッチランドセンターに生まれる。
1876年　母によりフレーベルの幼児教育方式が採られる。
1886年　ウィスコンシン大学土木工学部に入学。
1887年　シカゴに移り、ジョセフ・ライマン・シルスビーのもとで働く。
1888年　アドラー・アンド・サリヴァン事務所（シカゴ）で働く。
1889年　キャサリン・リー・トービンと結婚。
1893年　アドラー・アンド・サリヴァン事務所を辞し、シカゴで独立開業。
1901年　設計案「大草原の町の家」、「たくさんの部屋を持つ小さな家」を、カーティス出版社のために制作。
1908年　「建築のために」を、アーキテクチュラル・レコード誌に執筆。フレデリック・C・ロビー邸（シカゴ）を設計。
1909年　妻子のもとを去り、ママー・ボースウィック・チェニーと、ヨーロッパに出奔。ベルリンのエルンスト・ヴァスムート社からの作品集の出版を準備。
1910年　合衆国に戻る。作品集「フランク・ロイド・ライトの建築作品と設計案」をエルンスト・ヴァスムート社から出版。
1911年　ヨーロッパ再訪。ウィスコンシン州スプリンググリーン近郊にタリアセンの建設を開始。
1914年　「建築のために：第二稿」をアーキテクチュラル・レコード誌に発表。タリアセンの使用人がママーとふたりの子供を含む7名を殺害。居住部が放火される。ミリアム・ノエルに出会う。タリアセンの再建を開始。
1916年　東京、帝国ホテルの設計依頼を受ける。3年後に建設開始。
1922年　キャサリン・ライトと離婚。
1923年　関東大震災。革新的設計の帝国ホテルは、軽微な被害を受けるに留まる。ミリアム・ノエルと結婚。
1924年　ミリアム・ライトと別居。シカゴでオルギヴァンナ・ラゾヴィッチ・ヒンゼンベルグに紹介される。
1925年　ヴェンディンゲン誌の特別号、「アメリカの建築家フランク・ロイド・ライトの仕事」が刊行。オルギヴァンナと娘スヴェトラーナが、タリアセンに移る。タリアセンの居住部が再び焼失。ライトとオルギヴァンナの

間に娘イオヴァンナが生まれる。

1926年 8月、ルイス・マンフォードに初めての手紙を送付。ウィスコンシン銀行がタリアセンを差し押さえる。ライトとオルギヴァンナ・ヒンゼンベルグが、ミネソタ州ヘニペン郡で、マン法違反の容疑で、短期間逮捕・拘留される。

1927年 アーキテクチュラル・レコード誌に「建築のために」の連載を始める。マン法違反の容疑が取り下げとなる。ミリアム・ライトとの離婚が成立。

1928年 ウィスコンシン銀行により、タリアセンから退去させられる。アリゾナ州フェニックスに滞在。カリフォルニア州ランチョ・サンタフェで、オルギヴァンナ・ヒンゼンベルグと結婚。直後、スヴェトラーナを養女とする。

1929年 タリアセンの占有権を取り戻す。砂漠のキャンプ「オコティリャ」を建設し、ここでアリゾナでの依頼に取り組む。

1930年 プリンストン大学で連続講演。作品展が合衆国内を巡回。その後1931年に各国を巡回。

1931年 「近代建築—1930年カーン記念講演録」が出版される。ブラジルで、コロンバス記念灯台の設計競技の審査にあたる。

1932年 ニューヨーク近代美術館で開催された「近代建築——国際展」に参加。「自伝」と「消えゆく都市」を刊行。10月、建築学校、タリアセン・フェローシップを開校。

1934年 ブロードエーカー・シティの模型の制作を始める。

1935年 家族とフェローシップとともにアリゾナに移る。ブロードエーカー・シティの模型が完成、合衆国各地で展示される。ペンシルベニア州ミル・ラン近くのエドガー・J・カウフマン邸（落水荘）の設計依頼を受ける。

1936年 ウィスコンシン州ラシーンに、S・C・ジョンソン・アンド・サン本社ビルを設計。

1937年 フェローシップの冬季滞在用の施設として、アリゾナ州スコッツデールに、タリアセン・ウエストの建設を開始。

1938年 アーキテクチュラル・フォーラム誌が1月号をライトの特集にあてる。1月、タイム誌の表紙にライトが登場。

1940年 ニューヨーク近代美術館で「ふたりの偉大なアメリカ人——フランク・ロイド・ライトとD・W・グリフィス展」開催。フランク・ロイド・ライト財団設立。

1941年 フレデリック・グートハイム編の「建築について」が刊行。ジョージ6世の裁可のもと、英国王立建築家協会から金牌が贈られる。マンフォードの介入主義的な政治的立場を理由として、マンフォードと絶縁。

1943年 「自伝」を増補・改版。ニューヨークのソロモン・R・グッゲンハイム美術館の設計依頼を受ける。

1946年 娘スヴェトラーナが自動車事故で死亡。

1948年 1月、アーキテクチュラル・フォーラム誌が、再びライトを総特集。

1949 年　「天才と衆愚」を出版。アメリカ建築家協会から金牌を授与される。
1951 年　アーキテクチュラル・フォーラム誌が、1 月号を三たびライトの特集にあてる。「生きる建築の六十年」展がフィラデルフィアのギンベル百貨店で開幕。その後フィレンツェなどのヨーロッパ、アメリカの諸都市を巡回。フィレンツェ市からデ・メディチ・メダルを、パラッツォ・ヴェッキオにて授与される。イタリア共和国から「団結の星」が与えられ、ヴェネチアの総統宮で、カルロ・スフォルツァ伯爵から授与される。アメリカ文芸アカデミーから金牌を授与される。ライトの主導により、マンフォードとの間の手紙のやり取りが再開。
1952 年　火災により、タリアセンのヒルサイド・ホーム・スクールの建物の劇場、食堂を含む大半が焼失。即座に再建。
1953 年　「建築の未来」を出版。
1954 年　ソロモン・R・グッゲンハイム美術館の仕事に取り組むため、ニューヨークのプラザホテルに、アパートメントと事務所を開設。「ライトの住宅」を出版。
1955 年　エドガー・J・カウフマン・ジュニアの編集により「ライトの建築論」を出版。
1956 年　10 月 17 日、シカゴ市長、リチャード・デイリーにより、「フランク・ロイド・ライトの日」が宣言される。「1 マイル高の摩天楼」を発表。「塔の話」を出版。
1957 年　「ライトの遺言」を出版。ABC テレビで、マイク・ウォーレスによるインタビューが放映される。
1958 年　「ライトの都市論」を出版。初夏、軽い発作に見舞われるが、夏の終わりに回復。8 月、ルイス・マンフォードあての最後の手紙を書く。
1959 年　4 月 9 日、アリゾナ州フェニックスにて死去。

この年譜をまとめるにあたり、私は、アンソニー・アロフシン、ペニー・ファウラー、グラント・カーペンター・マンソン、オスカー・R・ムニョス、ピーター・S・リード、マーゴ・スティープ、ロバート・L・スウィーニーほかの著者、研究者の資料を参照した。この作業が可能となったのは、彼らの研究と助力のおかげである - BBP.

ルイス・マンフォード

1895 年　10 月 19 日、ロング・アイランド、フラッシングに生まれる。
1912 年　スチューイベサント高校を卒業。ニューヨーク市立大学に入学。
1914 年　パトリック・ゲデスの著作を読む。市立大学を退学。
1918 年　合衆国海軍に入隊。
1919 年　合衆国海軍を除隊。ジャーナリスト、批評家としての活動を開始。
1921 年　ソフィア・ウィッテンバーグと結婚。ダイアル誌でのかつての同僚。
1922 年　「ユートピアの系譜」を出版。

1924年　「スティックス・アンド・ストーンズ」を出版。翌年ドイツ語に翻訳される。
1925年　息子ゲデス誕生。クイーンズ区ロングアイランド・シティのサニーサイド・ガーデンズに転居。スイス、ジュネーブ市の国際夏期学校で講演。ヴェンディンゲン誌にフランク・ロイド・ライトに関する最初の記事を執筆。
1926年　「黄金の日」を出版。ニューヨーク州アメニア近郊のリーズヴィルに夏の家を借りる。フランク・ロイド・ライトと手紙を交換する。
1927年　フランク・ロイド・ライトに初めて会い、プラザホテルで昼食をともにする。シカゴ地域へ初めての旅行。ライトの作品を見学。
1929年　「ハーマン・メルヴィル」を出版。ダートマス大学で客員教授に就く。
1930年　ニューヨーク州リーズヴィルの農家を購入し、夏の家とする。
1931年　「褐色の三十年」を出版。ニューヨーカー誌の建築批評家となり、「ザ・スカイライン」欄の時評を担当。
1932年　「住宅計画」と題した小論を、ニューヨーク近代美術館で開催された「近代建築——国際展」に寄稿。タリアセン・フェローシップの指導者となるようにとのライトからの申し出を断る。ヨーロッパで近代建築を研究。
1934年　生の復興シリーズの第一巻「技術と文明」を出版。
1935年　娘アリソン・ジェーン誕生。ニューヨーカー誌で、ライトのブロードエーカー・シティを批評。
1936年　ニューヨーク州リーズヴィルの農家に一家で移り、定住。
1938年　生の復興シリーズの第二巻「都市の文化」を出版。タイム誌の表紙に登場。
1939年　「人は行動すべし」を出版。合衆国が連合国側に加わり、第二次世界大戦に参戦することを主張。
1941年　ライトの孤立主義的な政治的見解を理由に、ライトと絶縁。
1942年　スタンフォード大学教授に就任。
1944年　息子ゲデスが戦死。生の復興シリーズの第三巻「人間の条件」を出版。スタンフォード大学を辞す。
1947年　ゲデス・マンフォードの伝記「グリーン・メモリーズ」を出版。
1951年　生の復興シリーズの第四巻「生活の智慧」を出版。ペンシルベニア大学の客員教授となる。ライトとの手紙のやり取りを再開。
1952年　「現代アメリカ建築の源流」を編纂、フランク・ロイド・ライトの「機械の美術と工芸」を掲載した。2月、ニューヨークのプラザホテルで、ライトと再会、昼食をともにする。
1953年　ニューヨーカー誌にフランク・ロイド・ライトに関する2回連載記事を発表。
1955年　「スティックス・アンド・ストーンズ」と「褐色の三十年」の改訂版を出版。
1956年　「変貌する人間」を出版。
1959年　ペンシルベニア大学にて、訃報を聞いた直後、フランク・ロイド・ライトに関する講義を行う。ニューヨーカー誌にソロモン・R・グッゲンハイム美術館の批評を発表。
1961年　「歴史の都市・明日の都市」を出版。翌年、アメリカ出版賞ノンフィクション部門賞を受賞。

1963 年　ニューヨーカー誌の建築批評を引退。
1967 年　「機械の神話 : I. 技術と人類の発達」を出版。
1970 年　「機械の神話 : II. 権力のペンタゴン」を出版。
1982 年　前半生の自伝「人生からの素描」を出版。
1990 年　1 月 26 日、ニューヨーク州リーズヴィルの自宅にて死去。

この年譜をまとめるにあたり、私はマンフォードの伝記作家、ドナルド・A・ミナーに負っている - RW.

邦訳文献

フランク・ロイド・ライト

An Autobiography, 1932.（自伝）
樋口清（訳）：自伝——ある芸術の形成——，中央公論美術出版，1988.
樋口清（訳）：自伝——ある芸術の展開——，中央公論美術出版，2000.

Frank Lloyd Wright on Architecture, 1941.（建築について）
フレデリック・グートハイム（編），谷川正己・谷川睦子（訳）：建築について（上），鹿島出版会，1980
フレデリック・グートハイム（編），谷川正己・谷川睦子（訳）：建築について（下），鹿島出版会，1980

When Democracy Builds, 1945.（民主主義が建設する時）
二見甚郷（訳）：デモクラシイの真髄，永晃社，1949.

The Natural House, 1954.（ライトの住宅）
遠藤楽（訳）：ライトの住宅 ——自然・人間・建築——，彰国社，1967.

An American Architecture, 1955.（ライトの建築論）
エドガー・カウフマン（編），谷川正己・谷川睦子（訳）：ライトの建築論，彰国社，1970.

A Testament, 1957.（ライトの遺言）
谷川正己・谷川睦子（訳）：ライトの遺言，彰国社，1961.

The Living City, 1958.（ライトの都市論）
谷川正己・谷川睦子（訳）：ライトの都市論，彰国社，1968.

Frank Lloyd Wright : Writings and Buildings, 1960.
エドガー・カウフマン＆ベン・レーバン（編），谷川正己・谷川睦子（訳）：フランク・ロイド・ライト / 建築の理念，A.D.A.EDITA Tokyo, 1976.

Letters to Apprentices, 1982.
ブルース・ブルックス・ファイファー（編）, 内井昭蔵・小林陽子（訳）：弟子達への手紙 , 丸善 , 1987.

Letters to Architects, 1984.
ブルース・ブルックス・ファイファー（編）, 内井昭蔵（訳）：建築家への手紙 , 丸善 , 1986.

ルイス・マンフォード

The Story of Utopias, 1922.（ユートピアの系譜）
関裕三郎（訳）：ユートピアの系譜――理想の都市とは何か , 新泉社 , 1971, 新版 2000.
月森左知（訳）関曠野（解説）：ユートピアの思想的省察 , 新評論 , 1997.

Technics and Civilization, 1934.（技術と文明）
三浦逸雄（訳）：技術と文明 , 育生社弘道閣 , 1942.
生田勉（訳）：技術と文明（第 1 冊）, 鎌倉書房 , 1953.
生田勉（訳）：技術と文明（第 2 冊，第 3 冊）, 鎌倉書房 , 1954.
生田勉（訳）：技術と文明 , 美術出版社 , 1972.

The Culture of Cities, 1938.（都市の文化）
生田勉・森田茂介（訳）：都市の文化 , 丸善 , 1955.
生田勉（訳）：都市の文化 , 鹿島出版会 , 1974.

The Condition of Man, 1944.（人間の条件）
生田勉（訳）：人間の條件 , 鎌倉書房 , 1950.
生田勉（訳）：人間の条件――その歴史と世界像 , 弘文堂 , 1971.

The Conduct of Life, 1951.（生活の智慧）
福鎌達夫（訳）：生活の智慧――人間をつくり、生活を更新しよう , 理想社 , 1956.

Art and Technics, 1952.（芸術と技術）
生田勉（訳）：芸術と技術 , 岩波新書 , 岩波書店 , 1954.
生田勉・山下泉（訳）：現代文明を考える――芸術と技術 , 講談社学術文庫 , 講談社 , 1997.

From the Ground Up; Observations on Contemporary Architecture, Housing, Highway Building, and Civic Design, 1956.
磯村英一（監訳）神保登代（訳）：多層空間都市——アメリカに見るその明暗と未来，ぺりかん社，1970.

The Transformations of Man, 1956.（変貌する人間）
瀬木慎一（訳）：変貌する人間，美術出版社，1957.
久野収（訳）：人間——過去・現在・未来（上），岩波新書，岩波書店，1978.
久野収（訳）：人間——過去・現在・未来（下），岩波新書，岩波書店，1984.

The City in History, 1961.（歴史の都市・明日の都市）
生田勉（訳）：歴史の都市 明日の都市，新潮社，1969.

The Highway and the City, 1963.
生田勉・横山正（訳）：都市と人間，思索社，1972.

The Myth of the Machine : Technics & Human Development, 1967.（機械の神話：Ⅰ．技術と人類の発達）
樋口清（訳）：機械の神話——技術と人類の発達，河出書房新社，1971.

The Urban Prospect, 1968.
中村純男（訳）：現代都市の展望，鹿島出版会，1973.

The Pentagon of Power : The Myth of the Machine II, 1970.（機械の神話：Ⅱ．権力のペンタゴン）
生田勉・木原武一（訳）：権力のペンタゴン——機械の神話第二部，河出書房新社，1973.

Interpretations and Forecasts: 1922-1972 — Studies in Literature, History, Biography, Technics, and Contemporary Society, 1972.
生田勉・木原武一（訳）：解釈と予測Ⅰ＝文学・人物論，河出書房新社，1975.
生田勉・樋口清・木原武一（訳）：解釈と予測Ⅱ＝技術・文明論，河出書房新社，1975.

このリストは、ライトおよびマンフォードの自著の日本語訳一覧である。旧訳、分冊も並記してある。括弧書きで特記したものは、本訳中で用いた書名である－訳者。

▶編者

ブルース・ブルックス・ファイファー　Bruce Brooks Pfeiffer

フランク・ロイド・ライト財団、フランク・ロイド・ライト資料館長。

ロバート・ヴォトヴィッツ　Robert Wojtowicz

オールド・ドミニオン大学芸術学科長。

▶序文

香山壽夫　こうやま ひさお

建築家、東京大学名誉教授。

▶訳者

富岡義人　とみおか よしと

1963年金沢に生まれる。1986年東京大学工学部建築学科卒業。1986-91年東京大学大学院と香山アトリエで学ぶ。1991年東京大学工学部助手。1994年工学博士、三重大学工学部講師。1997年ペンシルベニア大学美術大学院客員研究員。1997年三重大学工学部助教授。2002年建築デザイン研究所を津市に共同で設立。著書「フランク・ロイド・ライト：大地に芽ばえた建築」（丸善）、訳書「ルイス・カーン：光と空間」（鹿島出版会）など。

ライト＝マンフォード
往復書簡集 1926-1959

B・B・ファイファー
R・ヴォトヴィッツ

2005年6月7日　初版第1刷発行©

訳　者　富岡義人

発行者　鹿島光一

発行所　株式会社 鹿島出版会
〒100-6006 東京都千代田区霞が関3-2-5
電話 03-5510-5400
http://www.kajima-publishing.co.jp

DTP　エムツークリエイト

印　刷　大日本法令印刷

製　本　牧製本

ISBN 4-306-04452-1　C3052　Printed in Japan